古典文獻研究輯刊

三八編

潘美月・杜潔祥 主編

第 13 冊

宋代職官日記研究

陳 可 著

國家圖書館出版品預行編目資料

宋代職官日記研究／陳可 著 -- 初版 -- 新北市：花木蘭文化
事業有限公司，2024〔民 113〕
目 2+214 面；19×26 公分
（古典文獻研究輯刊 三八編；第 13 冊）
ISBN 978-626-344-716-5（精裝）
1.CST：官制 2.CST：研究考訂 3.CST：宋代
011.08   112022587

ISBN-978-626-344-716-5

9 786263 447165

古典文獻研究輯刊
三八編　第十三冊   ISBN：978-626-344-716-5

宋代職官日記研究

作　　者　陳　可
主　　編　潘美月、杜潔祥
總 編 輯　杜潔祥
副總編輯　楊嘉樂
編輯主任　許郁翎
編　　輯　潘玟靜、蔡正宣　美術編輯　陳逸婷
出　　版　花木蘭文化事業有限公司
發 行 人　高小娟
聯絡地址　235 新北市中和區中安街七二號十三樓
　　　　　電話：02-2923-1455／傳真：02-2923-1452
網　　址　http://www.huamulan.tw 信箱 service@huamulans.com
印　　刷　普羅文化出版廣告事業
初　　版　2024 年 3 月
定　　價　三八編 60 冊（精裝）新台幣 156,000 元

宋代職官日記研究

陳可 著

作者簡介

陳可，女，1986 年生，吉林省吉林市人。華南師範大學文學博士，北華大學教師，澳門科技大學訪問學者。研究方向為宋代文學，近年來在中文核心期刊及國內外發表學術論文數篇，包括《直言與曲筆：宋代宰相日錄敘述策略述論》《「濯足」書寫的唐宋轉型》《互詮：近古「濯足」表述的語義與圖釋》《霍松林先生的宋學研究》等。

提　　要

　　宋代職官日記是宋代日記的重要組成部分，又是個體利益取向下的事功型文本。文體形態與官方史著極為類似，但本質差別在於「我」在文本「內層」的確立，即史官依據官方意識形態進行著錄，而職官日記書寫者的「一身」之則上疊加著官方與私人的雙重立場。高階職官（宰相）與帝王間的互動一般以帝王為絕對核心，同時也包含著隱性的博弈與互馭，特定時期甚至會出現「權相逆襲」的情形，這一切由政治、倫理與文學的諸種特性交錯構成。複雜的朝堂環境下，宰相通過隱晦、婉曲的敘述手段，緩釋黨爭帶來的壓力與困境；運用適當的細節描寫與邏輯推演，擴大政治對手的結黨嫌疑；同時逢迎、獻忠於實際上的掌權者，以在政治漩渦中保自身無虞。宋代宰相通過日記書寫鑄就人格面具，以「太極話術」應對朝局危機；一邊製造允正、理性的敘述語境，一邊又藉言外之意輸送個體意義；其為官的心理走勢經過了從獲取帝王同理心到同情感的轉化；通過導演文本層面的獨角戲和省略主語，適度消解仕途困境；甚至是在看似尋常的生理記錄中，暗藏著對朝堂局勢的監測與判斷。政權交替的敏感時期，職官日記的政治敘事之下往往隱藏著深刻的權力制衡；對親歷事件的記錄法則並非以「信」為先，而是依據朝堂局勢和自身立場，分別以「利」與「訓」為原則對文本進行細節修著和價值排序。

緒　論

一、選題意義

　　職官日記是宋代日記的一個重要分支，是指包括宰相、參知政事、樞密使、御史中丞、翰林學士、權三司使、資政殿大學士等各級各類官員撰寫的時政、史乘類日記，如《熙寧日錄》《曾公遺錄》《乘軺錄》《范太史日記》《奏事錄》《進講日記》等。

　　中國古代文學史上有為數相當的作家，其身份綰合著文士與官員的雙重屬性，既往的文學研究往往鍾情於他們作為「私人」之際的文學抒情，而忽略其在「職官」立場之上的文學表述。作為對當天政務的復盤乃至重構，職官日記是探索職官型文人作文法則、敘述策略、學術觀點、人際理念、施政方式等的一手資料。

　　職官日記多作散體行文，語句散而質拙，敘事為主，間有述理。這些均是事功目標下的應適性行文特徵，書寫者通過削弱文字形式的整飭、優美與人工感，製造出文本空間的原生態，目的在於復刻、建構一個高還原度的歷史真實。該特質使得該類日記在文本形態上既明顯區別於形式工整、韻散結合的典章類公文，亦有別於傾向明顯、情緒豐沛的私人詩賦。因上述特點，職官日記的文類性質介於子、史之間，而其言說功能則介於詩、文之間，呈現出體性豐富、體式有變的狀態。

　　職官日記，鮮少見對情緒、感受、個人意志的正面書寫，所有關於個體的意義輸出全部通過「言外之意」的方法進行表達，在允正、客觀的行文模式下，暗藏著褒貶與臧否。故此，職官日記儘管具有程式化的寫作方式和官方史一般

的閱讀感受，其文本的內層卻是一條由個人意義交織而成的洶湧暗河。撥開層層敘事的「迷霧」，是兩宋職官們不為人知的性格側面和心靈世界，從中可獲見對「持祿」「養交」「有黨」「得君」等系列敏感議題的真實觀點，及其在朝局危機、家國困境之下的真實狀態。

二、研究方法

宋代職官日記占宋代日記總量的七成以上，因此本文首章將對職官日記的文體研究，設置在宋代日記的框架之下進行，在更為廣泛切實的層面上考查職官日記尤其是宰相日錄的文體狀態，通過不同文體間、同體作品間的對比，對職官日記的體式與體性作更為立體化的探究。

高階職官如宰相者，其日記中記載了諸多親歷的重大歷史事件，本文通過日記與公史的比勘、日記作品與同時期詩賦作品的對讀，尋找史冊未載的事件細節，或揭示代際傳遞間出現的訛傳與誤讀。

傳統敘事學往往應用於虛構的文學作品，如小說、話本等，本文將其運用至紀實文學的研究當中，通過敘事策略的探討與解析，挖掘職官日記文本內層中，書寫真正意欲表達的內容。

運用統計方法，從多角度對相關議題作量化研究，以真實數據佐證研究成果。增設地理文學研究的切入口，將代際間日記文學的發展情況代入地理座標系，考察異域遷徙對日記書寫造成的影響，以及當代日記學研究重心的地理遷移。

三、內容、理論的創新

既往的學術研究中，古代日記往往處於歷史背景或文獻佐證之位，本文將職官日記作為獨立的研究對象，納入學術研究體系；首次提出「職官日記」這一概念，並予以述體及系統性研究。

典型的文學研究，習慣將目光聚焦在作品的抒情審美之上，例如現有對宋代日記的研究幾乎全部集中在富於閒情與興逸的文人作品，如《入蜀記》《吳船錄》等。本文對職官日記的考察，則將學術焦點置於文本的敘事、述理等事功之用上，探析事功目標下的應適性寫作，拓展文學審美與功能研究中更為廣闊的維度。

從職官日記的敘事分層中，察覺宋代職官尤其是宰相以「言外之意」表述私人話語的發聲策略。通過文本細讀與文史對照，發現宋代君、相彼此制衡的

法則。探討宰相們如何通過對事件的日記重構，製造公允、理性的賢臣形象，又是如何借言語的特殊表述去「借刀殺人」「落筆誅心」。考察宋代職官如何利用文字的行文排布，將日記的敘述場域變成「歷史」的整容機構，不動聲色間實現本人的利益最大化。揭開宰相的人格面具，看其如何通過日記書寫應對議政危機，如何利用「失態」消解帝王尷尬，如何借助他者衝突掩蓋自身困境，又為何從注重邏輯與事實的述理性進言，變成委婉自責、時刻揣測受話人心理節奏的陳情式進言。

第一章　概念與文體：以職官日記
為主的宋代日記研究

　　宋代職官日記占宋代存世日記總量的七成以上，本章將對職官日記的文體研究放在宋代日記的整體框架之下進行。中國古代日記的概念、源頭及文體特徵均已得到歷代學者的關注，研究觀點的深入、矛盾與昇華，體現了「愈辯愈明」的學術發展進程。宋代日記是今人依據當代日記體例，逆向推認而來，其概念與文體尚有當今研究未曾觸及之處，因此具備了可研究的價值。

　　宋代，「日記體」的判斷與界定則經歷了從內容到體例的轉變；與當代日記首要遵循的私密性原則不同，宋代日記一直以「傳藏」為用，作者通常主動促使日記進入傳播領域；在撰寫方式上，由「間日」記事的內容主導到「逐日」錄事的文體嚴遵之間的轉變；天氣記錄從北宋後期正文中的偶而記錄，發展為南宋前期脫離正文、獨立表意的文體單元。上述發展呈示出宋代日記日漸強化、成熟和規範化的文體特性。

第一節　源起、定義與文體

　　自明代至今，對中國古代日記的研究一直未曾間斷。關於日記源頭、概念和文體特徵的研究，呈現出有破有立的螺旋式上升過程。觀點的碰撞、概念的不斷清晰，以及文體特徵的不斷豐富，體現了數百年來，國人學術相繼、不斷創新的歷史進程。立足於斯，本文認同宋代日記（尤其是職官日記）源起於編年體史著，文體在宋代定型，是一種內容無拘、命筆隨意、排日著錄的文體。

　　此外，以職官日記為主的宋代日記尚不能被已有觀點所概括，它還具備著更為多樣的體例特徵，如內容方面專以在朝政事和出使聞見為主（主要針對職官日記而言），行文看似隨意實則嚴謹有法度，書寫者身上疊加著帝國與個人的雙重意志，個體聲音僅能以隱晦手段進行表達，等等。

一、日記源起和概念梳理

（一）日記的溯源

　　日記研究，欲明類例則須溯源。明、清以來至當下，歷代學者皆對中國古代日記之起源進行過判斷與甄別，大體存在體例溯源、作品溯源、時間溯源幾種角度。

1. 體例溯源

　　清代及以後的學者幾乎一致認為：中國古代日記脫胎於史著。清人張蔭桓曰：「陸生（陸賈）使越，蘇武使匈奴，張騫尋河源，陳湯、甘延壽定郅支，博徵約記，史佚之耳。」認為日記本為「史佚」，〔註1〕該觀點在當代的學術研究中佔據主流位置，如「前代史籍，多係時日，當為後世日記所祖。」（楊慶存，1991年）〔註2〕「就體裁說，日記脫胎於編年紀事史。」（朱光潛，1993年）〔註3〕「日記的遠祖是編年紀事體的史書」。（錢念孫，2002年）〔註4〕

　　在此基礎上，後來的學者從「記事」一點繼續溯源，提出了日記源頭為殷墟甲骨文的觀點：「日記一體……有追源於殷墟甲骨記載」（陳左高，2004年）〔註5〕，順從這一思路，更有學者認為「結繩記事」是為日記的最早源頭：「結繩記事是日記的起源。」（張鴻苓，1994年）〔註6〕「將『結繩記事』作為日記的起源可能是一個合理的猜想」。（趙憲章，2005年）〔註7〕「上古時期的結

〔註1〕陳左高《歷代日記叢談》，上海書報出版社2004年版，第1頁。

〔註2〕楊慶存《中國古代第一部私人日記——論黃庭堅〈宜州乙酉家乘〉》，《理論學刊》，1991年第6期。

〔註3〕朱光潛《日記——小品文略談之一》，《朱光潛全集》第九卷，安徽教育出版社1993年版，第358頁。

〔註4〕錢念孫《論日記和日記體文學》，《學術界》，2002年第2期，第212頁。

〔註5〕陳左高曾經認為殷墟甲骨所載，已微先民重視記載日常事態，如用甲子或記帝王日常行止，或記卜方國大事，其內容占卜吉凶，微取獵獲，其體制繫年月日，有類於後世的日記。（參見《日記的濫觴》，《永安月刊》1947年二月號）

〔註6〕張鴻苓主編《一般書信筆記日記》，北京師範大學出版社1994年版，第144至145頁。

〔註7〕趙憲章《日記的私語言說與結構》，《文藝理論》，2005年第3期。

繩記事就是最早的日記。」〔註8〕（《歷代日記叢鈔》編委，2006年）「最早的起源可以追溯到上古『結繩記事』」（鄧建，2014年）。〔註9〕

本文認為，「結繩記事」與「殷墟甲骨文」應為中國古代日記的「宏觀」源頭，然這兩者幾乎可以作為所有中國古代文字文本的起源，故從具象層面而言，本文更支持中國古代日記「脫胎於史著」的觀點。原因有二：體例方面，編年記事與排日記事之間存在承續關係。內容方面，官方史著與宋代日記存在大面積的題材重疊，所記錄者均為朝堂政事，然敘述身份有別爾。此外，清人張蔭桓在判定日記源頭時所列舉如「陸生使越」「蘇武使匈奴」「張騫尋河源」者，皆為出使遄行之記。因此，清代人眼中的中國古代日記源頭，其實專指「出使」記事這一種情況，它更接近於研究領域中古代「行記」這一概念。

本世紀初，有研究認為西漢劉向所云「諤諤之臣，墨筆操牘，隨君之後，司君之過而書之，日有記也，月有效也，歲有得也」〔註10〕者，是為中國古代日記的真正源頭，並且「此時的『日記』已基本具備現代日記的意義。」〔註11〕（母忠華2006年，顧靜2010年）針對這種「西漢朝政記事」的說法，近年來眾見紛紜，反對者認為這「不過是史官職事所在，是一種記事之法，並不具備（日記）文體意義。」（鄧建，2014年）〔註12〕同者則指出「『日記』在中國古代，主要以學者的研究記錄以及皇室的言行記錄兩大類為源流而產生。」（褚永娟，2016）〔註13〕上述觀點依然是承續日記「脫胎於史」的看法，可喜之處在於，它提升了清代日記源頭在內容方面的包含度，即在出使記事之外，也將「朝堂記事」納入其內。故從該點而言，它更貼近於本文所述「職官日記」的記撰體例。

近年來，學術界仍然普遍認同中國古代日記「脫胎於史」這一觀念。「日記體遊記是源於史書」（王雨容，2007年），〔註14〕「從文體角度看，日記體

〔註8〕《〈歷代日記叢鈔〉提要》，李德輝、俞冰等主編《歷代日記叢鈔》，學苑出版社2006年版，第5頁。

〔註9〕鄧建《從日曆到日記——對一種非典型文章的文體學考察》，《中山大學學報》（社會科學版），2014年第3期。

〔註10〕馬驌《繹史》，中華書局2002年版，第1204頁。

〔註11〕顧靜《周必大日記文研究》，西北師範大學碩士學位論文，2010年。

〔註12〕鄧建《從日曆到日記——對一種非典型文章的文體學考察》，《中山大學學報（社會科學版）》，2014年第3期。

〔註13〕褚永娟《中國古代日記在日本的變容——從日記到日記文學》，《山東社會科學》，2016年第2期。

〔註14〕王雨容《宋代日記體遊記文體研究》，廣西師範大學碩士學位論文，2007年。

也可視為先秦時代編年史體的衍生物」（吳承學、劉湘蘭，2010 年），〔註 15〕
「私人日記記家事，顯然是受朝廷日記啟發和影響而來。」（顧靜，2010 年）
〔註 16〕「前代史籍多係時日，當為後世日記所祖。」（楊慶存，2011 年）〔註 17〕
「（日記）其遠祖則為先秦編年紀事史書」。（鄧建，2014 年）〔註 18〕

　　宋代日記作為中國古代日記的一個重要部分，起源「脫胎於史著」；職官
日記是為宋代日記的大宗，其源頭同樣來自史著，應無問題。具體來說，職官
日記包括在朝官員所記朝堂政事、出使官員所記行遷與外交事兩大類，因此
「西漢出使記事」說與「西漢朝政記事」說，均可視為宋代職官日記的嚆矢。

2. 作品溯源

　　關於中國古代日記的源頭作品，歷來眾說紛紜。今整理如下：《獄中日記》，
《封禪儀記》，《登大雷岸與妹書》，《蘭亭記》，《西征記》，《來南錄》，《于役志》，
《宜州乙酉家乘》和《入蜀記》，凡九篇。

　　明代，賀復徵認為日記「始於歐公《于役志》、陸放翁《入蜀記》」。〔註 19〕
清代，則出現了《封禪儀記》《西征記》兩種說法。俞樾認為東漢馬第伯《封
禪儀記》中已逐日記載登泰山之事，導日記之先河。〔註 20〕張蔭桓力主唐太宗
時，韋執誼曾著日記，其曰：「韋執誼使西突厥。會石國叛，道梗三年不得歸，
裂裾錄所遇諸國風俗、物產，為《西征記》。此即奉使日記之濫觴。」〔註 21〕
明代溯源更傾向於體例的完整性，《于役志》《入蜀記》皆有貫穿全文的「排日」
屬性。清代溯源則只看重體例的存在性，並不苛求「排日」的從頭至尾。以《封
禪儀記》為例，俞樾所謂「逐日記載」者，僅有六天時間，且集中列於段首，
並非通篇的格式，摘錄如下：

　　　　車架正月二十八日發雒陽宮，二十九日到魯，遣謁守者郭堅伯
　　　　將秫五百人治泰山道，十日，魯遣宗室諸劉及孔氏、瑕丘丁氏上壽

〔註 15〕吳承學、劉湘蘭《中國古代文體史話・雜記類文體》，《古典文學知識》，2010
　　　　年第 2 期。
〔註 16〕顧靜《周必大日記文研究》，西北師範大學碩士學位論文，2010 年。
〔註 17〕楊慶存《宋代散文研究》，人民文學出版社 2011 年版，第 284 頁。
〔註 18〕鄧建《從日曆到日記——對一種非典型文章的文體學考察》，《中山大學學報》
　　　　（社會科學版），2014 年第 3 期。
〔註 19〕賀復徵《文章辨體彙選》卷六三九，《文淵閣四庫全書》集部 348 冊，臺灣商
　　　　務印書館 1986 年版，第 645 頁。
〔註 20〕陳左高《歷代日記叢談》，上海畫報出版社 2004 年版，第 1 頁。
〔註 21〕陳左高《歷代日記叢談》，上海畫報出版社 2004 年版，第 1 頁。

受賜，皆詣孔氏宅，賜酒肉。十一日發，十二日宿奉高。是日，如
遣虎賁郎將先上山，三案，行還，益治道秣千人。十五日，始齋。
（《後漢書・祭祀志》）

　　從上述文獻可見，《封禪儀記》的「排日」屬性僅在局部出現，與《于役
志》《入蜀記》相比並未形成可稱之為「體例」者，故清人溯源至此，僅是取
其中一點相似的寫法。若以如此邏輯推演，則凡帶有些許「排日」屬性的記事
文本均可視為日記先祖，不免失於嚴謹。況且在該類文獻中，所謂「排日」格
式乃是因「事」而宜，即服務於記事的自然行為，並非是針對某種體例要求而
進行的特定書寫。若因此便稱「體例」，則《封禪儀記》更應有「按時而記」
的特徵，其十五日記事即分時而著：

　　　　十五日，始齋。……是朝上山，騎行，……早食上，晡後到天
門郭，……日入下，行數環。日暮，時頗雨，不見其道。……夜入
定矣。（《後漢書・祭祀志》）

該日記事佔據全文字數的九成，為本記之大宗，錄事極詳盡，因此其中的「分
時」書寫只是為了讓敘事更為清晰，才融入了時間維度，「時間」本身並不具
備獨立意義，遑論成「體」。

　　明代溯源作品《于役志》《入蜀記》均為遷行途中作記，歐陽修自開封赴
夷陵任職，途中記為《于役志》；陸游自山陰赴夔州任職，途中記成《入蜀記》。
清代溯源作品《封禪儀記》《西征記》同樣發生在遷行所至的異地，光武帝封
禪泰山，馬第伯自洛陽而至泰山，寫下《封禪儀記》；韋執誼出使西突厥，「三
年不得歸」，方成《西征記》。可見明清兩代學者判定的日記作品源，均與「遷
行」相關。「遷行」令所見所聞異於常態，因此出現了記事需求；「遷行」又集
中於一段時日之內，因此出現了「排日」需求。故，遷行之作的「排日記事」
是適應特定的敘事時空而生成的敘事行為。局部的「排日」並不構成體例，唯
有「排日」方法被大比例運用且該種「大比例」得到廣泛模仿，甚至是「排日」
能夠脫離記事、獨立存在時，「排日記事」方才可以稱之為「體」。從這一點而
言，清代的作品溯源並不嚴謹，而明代較為合理。

　　此外，明清兩代的溯源作品在內容上均出現了「私人」傾向。《于役志》
的行次交遊、《入蜀記》的沿途風物更不待言，《封禪儀記》雖錄國朝大事，但
該記內容九成以上為馬第伯個人的「登覽所得」，《西征記》雖已失傳，但據「裂
裾錄所遇諸國風俗、物產」之載，其內容亦應是私人聞見。故明、清兩代對於

日記的認知與溯源，攜帶著明顯的「私人」屬性，與官方記事並無太大關聯，這與宋代日記有很大不同。宋代日記超七成以上的內容是官員的在朝經歷或出使聞見，這致使宋代日記在敘事之際，必須要在公私兩級的對立之間尋求平衡。大多數時候，宋代日記書寫者的「一身」之上疊加著「官方」與「私人」的雙重立場，如《入蜀記》《吳船錄》等純粹記錄私人興味的作品僅占少數。明清學者的溯源之作之所以具備「私人」傾向，概與明清之際蔚然成風的日記書寫密切相關。這一時期的日記書寫，均以個體意識為核心，可包含個人的見聞、感悟、治學乃至日常種種，題材幾乎沒有限定，涵容極為豐富；體例上採取排日記事之法，幾乎無有間斷，且書寫時間多長達十數年。立足於這樣的書寫習慣，明清學者在向前代回溯文體源頭時，自然會將焦點鎖定在《入蜀記》《封禪儀記》等具有私人傾向的作品之上。但這樣的溯源顯然未將宋代日記考慮在內，北宋人僅將官員的「在朝排日」記事視為日記的正統，如《歐公日記》《熙寧日錄》等；南宋人方將具有「遷行」「私人」等屬性的作品補充納入日記文體之下，如《于役志》《宜州乙酉家乘》《使金錄》等；從存世作品的數量和比例進行推導，兩宋階段之內，在朝日記與出使日記，即本文所謂「職官日記」者是為當時日記之大宗。換言之，如果立足於兩宋的日記書寫向前朝溯源，《西征記》等確實具備源頭特性，但更為正宗的緣起之處，則必然要到史部著述中去尋求。

近代，作品溯源在明、清兩代學者的觀點之間尋得平衡，即日記源頭為唐代李翱《來南錄》。薛福成：「日記及紀程諸書，權輿於李習之《來南錄》……厥體本極為簡要。」（《出使英法義比日記·凡例一》）《來南錄》記錄作者南下嶺南的路途及見聞，通篇排日記事，敘述簡明，已經具備了規範明確的體例特徵，本文以為薛氏觀點頗為中肯。

當代，隨著地下文獻的不斷現世，日記溯源又有了新的目標。1980 年 4 月，江蘇揚州西郊邗江縣胡場五號漢墓出土西漢王世奉（？～前 71）《獄中日記》牘一件，「這片木牘，以月日為序記私人交往，人名（陳忠、徐延年）、地名（堂邑、高密等）交代得比較清楚，已具日記的基本形態。」〔註22〕「提供了最一部早有具體姓名的日記」。〔註23〕1984 年，日本學者提出《蘭亭記》為日記始祖。「日記一體，源於何時，論者說法不一，……有謂起始於王羲之的

〔註22〕鞠黨生《日記發展的軌跡》，《閱讀與寫作》，2000 年第 6 期。
〔註23〕陳左高《歷代日記叢談》，上海畫報出版社 2004 年版，第 1 頁。

《蘭亭記》」，〔註24〕《蘭亭記》即《蘭亭集序》，其開篇有「永和九年，歲在癸丑，暮春之初」的記日之辭，然僅此一處，再無其他，因此並不構成「排日」的體例性。我國學者也認為「取其相似一點，而未概其全，類似的起源說，尚待辨析。」〔註25〕（陳左高，2004）

本世紀以來，關於日記的作品溯源基本延續著舊有觀點。有延用明代觀點者，「歐陽修《于役志》、陸游《入蜀記》實為日記之濫觴。」〔註26〕（谷曙光，2016）有認同清代觀點者，「筆者認為東漢馬第伯《封禪儀記》可看作是最早的日記。」〔註27〕（母忠華，2006）「公認的第一部日記體遊記是東漢馬第伯的《封禪儀記》。」〔註28〕（王雨容，2007）還有承續近代觀點者，「真正具有私人意義的日記體遊記還是唐李翱的《來南錄》。」〔註29〕（王雨容，2007）「李翱《來南錄》被公認為日記的權輿。」〔註30〕（吳承學、劉湘蘭2010）

自明代以來至 20 世紀，關於日記的作品溯源呈現出一種不斷求「前」的趨勢，即不斷在更為久遠的文獻中探尋體例方面的「一點類似」，並以之作為相關文體的起源。思路本身並無不妥，只是如果過分追求某種單一的「相似性」，勢必無法得到正確的答案，「結繩記事」說和「甲骨文獻」說便是一味求「前」之下的結果，儘管它們本身確實擁有「記日」與「記事」的特徵，但相對於「排日記事」的文體而言，顯然失卻了針對性。立足於已然成熟的日記體例，所謂的「源頭」必須具有「成式」的體例特徵，即「排日」與「記事」的有機結合，且需要在一段時間之內集中反覆地運用至書寫實踐當中。以此為原則，本文認為，唐代李翱《來南錄》可以視為中國古代日記的作品源頭。

〔註24〕〔日〕玉井幸助《日記文學概說》，第二章《時代的通觀》第一節《初期的日記》，國書刊行會 1982 年版，第 148～149 頁。轉引自褚永娟《中國古代日記在日本的變容——從日記到日記文學》，《山東社會科學》，2016 年第 2 期。

〔註25〕陳左高《歷代日記叢談》，上海畫報出版社 2004 年版，第 1 頁。

〔註26〕谷曙光《貫通與駕馭：宋代文體學述論》，人民文學出版社 2016 年版，第 70 頁。

〔註27〕母忠華《宋代日記研究》，四川大學碩士學位論文，2006 年。

〔註28〕王雨容《宋代日記體遊記文體研究》，廣西師範大學碩士學位論文，2007 年。

〔註29〕王雨容《宋代日記體遊記文體研究》，廣西師範大學碩士學位論文，2007 年。

〔註30〕吳承學、劉湘蘭《中國古代文體史話·雜記類文體》，《古典文學知識》，2010 年第 2 期。

3. 時間溯源

明代學者認為日記最早出現在宋代,「始於歐公《于役志》、陸放翁《入蜀記》」。〔註31〕清代學者觀點較為複雜,經考證,其稱日記的起源時間有三:一是起源於西漢說。清人張蔭桓認為西漢時期早有出使日記,即「陸生(陸賈)使越,蘇武使匈奴,張騫尋河源,陳湯、甘延壽定郅支,博徵約記」。二是推溯於東漢說。清人俞樾認為東漢馬篤伯《封禪儀記》逐日記載登泰山之事,導日記的先河。三是肇始於唐代說。清人張蔭桓又認為唐太宗時,韋執誼曾著日記,惜已不傳,「韋執誼使西突厥。會石國叛,道梗三年不得歸,裂裾錄所遇諸國風俗、物產,為《西征記》。此即奉使日記之濫觴。」〔註32〕

近代,薛福成同樣將日記的溯源時間定在唐代,「日記及紀程諸書,權輿於李習之《來南錄》」。(《出使英法義比日記·凡例一》)

當代,「王世奉《獄中日記》木牘」的出土,「把我國現存日記的年限(《來南錄》)又上推了880年。」〔註33〕「推前至兩千年前的西漢,即公元前」。〔註34〕

上世紀八十年代,日本學者認為日記起源於東晉,「有謂起始於王羲之的《蘭亭記》」。〔註35〕九十年代,我國學者將日記的溯源時間指定在了上古,「結繩記事是日記的起源。」〔註36〕但更多的觀點則堅持日記溯源應在先秦,「前代史籍,多係時日,當為後世日記所祖。」〔註37〕「就體裁說,日記脫胎於編年紀事史。」〔註38〕

本世紀初,有學者將日記誕生的初始時間標記在了商朝和南朝,「有追源

〔註31〕賀復徵《文章辨體彙選》卷六三九,《文淵閣四庫全書》集部348冊,臺灣商務印書館1986年版,第645頁。

〔註32〕陳左高《歷代日記叢談》,上海畫報出版社2004年版,第1頁。

〔註33〕鞠黨生《日記發展的軌跡》,《閱讀與寫作》,2000年第6期。

〔註34〕陳左高《歷代日記叢談》,上海畫報出版社2004年版,第1頁。

〔註35〕〔日〕玉井幸助《日記文學概說》,第二章《時代的通觀》第一節《初期的日記》,國書刊行會1982年版,第148~149頁。轉引自褚永娟《中國古代日記在日本的變容——從日記到日記文學》,《山東社會科學》,2016年第2期。

〔註36〕張鴻苓主編《一般書信筆記日記》,北京師範大學出版社1994年版,第144至145頁。

〔註37〕楊慶存《中國古代第一部私人日記——論黃庭堅〈宜州乙酉家乘〉》,《理論學刊》,1991年第6期。

〔註38〕朱光潛《日記——小品文略談之一》,《朱光潛全集》第九卷,安徽教育出版社1993年版,第358頁。

於殷墟甲骨記載」，〔註39〕「有推溯於南朝宋鮑照的《大雷書》」。〔註40〕其餘觀念，則統統承續前代學說，如有認同九十年代「上古」說者，「將『結繩記事』作為日記的起源可能是一個合理的猜想」。（趙憲章，2005）〔註41〕「上古時期的結繩記事就是最早的日記。」（《歷代日記叢鈔》編委，2006）〔註42〕「最早的起源可以追溯到上古『結繩記事』」。（鄧建，2014）〔註43〕也有認同九十年代「先秦」說者，「日記體也可視為先秦時代編年史體的衍生物」。（吳承學、劉湘蘭，2010）〔註44〕

有承接清代「西漢」說者，劉向所云「原為諤諤之臣，墨筆操牘，隨君之後，司君之過而書之，日有記也，月有效也，歲有得也」，〔註45〕被視為日記的最早現世。（母忠華 2006，顧靜 2010）〔註46〕也有繼承清代「東漢」說者，「東漢馬第伯《封禪儀記》可看作是最早的日記。」（母忠華，2006）〔註47〕「公認的第一部日記體遊記是東漢馬第伯的《封禪儀記》。」（王雨容，2007）〔註48〕還有延續清代「唐代」說者，「日記一體，唐代已輪廓粗具，端倪略間」「萌芽於唐」。（陳左高，2004）〔註49〕

更有繼承明代學者的「宋代」說者，「宋人始有意為日記」，「歐陽修《于役志》、陸游《入蜀記》實為日記之濫觴。」（谷曙光，2016）〔註50〕「南宋陸游《老學庵筆記》卷三所記『黃魯直有日記，謂之家乘，至宜州猶不輟書』為

〔註39〕陳左高曾經認為殷墟甲骨所載，已徵先民重視記載日常事態，如用甲子或記帝王日常行止，或記卜方國大事，其內容占卜吉凶，徵取獵獲，其體制繫年月日，有類於後世的日記。（參見《日記的濫觴》，《永安月刊》1947 年二月號）

〔註40〕王之春《使俄日記·凡例》載「日記及紀程編，肇始於鮑明遠《大雷之書》」。

〔註41〕趙憲章《日記的私語言說與結構》，《文藝理論》，2005 年第 3 期。

〔註42〕《〈歷代日記叢鈔〉細目》，李德輝、俞冰等主編《歷代日記叢鈔》，學苑出版社 2006 年版。

〔註43〕鄧建《從日曆到日記——對一種非典型文章的文體學考察》，《中山大學學報》（社會科學版），2014 年第 3 期。

〔註44〕吳承學、劉湘蘭《中國古代文體史話·雜記類文體》，《古典文學知識》，2010 年第 2 期。

〔註45〕馬驌《繹史》，中華書局 2002 年版，第 1204 頁。

〔註46〕顧靜《周必大日記文研究》，西北師範大學碩士學位論文，2010 年。母忠華《宋代日記研究》，四川大學碩士學位論文，2006 年。

〔註47〕母忠華《宋代日記研究》，四川大學碩士學位論文，2006 年。

〔註48〕王雨容《宋代日記體遊記文體研究》，廣西師範大學碩士學位論文，2007 年。

〔註49〕陳左高《歷代日記叢談》，上海書報出版社 2004 年版，第 1 頁。

〔註50〕谷曙光《貫通與駕馭：宋代文體學述論》，人民文學出版社 2016 年版，第 70 頁。

已知最早明確使用『日記』一詞的文獻。」（褚永娟，2016）〔註51〕

　　自明代到上世紀，日記的時間溯源顯現出一種不斷向「前」定位的趨勢。從最開始的「宋代」為先，一路向前朝溯源，在歷史時空的座標之上，陸續標記了唐代、東晉、南朝、東漢、西漢、先秦、商朝乃至上古，該種情況反映了後世學者為文體溯源做出的不懈努力，也體現出學術研究不斷深入與擴展的多層次狀態。必須要說的是，溯源本身是為了更好地認知概念、廓清體例，但溯源並不能替代後兩者，對於「源頭」無限提前的追求，最終只能以泯滅文體特徵為代價，這並非是學術研究的價值和方向。歷代學者為「溯源」投入精力，其實都是在為日記「是什麼」「怎麼寫」以及「為什麼這樣寫」這三個根本問題而服務。因此對於歷代溯源觀點產生的碰撞，非要得出一個確切的答案似無必要，實應採取擱置爭議、綜合研究之態度，讓學術研究向縱深發展下去。

（二）日記的概念梳理

　　自明以來，歷朝歷代皆對日記進行過概念判定。明人賀復徵曰：「日記者，逐日所書，隨意命筆」。〔註52〕從內容與形式兩方面對其進行界定，即內容無限制，但書寫須「逐日」。清代，俞樾對日記內容進行了限定「然不過山程水驛間聊志遊跡而已。」〔註53〕認為日記只針對「遊歷」而言，體例方面也隨之產生新的界定「所歷較遠，所記較詳」，〔註54〕即書寫行為並不發生在常駐地，而是產生於較大的空間距離之外，而且書寫要詳細。類似的觀點崔國因也曾表述：「日記者，逐日所行之事，鉅細不遺，以紀實也」。（《出使美日秘國日記・序》）〔註55〕該定義除延續「逐日」「鉅細」等特徵外，又增添了新的界定點「紀實」，即強調日記內容應是對生活的真實記錄，同時也將日記的內容指向從俞樾的定義中解放出來，擴展到整個生活層面。與明人相比，俞樾的定義明顯帶有些許貶義，「然不過……而已」彷彿在暗示日記這種文體並不能登大雅之堂，

〔註51〕褚永娟《中國古代日記在日本的變容——從日記到日記文學》，《山東社會科學》，2016 年第 2 期。

〔註52〕賀復徵《文章辨體彙選》卷六三九《日記一》，《文淵閣四庫全書》集部348，臺灣商務印書館 1986 年版，第 645 頁。

〔註53〕俞樾《春在堂雜文》三編卷三《薛心農北行日記序》，清光緒二十五年刊《春在堂全書》本。

〔註54〕俞樾《春在堂雜文》三編卷三《薛心農北行日記序》，清光緒二十五年刊《春在堂全書》本。

〔註55〕吳承學、劉湘蘭《中國古代文體史話・雜記類文體》，《古典文學知識》，2010 年第 2 期。

不過是遊藝之筆罷了。但就崔國因觀點以及清代諸多的日記寫作而言，清人賦予這種文體的內容遠超俞樾所言，交遊、醫療、治學、收藏、異國見聞乃至日常種種，皆可入記。

　　當代，對日記概念的界定吸引了國外學者的目光。1945 年，日本學者玉井幸助認為：日記概念源於東漢王充「夫文儒之力過於儒生。況文吏乎？能舉賢薦士，世謂之多力也。然能舉賢薦士，上書日記也，能上書日記者，文儒也。」〔註56〕該觀點得到當時日本學術界的普遍認同。〔註57〕然 1996 年，日本學者森田兼吉便對玉井的說法提出異議，他認為「日記」為「占記」之誤，且與無關次的學者筆記相比，將日記看作「每日記錄更恰當」。〔註58〕我國學者則在這一時期形成了對當代日記概念的認知：「日記是作者站在他的資稟經驗修養所形成的觀點上，以自己為中心，記載每日所見所聞。」（朱光潛，1998）〔註59〕很顯然，與宋代日記不同，當代日記更為強調書寫者的「個人立場」。

　　進入 21 世紀，對中國古代日記的定義進入了一個更為學術且規範的階段。一種接受度較高的觀點認為：「日記，就是按日繫事，對每日所遇所發生的事件，及由此引發的感想領悟，逐一記錄。」（《歷代日記叢鈔》編委，2006）〔註60〕此觀點首先強調了書寫體例「按日繫事」，其次則強調了內容的生活指向「每日所遇、所發生的事件」，再次強調了書寫者的個體立場「感想領悟」。《歷代日記叢鈔》中共收錄中國古代日記五百餘種，其中宋代日記僅有六種，其餘多為明清兩代作品，因此編委們對書寫者「個體立場」的強調，應是基於占大多數的明清日記而言。另一種流傳較為廣泛的觀點則認為：「撰者本人逐日記錄其所見、所聞、所歷、所想。（顧弘義。2013）〔註61〕」其中對於「撰

〔註56〕王充《論衡》卷一三《效力》，上海古籍出版社，1990 年版，第 129 頁。

〔註57〕玉井幸助解釋說「或許王充認為孔子作為學者整理編纂散亂無統的古書，當為學者之範，故將學者為了學問而收集、抄錄資料並記感述稱作日記」，轉引自褚永娟《中國古代日記在日本的變容──從日記到日記文學》，《山東社會科學》，2016 年第 2 期。

〔註58〕森田兼吉《日記文學の成立と展開》，笠間書院，1996 年，第 43 頁。轉引自褚永娟《中國古代日記在日本的變容──從日記到日記文學》，《山東社會科學》，2016 年第 2 期。

〔註59〕朱光潛《日記──小品文略談之一》，《談談書》，天津人民出版社 1998 年版。

〔註60〕《〈歷代日記叢鈔〉細目》，李德輝、俞冰等主編《歷代日記叢鈔》，學苑出版社 2006 年版。

〔註61〕顧弘義、李文整理標校《宋代日記叢編》，上海書店出版社 2013 年版，第 1 頁。

者本人」的強調，區分了古代日記與編年史的本質差異「由此而與古人按日、月、年編錄史事的編年體史書相區別」，〔註62〕即敘述立場的公私分化。

其餘定義，基本未脫離上述兩種說辭。如「有明確的日期記載，逐日記事，且內容真實可信。」（顧靜，2010）〔註63〕「日記是記載個人日常的言行、思想、情感等平日行跡的文字，是作者以繫年、繫月、繫日的形式，對日常所見、所聞、所感、所歷、所思等內容有所選擇的記錄。」（劉忠黎，2012）〔註64〕概括最為全面且合理者為「日記一體，簡言之，即每日記錄生活經歷之筆錄，其要點在日日為之，不拘長短，內容則包羅萬象。」（谷曙光，2016）〔註65〕基本強調了「親歷」「每日」和「內容無限定」。

從明代到本世紀，對古代日記的定義愈為清明。內容指向從單一的「遊歷」轉向更為廣泛的生活層面，書寫方式則始終秉持「逐日」「每日」；隨時間推移，對「個人立場」的強調越發鮮明。值得一述的是，上述定義基本立足於明清兩代日記，宋代日記尤其是職官日記，由其大量書寫實踐決定，並不完全適用於已有界定。

確切而言，宋代職官日記是指由宋代官員撰寫的政史日記，內容主要包括在朝政事和出使聞見，書寫方式為排日記事，書寫者本身之上往往疊加著官方與私人的雙重立場，甚至其聞見、思索與感悟亦須從帝國角度出發，故其個體聲音並不被鼓勵明確表達，僅能以隱晦婉曲之方式輸出。

二、文體確立與文體特徵

（一）日記文體的確立

關於日記文體的確立，清代俞曲園首發議論：「文章家排日紀行，始於東漢馬第伯封禪儀記，然止記登岱一事耳，至唐李習之《南行記》、宋歐陽永叔《于役志》，則山程水驛、次第而書，遂成文家一體。」〔註66〕「文章家」之謂將相關書寫納入到「文章」的概念之下，「文家一體」則賦予這些作品明確的文體定位。但俞樾所指涉的並非是古代日記的全部，而僅匹配著「排日紀

〔註62〕顧弘義、李文整理標校《宋代日記叢編》，上海書店出版社2013年版，第1頁。

〔註63〕顧靜《周必大日記文研究》，西北師範大學碩士學位論文，2010年。

〔註64〕劉中黎《遷移與轉化：從日記到小品文》，《重慶師範大學學報》（哲學社會科學版），2012年第3期。

〔註65〕谷曙光《貫通與駕馭：宋代文體學述論》，人民文學出版社2016年版，第70頁。

〔註66〕〔日〕竹添進一郎《棧雲峽雨日記》，中華書局2007年版。

行」一類書寫，即清人所下定義，只針對「遷行」「遊歷」而言，並不包含其他內容類別，比如宋代職官日記那種記述每日在朝經歷的文本。當然，「排日紀行」之作本身即是中國古代日記（包括宋代日記）中一個非常重要的組成部分，因此清人觀點也可以說在一定程度上述清了日記的文體問題。

此外，俞樾所言也展示了文體形成的過程，即「始於東漢馬第伯封禪儀記」「至唐李習之《南行記》、宋歐陽永叔《于役志》……遂成文家一體」，顯然，他認為日記起始於東漢《封禪儀記》，而真正成體則在唐宋間，具備文體意義的作品為《來南記》《于役志》；從文體萌發到文體成熟之間的差別，在於從單日記事「然止記登岱一事耳」發展成排日記事「山程水驛、次第而書」。即言，清人所認定的體例，一定是某種程序例如「排日」的反覆運用與實踐，方才謂之「成體」。

當代階段，學界一致認同：中國古代日記文體定型於宋。例如，王水照認為《宜州乙酉家乘》「這種體式，成為後世日記的通式」。〔註67〕陳左高指出日記「萌芽於唐，而發展於宋；衰落於元，而盛於明清。」〔註68〕楊慶存表示：「逮宋始有真正的日記文體。」〔註69〕「（《宜州乙酉家乘》）是我國古代流傳下來的第一步成熟、定型的私人日記，〔註70〕是日記文體成熟、定型的重要標誌。」〔註71〕以及其他類似的觀點：「真正把日記體有這種文體推向成熟的還是陸游的《入蜀記》。」（王雨容，2007）〔註72〕「日記體遊記在宋代開始定型並走向成熟。」（王雨容，2009）〔註73〕

儘管推舉的代表作品不同，但日記定體於宋已成共識。《宜州乙酉家乘》和《入蜀記》的記事方法均為「連日不斷」，體現了書寫者對於相關體例的明確認知和標準踐行。從具體的書寫實踐而言，比之前朝，宋代日記確實從總體上具備了成熟且穩定的體例特徵，無論是職官日記的在朝、出使，抑或是普通文人日記的遊歷、雜筆，均呈現出基本整齊劃一的體式：排日不間斷地記事。

〔註67〕王水照《宋代文學通論》，河南大學出版社 1997 年版。
〔註68〕陳左高《歷代日記叢談》，上海畫報出版社 2004 年版，第 1 頁。
〔註69〕楊慶存《宋代散文研究》，人民文學出版社 2011 年版，第 284 頁。
〔註70〕楊慶存《中國古代的第一部私人日記》，《理論學刊》，1991 年第 6 期。
〔註71〕楊慶存《宋代散文研究》，人民文學出版社 2011 年版，第 284 頁。
〔註72〕王雨容《宋代日記體遊記文體研究》，廣西師範大學碩士學位論文，2007 年。
〔註73〕王雨容《宋代日記體遊記的文體特徵》，《貴州師範大學學報》，2009 年第 3 期。

　　近年來，關於日記的學術研究不斷深入，更為細節化的觀點不斷湧現。有學者提出日記文體的確立應在明代，「唐代李翱《來南錄》導夫先路，宋代趙抃《御試備官日記》首用其名，明代賀復徵《文章辨體彙選》確立其體，降至清代，蔚成大國。」〔註74〕但該作者同時也認為「日記之體，興盛於宋。」「日記的全面興起，是受宋代私人修史之風盛行的影響」，〔註75〕更指出「日記體制的出版確立當以趙抃《御試備官日記》為標誌，正式定型則以黃庭堅《宜州乙酉家乘》為代表。」〔註76〕顯然，該學者認為的「明代定體」是從理論建構層面而言，在具體的事實層面，中國古代日記的文體確立仍應在趙抃、黃庭堅所屬的北宋。此外，部分學者對於日記體例的確認開始具備了分類意識，例如「(《北行日錄》)現存第一部成熟定型的日記體行記」，「現存第一部成熟、定型的私人日記是北宋黃庭堅的《宜州乙酉家乘》」。〔註77〕分別從日記體行記、私人日記等內容角度，進行了更為細化的文體確認。

（二）文體特徵

　　關於日記的文體特徵，從宋代起已有文獻記載，但在當時，相關記載針對的其實是「排日紀行」之作，並非是我們今天所認知的中國古代日記，比如北宋張舜民「出疆往來，經涉彼土。嘗取其耳目所得，排日記錄」〔註78〕所描述的，是其出使紀行作品《甲戌使遼錄》；南宋周煇所云之「往返繫日以書」指的是《劉氏西行錄》。〔註79〕這兩部作品在當代被追認為宋代日記，〔註80〕但在宋人眼中，不過是排日著錄的紀行作品。宋代的文獻記載雖未針對明確的日記概念，但也謂展示了日記文體的部分特徵，例如「出疆往來，經涉彼土」「往返」的遠程書寫空間，「排日」「繫日」的時間模式，「耳目所得」的題材選擇。

〔註74〕鄧建《從日曆到日記——對一種非典型文章的文體學考察》，《中山大學學報》（社會科學版），2014 年第 3 期。

〔註75〕鄧建《從日曆到日記——對一種非典型文章的文體學考察》，《中山大學學報》（社會科學版），2014 年第 3 期。

〔註76〕鄧建《從日曆到日記——對一種非典型文章的文體學考察》，《中山大學學報》（社會科學版），2014 年第 3 期。

〔註77〕李貴《〈北行日錄〉的文體、空間與記憶》，《文學遺產》，2016 年第 4 期。

〔註78〕賈敬顏《五代宋金元人邊疆行記十三中疏證稿》，中華書局 2004 年版，第 123～170 頁。

〔註79〕李德輝《晉唐兩宋行記輯校》，遼海出版社 2009 年版，第 214 頁。

〔註80〕詳見顧弘義、李文整理標校《宋代日記叢編》，上海書店出版社 2013 年版。

　　針對相同的題材，清代學者也給出了他們的觀點，張蔭桓認為西漢時期的出使之記為「博徵約記，史佚之耳」，周中孚以為宋代的遊歷之記《驂鸞錄》「可喜可感，隨筆占記，事核詞雅，實具史法。」〔註81〕二人皆認同這類遄行之記的寫作具備史的基因，如「史佚之耳」「實具史法」，也同樣認為其內容為豐富無限定，如「博徵」「隨筆占記」。具體的性質差異出現在寫作程序之上，張蔭桓認為相關作品應以文筆簡約為要，即「約記」，但周中孚更強調文筆的雅正，即「詞雅」。此外，周中孚「事核」的描述還強調著書寫內容的「真實性」，而「可喜可感」的描述則意味著個體意志、情緒抒發的自由度。上述關於文體特徵的描述出現了細節性的分歧，是因為其原本就是針對具體作品而言，而所謂的「分歧」只是事物的不同側面，並不構成相互的牴牾。

　　較為合理的文體特徵當屬明代賀復徵所言：「隨意命筆，正以瑣屑畢備為妙。」〔註82〕該記載是目前古人對日記之體做出的最為恰切的描述。首先，它明確針對「日記」文體而言；其次，「隨意命筆」指出了內容與寫作方法的「自由無拘」；最後，「正以瑣屑畢備為妙」則指明了日記最為突出的文體特徵——雜而全。此番定義之所以至今仍被奉為圭臬，是因為該斷語的「宏觀性」促使其囊括、指代了絕大多數的日記書寫情況，並且從中可確定一點，明人定體之時，認為日記即是一種內容蕪雜、文筆不拘的文體。

　　晚近之際，薛福成認為：「日記及紀程諸書，……厥體本極為簡要。」（《出使英法義比日記·凡例一》）該說辭持具與張蔭桓類似的觀點，即記事應「簡」。但值得注意的是，薛氏將日記和紀程諸書並列，但又認為二者具備相同的體例特徵，顯然是注意到了日記和紀行之作間存在的文體特性的重疊，但並未進一步對此作出區分，概於宏觀概念之下，薛氏認為這兩者應隸屬於同種體例。同時，薛氏也認為「後世纂日記者，或繁或簡，尚無一定之體例。」（《出使英法義比日記·凡例一》）即宋代以後的日記書寫發展到了一種更為無拘的多邊態勢，從一側面可見明清日記「蔚為大觀」之狀。薛氏之所以認定後世的日記書寫「尚無一定之體例」，並非是對日記「排日記事」的客觀形態視而不見，而是與文體的表層形式相比，他更看重的是文體表達的內容，「竊為排日纂事，可詳書所見所聞，如別有心得，不放隨手札記，則亭林顧氏《日知錄》之例亦

〔註81〕范成大著，孔凡禮點校《范成大筆記六種》，中華書局 2002 年版，第 69 頁。
〔註82〕賀復徵《文章辨體彙選》卷六三九《日記一》，《文淵閣四庫全書》集部 348 冊，臺灣商務印書館 1986 年版，第 645 頁。

可參用。」(《出使英法義比日記・凡例一》)在「詳書所見所聞」的慣常體例之外,提出了新的書寫可能:如「別有心得」則可「隨手札記」。《日知錄》是顧炎武所著學術札記,該作經年而成,著述宏富,其內包含條目 1019 條,長短不拘,「稽古所得,隨時札記,久而類次成書」。薛氏對於《日知錄》的推舉,是在肯定其隨性不拘的書寫形式、「久而類次成書」的編纂方式以及經世理念的表達,而這些其實均與明清兩代的日記書寫有著極為近似的特徵。薛氏此語旨在強調,日記可以在內容上更為深入地記錄「心得」,而其言辭未達的書寫特質如「排日纂事」者,並非遭到摒棄,而是因為在時人的意識當中,「排日纂事」已為日記的基本文體特徵,無須予以額外強調。

　　當代,對於日記文體的判定進入到更為嚴謹且學術化的狀態。王水照認為《宜州乙酉家乘》「先書時日,次記陰晴,後寫事實,始終如一,固定不變」〔註83〕是為日記的標準體式,該定義述及日記的「日期」「天氣」「事實」和「連續不斷」四重特質,基本可以涵蓋自宋代直到當下的日記文體特徵。這一概念得到後輩學者的認同,如「或逐日記事,或擇日記事,逐條排比,連貫而下」,(母忠華,2006)〔註84〕「其最突出的文體特徵是逐日記敘每一天中發生的事情。」(吳承學、劉湘蘭,2010)此外,部分學者針對不同內容的日記也給出了更為具體的文體描述,如政事日記具有「內容的實錄性,包括自己與朝廷相關的事情及自我的真情、實感。」(母忠華,2006)〔註85〕遊歷日記具有「質樸與簡潔的語體,敘事與考證的體式,紀行與交遊的體性。」(王雨容,2009)〔註86〕

　　近十年間,對日記文體的研究進入了學理化階段。這一時期對日記文體的認知與描述,往往兼具宏觀與微觀,並且更具深度和理論性。吳承學、劉湘蘭首次提出「日記為應用文體」,〔註87〕並對其文體邊界進行了劃分,「從文體角度看,日記之體,明顯異於其他雜記體。其他雜記體是以篇為單位的獨立文章,而日記則是連貫而成的書籍。」〔註88〕指出「連貫而成」是日記區別於其他雜

〔註83〕 王水照《宋代文學通論》,河南大學出版社 1997 年版。
〔註84〕 母忠華《宋代日記研究》,四川大學碩士學位論文,2006 年。
〔註85〕 母忠華《宋代日記研究》,四川大學碩士學位論文,2006 年。
〔註86〕 王雨容《宋代日記體遊記的文體特徵》,《貴州師範大學學報》,2009 年第 3 期。
〔註87〕 吳承學、劉湘蘭《中國古代文體史話・雜記類文體》,《古典文學知識》,2010 年第 2 期。
〔註88〕 吳承學、劉湘蘭《中國古代文體史話・雜記類文體》,《古典文學知識》,2010 年第 2 期。

文最顯著的文體特徵。劉中黎認為日記「本質不是創作，而是記錄性寫作」，〔註89〕指明日記是真實非虛幻的寫作，與小說、話本等虛構性文學作品不同，它是對現實生活的一種客觀反映。鄧建進一步將日記的基本特徵歸納為三：「一是排日纂事、按日記載；二是隨意命筆、敘事為本；三是即時記敘、內容真實。」〔註90〕在指出日記「排日」「記事」「真實」等一般體例特徵之外，又增添了一項「即時性」特徵，但同時他也認為日記「缺少一種穩定的寫作常式或軌制，容易與其他文體產生疊合和互竄，文體特徵不夠純粹，文體形態具有非典型性。」〔註91〕即提出了日記文體的「非典型性」。

　　上述研究基本針對日記的整體概念而言，有時這種「整體」之中還貫穿著古今時間線，這就促使各家研究中出現了一些觀念的衝突，例如關於日記私密與否的問題，有學者以為其「不強調私密性」，〔註92〕又有學者認為日記恰恰具備「私密性」。這是因為在對日記文體進行特徵總結時，未將「階段性」日記的概念引入其內，從而將古今日記視為一體，籠統概述，可能導致部分斷代日記的特徵被湮沒。就私密性問題而言，中國古代日記一般不講求私密，而往往意在傳播；注重個人隱私的特徵，是自西學東漸進入中國的日記文體與本土日記結合後，方才產生的。（詳情見本章第三節）又如，有觀點認為「日記是一種高度個人化的生活記錄」，這應當是針對明清及以後的日記而言，宋代日記大部分記錄的是朝堂政事或出使聞見，即本文所討論的「職官日記」，在這類作品當中，作者的書寫行為必須在國朝立場之上進行，例如宰執日記對歷史細節的書寫往往自發具有垂訓後世的意味，（詳見第五章）即便是出使途中記載的天光風物，看似與私人遊記並無二致，實際上也非是書寫者的個體感官經歷，而是以自己作為帝國之耳目去聞見，以帝國意誌主宰個體意識去觀想，從而成就的產物。在這樣的書寫狀態下，書寫者的個體意志並不被鼓勵以開放、明確的方式進行表達，僅能小心謹慎地暗中輸送。因此大部分宋代日記的行文必須是「去個體化」的，而真正的個體意義往往只能存在於「言外之意」當中。

〔註89〕劉中黎《遷移與轉化：從日記到小品文》，《重慶師範大學學報》（哲學社會科學版），2012 年第 3 期。

〔註90〕鄧建《從日曆到日記——對一種非典型文章的文體學考察》，《中山大學學報》（社會科學版），2014 年第 3 期。

〔註91〕鄧建《從日曆到日記——對一種非典型文章的文體學考察》，《中山大學學報》（社會科學版），2014 年第 3 期。

〔註92〕鄧建《從日曆到日記——對一種非典型文章的文體學考察》，《中山大學學報》（社會科學版），2014 年第 3 期。

第二節　日記體式的界定標準

　　「宋代日記」的概念是後世研究者依據相對成熟的文體觀念，界定從前得到的標樣化文本，正如現下學界公認的那樣，「文體定式是一個追認的過程」。〔註93〕事實上，日記在漫長的演進過程中，其體例的固化歷經了複雜而多元的變遷，單純的「形似」遠遠不足以解釋這一文體的真實特徵。換言之，當人們在文體的長河中追本溯源、逆流而上，所捕獲的文本實體正呈現出與當代概念截然不同的狀貌。故此回歸現場，立足歷史，梳理兩宋之間，人們對日記體式界定的發展變化，才能對相關文體有更為深刻、學術的認知。

　　學界目前認同：宋代日記是具備排日纂事體例、記錄撰者親歷親聞事件的文體作品，並在此基礎上對其文體的發展階段也達成共識——「萌芽於唐，發展於宋。」〔註94〕萌芽一般指唐人李翱的《來南錄》，被視為現存最早、體例較為成熟的日記體著作；宋代以降，《趙清獻御試日記》《溫公日錄》《熙寧日錄》《宜州乙酉家乘》《入蜀記》《吳船錄》等也先後誕生並被劃入宋代日記的範疇。

　　相較於唐代《來南錄》，宋代日記在內容方面明顯豐富得多，涵蓋了朝堂奏對、出使謫遷、遊山歷水，甚至於人俗天象、日常瑣屑等等。日記之名下涵蓋了如此複雜的構成，撰寫形式也不盡相同，如《溫公日錄》排日記事，而《雪浪齋日記》則只論議不排日。

　　遍檢宋代的目錄學著述，當中都不曾存在以「日記」為名的目類，如《郡齋讀書志》中的宋代日記分屬於「雜史類」「地理類」「傳記類」，《遂初堂書目》中的宋代日記分屬於「本朝雜史」「本朝故事」「地理類」，《直齋書錄解題》中的宋代日記分屬於「傳記類」「史附類」「雜史類」。（詳見文末附表三）元、明兩代目錄學著述中亦不曾見有以「日記」為類目者，如《宋史·藝文志》中直接收錄了《趙康靖日錄》等七例宋代日記，（詳見文末附表一）《文獻通考·經籍考》中的宋代日記分屬於「史部傳記類」和「雜史類」。（詳見文末附表二）甚至是清代《四庫全書總目提要》中也沒有名為「日記」的分類項，現存部分宋代日記在其內分別被歸於史部和集部。（詳見文末附表四）《四庫全書》所收錄的宋代日記亦不曾被歸置在同一部類下，如《于役志》歸於集部、《吳船錄》歸於史部、而《澗泉日記》歸於子部，（詳見文末附表五）故「宋代日記」的

〔註93〕李貴《〈北行日錄〉的文體、空間與記憶》，《文學遺產》，2016 年第 4 期。
〔註94〕陳左高《歷代日記叢談》，上海畫報出版社 2004 年版，第 1 頁。

概念並非由古時承襲而來，而是今人依今例逆文脈而上，重新界定文本，既而得出的結論。

兩宋人對日記體式的界定經歷了從內容向體例的轉變。

北宋始，被稱為「日記」的作品在內容選擇上保持著高度一致——專事朝堂奏對、君臣往來以及兵、農、稅、防等各類政務信息，惟有此類以政事為記錄對象、且符合繫日著書體例的作品才被叫做「日記」，典型者如《錢惟演日記》錄載君相衝突、官員委任的處理細節和「看瑞谷」等宮中祈福典制，《趙清獻御試日記》記錄殿試程序和內容，《溫公日記》記述官員差除、詔令御批和軍事、經濟政策，《熙寧日錄》反覆言及君臣奏對、經國大業，《林文節元祐日記》《林文節紹聖日記》則記錄同僚交訪以及君臣間對興獄和攻敵等問題展開的討論等等。這部分作品正是本文所指涉的「職官日記」，且從上述情況而言，職官日記才是宋代日記最早的「正宗」。

該類日記專主記事，性質約略相當於今日的工作備忘錄，目的主要是以文字備錄事件始末、細節及圍繞事件產生的君臣關係狀態等，並在特定時期上呈史館，作為官方修史的依據。如趙抃所著《日錄》被用於修撰《英宗實錄》〔註95〕，王安石《熙寧日錄》被用於重修《神宗實錄》，且今所見的《熙寧日錄》幾乎全部從《續資治通鑑長編》中摘出；而《續資治通鑑長編》亦大量引用了北宋諸公《日記》，如「天禧四年五月二日」條注文處標注為「引錢惟演日記」，「熙寧三年四月乙丑」條注文標明「據司馬光日記」，「五月丁未」條注云「管勾內臣拘制，據司馬光日記」，如此標錄不一而足。北宋「日記」的性質多半為官方史著的前奏以及材料構成，文體所承載的功能主要是公共層面的記事，大抵無關人文趣味和能令人感同身受的情志抒發。

上呈史館並非是北宋日記記錄政事內容的唯一目的：「熙寧元年四月，宋神宗言及王安石：『卿今所言已多，朕恐有遺忘，試錄今日所對以進。』安石唯唯而退。」〔註96〕《熙寧日錄》中，王安石也曾自述：「上言開陳事，退輒錄以備自省，他時去位，當繕錄以進。」〔註97〕帝君的授意、官居其位的自省與總結都是日記撰寫的驅動因素。熙寧九年，呂惠卿在其《進日錄劄子》中陳

〔註95〕參見孔學輯校的《王安石日錄輯校》，四川大學出版社2015年版，第3頁。

〔註96〕楊仲良《資治通鑑長編紀事本末》，第四冊卷五九《王安石事蹟（上）》「熙寧元年四月」條，文海出版社1967年版，第1892頁。

〔註97〕陳瓘《四明尊堯集》卷九，孔學輯校《王安石日錄輯校》，四川大學出版社2015年版，第1頁。

言：「臣私記策子皆有其事，其事多出於陛下德音與所親聞，宜不廢忘，而其文非一二日可以撰造者也。」而後「神宗察惠卿《日錄》果非臨時撰造之言，而鄧綰之頗僻奸回果不可恕，於是赫然威斷，發於聖批。」〔註98〕可見，面臨政敵攻訐時，日記所錄載的內容亦為反擊敵對、保全自身的有效手段，尤其在黨爭激烈的元祐時期，這樣一份可信度極高的文本證據所能發揮的影響不言而喻，自然形成「元祐諸公皆有日記」的風氣。

這一時期宋人對日記的界定要素是在集中在內容上的，在「繫日書之」的前提下，日記被牢牢把控在家國大事與高位重權之間，來自帝君與臣僚的書撰，承載著建構社稷基業的期待，被視為日記的文本以實用為能，是廟堂間嚴肅而簡穆的著述之作。這部分最為原始的「日記」正是「職官日記」的一個組成部分。

部分後人勘定的宋代日記，在宋人觀念中與上述職官所作政史日記並不相同。歐陽修《于役志》在北宋文獻中未見有以「日記」稱之者，該志沒有隻言片語提及社稷人倫，僅是隨手記錄行程所歷，並且直到元、明之際依然有「雖非著述」「酒肉帳簿」等評語，〔註99〕《歐公日記》才被視為著意寫作、留備進呈的著述日記。〔註100〕《遊城南記》錄述私人遊蹤，通常被歸述在遊記、地記之目下，論及體例，南宋《郡齋讀書志》僅言其「次之為記」，於「排日」事不多著意；《郴行錄》專記「經行交際、寒暑變遷、風土異同」，〔註101〕於朝堂事不置一詞，所謀的「好事之助」並無參與國史修撰、建構社稷的意圖，故於彼時也只被當做紀行之體，直至清代《四庫全書總目提要》依然謂其「紀行之書」，又言「體例頗與歐陽修《于役志》相似」，即言二者體例僅為相似而非完全一致。可見古人眼中同有「排日」形式的兩部作品間仍然存在著差別，故無可能同屬日記文體之下。

〔註98〕李燾《續資治通鑑長編》，卷二七八「熙寧九年十月戊子條」，中華書局 1992 年版，第 6794 頁。

〔註99〕陶宗儀《說郛》，「右《于役志》一卷，雖非著述，……王慎中曰：此公酒肉帳簿也，亦見史筆。」《景印文淵閣四庫全書》879 冊，臺灣商務印書館股份有限公司 2008 年版，第 520 頁。

〔註100〕〔日〕平田茂樹著，朱剛譯《從〈歐陽修私記〉考察宋代的政治結構》，《宋代政治結構研究》，上海人民出版社 2010 年版，第 268～288 頁。

〔註101〕戴表元《剡源文集》卷十八《書張浮休郴行錄後》，《景印文淵閣四庫全書》1194 冊，臺灣商務印書館股份有限公司 2008 年版，第 236 頁。

　　南宋，排日纂事且事關朝政者依然被規入宋人日記的文體苑囿之內，劉昌詩書於《趙清獻御試日記》文後的跋曰：「右《日記》一卷，予家寶藏。蓋趙清獻手書也。……今《日記》所書幸考校所者二」就延用了北宋的判定標準，將此作歸位於日記；誕於南宋的《沈必先日記》云「奏事殿中」，《箕山日記》錄朝野諸聞，無不是在北宋的體例標準之下進行的創作與判別。此是為南宋的職官日記。

　　按宋廷慣例，有專職大臣輪流為帝王講解文史經書、治國之道等，謂之「侍講」或「進講」，進講的臣僚將所講授的內容及相關事宜記錄下來所得的文本，也被時人稱為日記。今見的《范太史日記》〔註 102〕即是一例，記錄了侍講程頤奏請於寬涼處講讀的事件始末，南宋又有徐元傑《進講日記》詳載於理宗御前進講的內容以及君臣討論等；與此同期，作為進講活動的另一參與主體，君主也會將進講內容的重點部分親自謄錄，整理為名喚「日記」的文本，其實質約等於今日的課堂筆記，《宋史》載「上（寧宗）自弱齡尊師而重傅……上每溫習所講之書，自為口義，令講官親草，或有大議論，上必書之冊，謂之日記。」〔註 103〕

　　隨時間的推移，南宋人對日記這種文體逐漸有了更為寬泛的認定，日記的內容從國史備纂逐漸走向了家史記錄，黃庭堅《宜州乙酉家乘》就被南宋人定性為日記，陸游在《老學庵筆記》中寫道：「黃魯直有日記，謂之家乘，至宜州猶不輟書。」羅大經《鶴林玉露》云：「山谷晚年作日錄，題曰《家乘》。」〔註 104〕而此前《宜州乙酉家乘》一直只被認為是私人記撰的家史或雜錄。另外，私人排日紀行之作也被納入了日記的範疇，周輝《清波雜志》亦稱「自四十以後，凡有行役，雖數日程，道路倥傯之際，亦有日記」，而周必大在其《文忠集·書三》「又【紹熙五年】」條目中直接將《于役志》喚為日記。至此，日記開始擺脫傳統的史著依附地位，成為一種獨立的文體。文本撰寫不再全然出自於公共層面的表述，轉而對私人生活的描摹生發了興味。

〔註 102〕《范太史日記》最早見於《二程外書》，見載形式即以「日記」為名，而《二程外書》僅收錄了其事關程頤侍講的部分，餘本皆佚。參見《景印文淵閣四庫全書》698 冊，臺灣商務印書館股份有限公司 2008 年版，第 334～335 頁。

〔註 103〕佚名《宋史全文》卷二十九上《宋寧宗一》，黑龍江人民出版社 2005 年版，第 1997～1998 頁。

〔註 104〕羅大經《鶴林玉露》，中華書局 1997 年版，第 181 頁。

　　變革最早在曾布的日記中出現端倪，儘管存留至今的《子宣日記》(《曾公遺錄》) 皆錄廟堂事，然而《清波雜志》裏卻這樣寫道：「得曾文肅《子宣日記》數巨帙。雖私家交際，及嬰孩疾病、治療醫藥，纖悉靡遺」，從這段論述來看，曾子宣的日記裏已然出現了家庭瑣事，諸如嬰孩疾病、治療醫藥等，且從「雖私家交際……纖悉靡遺」的表述來看，在周煇的意識裏，專門敘載宮禁朝廷事的日記才是傳統日記的「正體」，曾子宣利用日記記錄家常瑣事的做法其實並不符合原有的文體概念，所以才用「雖……靡遺……」的讓步轉折句式表達潛在的意識傾向。周煇係南宋初人，《清波雜志》成書於紹熙壬子年 (1192 年)，與曾子軒日記之著時 (殘卷為 1099～1100 年) 相差近百年，所以有理由認為，至少從元符二年 (1099) 直到紹熙三年 (1192) 的這段時間內，日記「言政近史」的概念依然佔據著時人文體意識的主流，曾子宣日記開始著錄私人內容則代表著兩宋之際日記文體悄然發生變革的一個過渡，從國朝大略向平民生活的轉化由此肇端，私人趣味開始逐漸全方位地滲透至日記文體的涵蓋之中，私家事略逐漸超越廟堂公事成為日記撰述的主角。

　　其後南宋，個體化敘事的書寫模式越發多見，《歸廬陵日記》述歸途見聞，山川地理、名勝風俗，一一寫來旨趣盎然；《庚子辛丑日記》記治學書目、氣候變化及相應的物態狀況；《澗泉日記》臧否人物、考證經史。不難發現，南宋日記內容的選擇已從「高壇」走下，緊張嚴肅的文本狀態不再是日記存在的唯一方式，卷帖中的文字宛如冰川向火，瀝瀝而融，塵埃瑣屑與湖山化境，都能流於筆端，書寫對象的轉變讓日記拾染了人間煙火，彌漫起日常而愈發輕鬆的味道。這一傾向在其後的日記書寫中漸為主流，逐漸取代了必言政事的傳統習慣，成為日記一直持續至明清之際的定式──「日記者，逐日所書，隨意命筆，正以瑣屑畢備為妙。」〔註105〕

　　伴隨著內容撰述的自由化，宋人日記的行文體例也隨之發生改變，「排日纂事」的行文格式漸漸開始強化，從間日記事發展為每日記事，幾乎是從《曾公遺錄》無事之日亦記干支的寫法開始，不間斷的敘事體例逐漸成為一種不容忽視的傾向，到後來的《宜州乙酉家乘》及《北行日錄》等宋人日記，都秉承著同種理念，堅持每日記事，為確保這一形式，作者往往在無事可錄的日子也要將當天的日期（及天氣）標明，以示日日連續。

〔註105〕賀復徵《文章辨體彙選》卷六三九，《文淵閣四庫全書》集部348，臺灣商務印書館 1986 年版，第 645 頁。

　　到此，對日記概念的判斷、定義重點幾乎完全從內容甄別轉到了體例審核上，「排日」成為日記最直觀、首要的文體特徵。更進一步，當「排日」特徵也成為毫無爭議的文體判定標準後，個別作品內部反而出現了排日形式的弱化。例如《澗泉日記》的開篇尚能保證「排日」特徵，其後便徹底省略了年份日期的標著，僅以事件敘述為諸段之分節；《雪浪齋日記》原本已佚，從目前輯錄的內容來看，絲毫不見「排日」格式存在過的痕跡。上述二部作品於今日分別被認為是筆記和詩話，但在宋時，日記之名的冠戴證明著時人的文體觀念，兩部作品皆為逐日點滴著錄而成，故以日記為名強調的是排日未斷的撰寫形式，至於這種形式是否一定得到了字面保障反而無從輕重，因為此時日記的關鍵已不再是內容，特殊的體例、排日而為的撰寫方式已經成為界定文體的決定性因素。

　　北宋人撰寫了大量以政事內容為主的日記，然而現有文獻表明，他們尚未對此種形式的文本進行定義，僅僅是根據實際的需要，採用了一種便捷、直接、簡要和易於回憶的記錄方式，因此可說北宋的日記創作儘管數量龐大，但仍處在相對蒙昧的階段，著錄而成的文本雖然有著明確的用途，然而在抵達最終目的之前，日記僅僅是一種「留待啟用」的文獻，尤其是與《乘軺錄》一類需即時呈遞的文本相比，日記的撰書往往更注重的是細節的疊存和內容的累積，因此在自家刊布和上呈史館之前，北宋日記的撰寫都處在一段漫長的「備持」階段裏，當時的人們尚無暇對此種未完成的文本做進一步的歸納、分析和定性。到南宋階段，一代風氣也終於在歷經足夠的時間發酵後塵埃落定，諸本生成，南宋人才得以在遍檢文獻之後，得到對此文體的認知和接納，隨之而來的還有對既成體例的發展和新嘗試，政事內容的保持不再是確定是否為日記的唯一標準，對家國大事嚴禁端肅的記錄漸漸與對人間瑣屑充滿人文情味的描寫相互伴生，日記的涵容變得豐富，文體的外延得到了進一步拓展，書寫狀態從慎言謹行的記載轉化為歡悅輕鬆的述錄，甚至在後期，日記的行文格式也在某種程度上伴隨內容的自由擇揀而變得越發隨意無矩，「繫日」的文字形式有時會消逝不見，但這並不會影響時人對該種文體的界定——「排日纂事」的著錄形式已然取代內容，成為體例判定毋庸置疑的標準。

第三節　「傳藏」和「逐日錄事」

　　有別於當代日記的私密原則，宋人以「傳藏」為日記的合理歸宿。記日形

式從「排日」到「逐日」的轉化，體現書寫者對於體例日趨嚴格的遵守，反映了宋代日記不斷強化、臻於精善的文體狀態。

一、傳藏：日記的傳播與流佈

與當下日記書寫首要遵循的私密性原則不同，宋代日記從寫作伊始就已做好了公開傳播的準備。當代日記是一種「最私密的私人著述，其本意不僅無心傳世，而且擔心別人偷窺」〔註106〕，因而其文本圈圍於「寫作——存藏」的封閉式結構中，又因其「私語言說、摒絕交流」〔註107〕的特性，故而基本被阻隔在傳播領域之外〔註108〕。宋代日記的體例特性卻與此截然相反，作者通常致力於文本的流傳和散佈，讀者同樣有意於此，形成「作者／讀者——傳播」的開放狀態。總而言之，宋代日記不僅未攜帶私密基因，反而在傳播中更具「見示」之性。

上文所述的宋人日記在撰寫之時就已明確其未來的去向——上呈史館，備以修史；或者結集刊印，代際傳藏。無論哪種處置方式，最終目的都是意欲促成文本的長存、廣布。而今能見的諸多宋人日記往往原本已佚，恰是因著國家史著的引用、參考而得以保存和流傳。除《熙寧日錄》《溫公日錄》外，《續資治通鑑長編》中亦多引劉摯、曾布等人的日記，如卷四一一「元祐三年五月壬午」條末注明「引劉摯日記」，「元祐三年五月庚午」條末注「用摯日記修入」，如是者近五十餘處；卷四九八「元符元年五月辛亥」條注引「曾布日錄四月甲辰」；卷二五六「熙寧七年九月癸亥」條注引「呂惠卿日錄」；《建炎以來朝野雜記》乙集卷一《壬午內禪志》錄曰「晁公溯箕山日記有此」，乙集卷二《乙酉傳位錄》標引「晁公溯日記」，等等。

除以注釋在史乘中存形外，宋代日記亦以獨立文獻的形式在私家之間互相傳授，周煇《清波雜志》言「《王荊公日錄》八十卷，毗陵張氏有全帙，頃

〔註106〕錢念孫《論日記和日記體文學》，《學術界》，2002 年第 3 期。
〔註107〕趙憲章《日記的私語言說與解構》，《文藝理論研究》，2005 年第 3 期。
〔註108〕部分現當代名人日記於近年中陸續結集出版，如 1985 年中華書局出版的《胡適的日記》，1997 年廣陵書社(揚州廣陵古籍刻印社)出版的《周恩來日記》，2004 年大象出版社出版的《巴金日記》，2009 年外語教學與研究出版社出版的《季羨林集：清華園日記》，2011 年團結出版社出版的《蔣介石家書：日記文墨選錄》等等，儘管這些日記正式進入傳播領域，但為數不多，其撰寫過程也依然隸屬私向，作品在出版刊發前也須依據相關條例獲取作者本人或相關人員的授權，因此個人對日記私密性的處置仍然具有主導性。

曾借觀。」可見南宋初期，王安石的日記已經通過「借觀」或其他方式在異性氏族間傳播見示；又言：

> 向於呂申公之後大蚪家，得曾文肅《子宣日記》數巨帙。……
> 時屬淮上用兵，攏之，不暇錄。歸之，後未見有此書。

「不暇錄」的邏輯表明周煇原本是打算謄錄複製的，因特殊原因未能如願，且後來意欲尋見此書而未果，說明在見到這類文本時，時人已經有了明確的文獻復刻、搜集和流傳意識。以此書為例，周煇得之於「呂申公之後大蚪家」，周必大《龍飛錄》中云曾獲見，陳振孫也稱得見曾布日記兩種，分別為《紹聖甲戌日錄》和《元符庚辰日錄》，說明針對這種具有史料價值的文體作品，至少在士族內部已經普遍形成了主動收求、記錄和傳藏的習慣，此般歷史情形無疑已經建造了一個意義交流的場域，文本的公眾觀閱也會在無形中賦予日記新的價值取向，無論如何，這一切的前提脫離不開該種文體所具備的非私密屬性。

經後人發現並補充確認的宋代日記，本身亦能證明這種文體的公開觀閱性，因為如果文本自身性質為秘不可觀，那麼歷經千載之人事汰擇後，文獻存留的可能性實在微乎其微，今日可見保存較為完整的數十部日記作品的背後，定然是前人費盡心力、著意流藏的行為使然。張舜民《甲戌使遼錄》完本後被獻呈給君主，同時進《投進〈使遼錄〉〈長城賦〉劄子》備述撰作緣由，先言「其始以備私居賓友燕言之助」，又言「亦可以備清閒之觀覽」，而遞呈之意則為「亦所以見臣子區區原隰王事，靡鹽不遑啟處之意」，從寫作之初豐富談資以示同好的企圖，到向君主表白身為臣子忠於王事、未敢清閒的意向，都充分說明宋代日記的創作和閱觀完全處在公示狀態下，而後此錄在曾慥《類說》、葉隆里《契丹國志》、周密《齊東野語》中亦皆見引錄，足證《甲戌使遼錄》早已在其所處時代內部跨越私家存藏，廣泛傳播開來。

言朝政事者依託史著進入傳播的軌範，言私事者則憑藉作者與讀者的共同致力得以流傳。范廖原為《宜州乙酉家乘》作序曰：（黃庭堅）嘗謂余：「他日北歸，當以此奉遺。」「奉遺」之說表明日記作者有贈閱他人、擴展傳播空間的行為預設，而范廖原作為讀者，在「讀之恍然，幾如隔世」後，選擇「鏤版以傳諸好事」，主動設法促進文本在公示狀態下的影響範圍，而不是束之高閣、藏不示人，後事實也正如所冀——「高宗得此書真本，大愛之，日置御

案。」〔註109〕；陸游、羅大經、樓鑰的著述中也多見此本蹤跡。百多年後的南宋，周密在《齊東野語‧自序》中描述了這樣一個場景：

> 他日，過庭質之，先子出曾大父、大父手澤數十大帙示之曰：「某事然也。」又出外大父日錄及諸老雜書示之曰：「某事與若祖所記同，然也。其世俗之言殊，傳訛也；國史之論異，私意也。小子識之。」

先子為回答國史論異之問，將先祖「日錄及諸老雜書」拿出示「我」，此情境蘊納了兩層含義，（1）先人的日記依憑家族進行傳播；（2）日記內容並不保密，可以拿來示人。類似的情形在樓鑰《跋彭子壽〈甲寅奏稿〉並〈日錄〉手澤》中亦能得見：

> 公之子司農寺主簿欽出《奏稿》及《日錄》手澤等見示，覽之輒為流涕。

「見示」一詞充分證明了《日錄》絕非是秘不外露的作品，反而是藉此觀想前輩英姿、瞻仰名士風範的可據之徑。由是可知，宋代日記成本之後，令其進入有效的傳播渠道，大抵是時人共同的目的。

除去上述代際間的縱向流傳，作品在一整個地域空間內的橫向流佈也頗為易見。徽宗時，趙子書向皇帝建議嚴禁雕印《熙寧日錄》，後皇帝下詔：「令開封府及諸路州軍毀版禁止，如違，許諸色人告，賞錢一百貫。」〔註110〕「禁印」及「毀版」一事的邏輯表明，《熙寧日錄》不僅存在雕版印傳的事實依據，且其在民間的傳播已然相當廣泛，具備了一定程度的波及面和影響力。而官方對此的處置方式一為調動政府職能部門直接破壞印刷的源頭並封鎖作品流通的渠道，二則同時准許「諸色人」等告密，進一步確保此書在民間流傳的禁斷，徽宗時期一百貫等價於五十兩銀子，這個價碼同時期內也出現在鼓勵舉報搶劫殺人犯及破壞堤壩者的政府懸賞公告上〔註111〕；另按宋代「以七十七錢為

〔註109〕陸游《老學庵筆記》，三秦出版社2004年版，第95頁。

〔註110〕徐松《宋會要輯稿》（第14冊）刑法二，上海古籍出版社2014年版，第8329頁。

〔註111〕徐松《宋會要輯稿》方域一六：徽宗崇寧元年二月二十三日，都水監言：「惠民河都大提舉趙思復狀，惠民河地分見役人兵興修簽河次下硬堰，今已畢功，欲乞今後遇有盜決堤堰，許諸色人等告官，仍乞立定支賞錢一百貫文。如內有徒中告首之人，乞與免罪，亦支錢一百貫充賞。」從之。《宋會要輯稿》兵二：巡社往往以辨認奸細為名，劫奪居民或過往客旅、公人、官兵財物，或殺人者，其犯事人並行處斬。許人告，每名賞錢一百貫文。（上海古籍2014年版，第16冊，第6901～6902頁。）

百」的規定計算，一百貫就是七萬七千文，就政和元年麥價每斗一百二十文而言〔註112〕，一百貫能買 644 斗麥子；另外宋代政府規定市面流通的銅幣「仍每貫須重四斤半以上」〔註113〕也就是說一旦告發成功，所獲賞錢就有至少四百五十斤重，此次禁燬的力度可見一斑，然而民間的傳播並未就此停頓，草灰蛇線，千里復燃，高宗時劉寧止再次上書「乞禁王安石日錄」，〔註114〕稍後的李燾在《續資治通鑑長編》中亦透露撰史所參考的《熙寧日錄》有寫本和印本兩版，〔註115〕皆能證明王安石的日記從未被徹底剔除傳播領域，足見日記這種文體具有的非私密的體例特徵。該種特徵在宋代生發、定型，後世株守於此直到清際，劉體信《萇楚齋五筆》便中如此寫道：

> 光緒戊戌以後，吾國人士，競往日本參考，皆撰有日記一卷，付之排印。……當以通州張季直京卿謇《癸卯東遊日記》一卷，即本年八月翰墨林書局排印本，文筆最為雅馴。

甚至民國時期依然留有餘緒，馬敘倫《石屋餘渥》中也敘述了相似的內容：

> 余昔從陳介石知吾杭孫仲丈寶而未見之也，今於陳伏丈案頭見其日記數冊，略讀數頁，更見其思想所趨，……余謂最好照原稿付印，不知世有好此事者否。

材料可見，清代的出遊（出國）日記也是置處於流通領域中的文本，完本之後「付之排印」已然是約定俗稱的步驟，日記內容被主動而徹底地袒露在大眾視野中，以客體身份等待著閱讀和品鑒；而到了民國之際，「案頭」的公然置放，客人的隨意取閱，「照原稿付印」的處置意圖，都能證明當時的日記依然承襲宋韻，出於公示之態，甚至某種程度上，我們也可以認定彼時有些日記的成本和傳播間已然形成了穩定的對應關係。包含宋人日記在內的整個宋代日記作品群，從誕生到結本，從創做到觀讀，從空間流佈到代際傳續，皆有別於當代日記的私密之屬，實備「見示」之性。

〔註112〕徐松《宋會要輯稿》食貨七十，通常用米價作為時代經濟的衡量標準，然徽宗時期米價單斗幾何尚未有確證，綜觀宋代三百年間，米價與麥價在同時期內基本保持同比增減，故此處權以麥價為衡量標準。（上海古籍出版社 2014 年版）

〔註113〕司義祖整理《宋大詔令集》卷一八三《禁江南私鑄鉛錫惡錢詔》，中華書局1962 年版，第 664 頁。

〔註114〕脫脫《宋史》，《劉一止傳》後所附《劉寧止傳》，中華書局 1977 年版，第 11676頁。

〔註115〕李燾《續資治通鑑長編》卷二一八「熙寧三年十二月乙丑」條注文，中華書局 1986 年版，第 5300 頁。

二、從排日到逐曰：纂事之體的發育與生成

「排日纂事」是日記最直觀的文體特徵。當代熟知的日記體例為首行標注年月及日期，行末附及天氣狀況，其下另開一行用以書寫正文，日期連貫與否並不影響作品的性質，也許兩篇之間相隔數月乃至幾年，但不會改變其身為日記的存在形式。相較於此種鬆散隨意的文體狀態，宋人對「排日」的處理無疑更為整飭，從「循事繫日」的間斷漸成「逐日纂事」的連貫，宋人在不斷的創作實踐和循環往復中，逐漸達成對日記文體認知的一致性，並最終在時代內部形成了一種從相對自由到嚴格遵體的創作傾向。

今見的宋代日記絕大部分是從各類史籍中輯錄而來，文本原貌已無由得見，故《熙寧日錄》《劉摯日記》《王岩叟日錄》等作品是否遵循連記原則並不能確切知曉；《溫公日錄》〔註116〕以獨立文獻形式存留下來的部分，秉持的是有事則記、無事不記的原則，每段日記之間間隔零到數日不等，基本上是一種以事件為中心的記錄，日期的標注僅僅作為事件敘述的附屬部分而存在；三十年後的《曾公遺錄》卷帙浩繁，載錄著作者每天身經的施行奏對與國事處置，若當日例逢休假或無事可記，則以干支標注，表示每日必記：

> 乙巳，早罷西府道場，出赴普照齋，及智海僧誦經一藏，長老
> 而下來殯所，令佛表懺悔。午後，歸。
>
> 丙午。
>
> 丁未。
>
> 戊申，寒食，假。
>
> 己酉，享先。
>
> 庚戌。……
>
> 癸丑，旬休。〔註117〕

將曾子宣的日記置處於宋代日記發展的宏觀背景之下，能夠明顯地察覺到，這部日記從內容到體例都呈現出了向新階段過渡的傾向，內容方面於上文中提及，在只談公事的傳統中摻揉進了對家常瑣事的記敘，開啟了宋人日記由廟堂走向民間的路徑；體例方面，從之前的循事繫日變成了循日記事，日期標示的本身跨越原本承載的功能傾向，變為持續、固定的程式化行為，在內

〔註116〕 參見李裕民《司馬光日記校注》，中國社會科學出版社1994年版。

〔註117〕 顧宏義、李文整理標校《宋代日記叢編》，上海書店出版社2014年版，第294～295頁。

容弱化之際，更以其獨立的形式存在建構出一個完整的意義單元。

　　到此階段，日期本身所具備的功能指向性開始被意義指向性所取代，逐日不斷的撰寫體例躍然上位，漸成日記書寫模式的主流，內容反而轉化為日期框架之下填撰的部分，這樣在以「日」劃分的意義結構裏，不論內容完密或貧疏，日記的書面形式都能保持連貫而完整的樣態，而這幾乎也正是宋人日記判別標準從內容轉向體例的開端。隨後，伴隨著日記內容擇選的寬泛化，私人向的日記寫作也幾乎在同時期呈現出對於逐日記事的嚴格遵守，《宜州乙酉家乘》載黃庭堅每日的「賓客往來、親舊書信、晦明寒暑、出入相居」，碰到無可記錄之時，除標注日期外，亦將當日天氣載錄於上，一日不落，以示完整：

> 初十日戊寅，雨。蔣侃、莫洞寄買崇倚卓錢四千，莫並寄橄欖百枚，筍數十頭。德謹砦秦靖寄筍、櫠、山藥。食罷，過管時當西齋。
>
> 十一日己卯，雨。
>
> 十二日庚辰，雨。
>
> 十三日辛巳，不雨。
>
> 十四日壬午，晴。德謹砦秦靖饋筍、山藥、炭四籠。鑽竹改火。
>
> 十五日癸未，晴。
>
> 十六日甲申，雨。
>
> 十七日乙酉，晴。〔註118〕

南宋時，《庚子辛丑日記》以連續未斷的日期、功課和天氣的三節組合貫徹了整部日記，載筆其間，也是一日未誤：

> 八日，《七月》一章。微雨。
>
> 九日，十一年、十二年。晴和。
>
> 十日，《七月》二章。晴，夜雨。〔註119〕

《北行日錄》的錄事同樣是嚴謹地遵循著日日見錄的原則，無事之日以日期加天氣的結構單獨成段：

〔註118〕顧宏義、李文整理標校《宋代日記叢編》，上海書店出版社 2014 年版，第 587 頁。

〔註119〕顧宏義、李文整理標校《宋代日記叢編》，上海書店出版社 2014 年版，第 1154 頁。

十日壬辰，蔡興以仲舅書來，辟充書狀官，二親許一行。是日，遊南園。微雨。

十一日癸巳，雨。做裝。

十二日甲午，陰。

十三日乙未，雨。

十四日丙申，雨。李器之以《鳳棲梧》餞行。〔註120〕

《北行日錄》本為樓鑰以書狀官身份使金時記錄的行程見聞，從內容和功能而言，時人更傾向於將其歸入外交行記、語錄一類，而這類作品的實質是官員出使歸國後撰寫提交的工作報告，根據彙報重心的不同，通常分為語錄和行記兩種，語錄記載交接言語，行記錄載行程見聞，因其旨在傳遞信息、述職總結的功能傾向，所以錄敘的內容是重點，故體裁多以內容為中心進行選擇或調整，那些選擇以排日纂事模式完成撰寫任務的文本，被今人納入宋代日記的範疇，諸如《乘軺錄》《使遼語錄》《乙卯入國別錄》《西征道里記》等等。和以政事為主的、時間跨越數年的宋人日記相比，該類日記雖也同樣具備公共層面的表述出發點，但因其記敘的事件較為集中且專項，所以文本的連貫性相對強一些，而在此基礎上，仍能夠在此類日記的內部察覺到一個從間日記事發展向逐日記事的傾斜過程。

語錄日記中，以著時先後為序，北宋的《使遼語錄》（治平四年 1067）因出使行程中活動相對密集，所以基本保持了逐日記事，獨缺中間六月十三日事；其後沈括的《乙卯入國別錄》（熙寧八年 1075）則是擇日記言，首條「閏月四月十九日」，次條則已是「五月二十三日」；《元祐七年正旦接送伴語錄》（1092）記載的是禮部就遼朝賀正旦使耶律迪歸途病亡一事，雖首尾各目次間的記載皆間隔數日，然而中間主錄事的部分，即正月六日至十四日之間是為連日記載，可謂語錄日記中心事件的敘述已經出現了「逐日」的苗頭；今見的《甲戌使遼錄》（元祐九年 1094）與《靖康城下奉使錄》（靖康元年 1126）因是輯錄得來，故無法確切指證，然而《甲戌使遼錄》的作者曾明確自述該本為「排日紀錄」〔註121〕，多少亦是申明了一種傾向；待至南宋中期，在《使遼語錄》

〔註120〕顧宏義、李文整理標校《宋代日記叢編》，上海書店出版社 2014 年版，第 1182 頁。

〔註121〕張舜民《畫墁集·投進〈使遼錄〉〈長城賦〉劄子》，《景印文淵閣四庫全書》1117 冊，臺灣商務印書館股份有限公司 2008 年版，第 37 頁。

《元祐七年正旦接送伴語錄》中初現的不間斷記事的趨向在此時幾乎已經成為了語錄日記的撰寫定式，《重明節館伴語錄》（紹熙二年　1191）記金使臣入朝賀重明節事，倪思以館伴使身份記錄了宋金雙方官員間的言語應對，起從紹熙二年九月一日，終至九月十五日，一日未差，天天見載，甚至還將一天之內的事件敘述細化分成了早、晚兩部，所成型的是首尾相對、中無間隔的完整文本：

> 初五日，早，思等於完顏克等互相傳語萬福，……至晚，互相
> 傳語安止。
> 初六日，早，……同行馬赴朝見，出都亭驛……至晚，互相傳
> 語安止。〔註122〕

行記日記中，北宋較早的《乘軺錄》（大中祥符元年 1008）記事是不完全連貫的，中缺十二月十三日、十四日、二十五日及次年正月二日、三日、五日事，不錄之日亦無標識，直接略過；《使高麗錄》（宣和五年 1123）事起二月二十八日，終八月二十七日，惟去程五月二十四日丙子至六月十二日癸巳間的海行部分連日記事，餘皆散記；紹興九年（1139）誕《西征道里記》，此記除去當中缺遺的部分，其餘為逐日記事，當日事當日未記者，依次排開，與後事一同記錄，所以文中常常出現數日並記之狀況，總之在行文上沒有出現遺落和間斷，格式極其完整，如：

> 二十五日至七月七日，行府並治事永興軍。……
> 十四日至八月十九日，行府皆治事鳳翔。……

之後的《北行日錄》（乾道五年 1169）如前文所述，徹底達到了連日記事、無有間斷的程度，在書面形式上呈現出極清晰而工整的日記體特徵，它所反映的作者的文體意識也格外明顯。同類的外交記錄多以「某錄」「某記」為名，「某」是為記錄的具體事件，如「使金」「甲戌使遼」或者「靖康城下奉使」等，可推導出「具體事件＋籠統文體」的命名公式，即言該類作品的重點於內容，體例僅是其次，因此即便以日記體錄事，作者本身的注意力也仍然更多地集中在「寫什麼」，而非「如何寫」上，這一點從命名方式上可以得到印證。但《北行日錄》是個特例，它由「具體事件＋具體文體」構成，在以往基礎上強調了作品的體例性，明言「北行」一事是以「日錄」方式進行記撰的，因此寫作過

〔註122〕顧宏義、李文整理標校《宋代日記叢編》，上海書店出版社 2013 年版，第 1230
　　　～1231 頁。

程中貫穿始終的逐日錄事的文體自覺就不足為奇，在無事可錄的時刻，樓鑰以天氣填諸日期之下，獨自成段，這樣的形式強調背後是作者對「日記」之「日」的尊重，亦是其文體概念進一步清晰的表現，所以至少從樓鑰這裡可以推知，宋人對於日記之體的認識和運用已經到了可稱之為規範、嚴格的程度；再其後一年成書的《攬轡錄》（乾道六年 1170）為范成大以起居郎假資政殿大學士身份出使金國時所記的行程見聞，記事雖有間斷，畢竟因為今見的版本已非完本；《北轅錄》（淳熙三年 1176）記周輝使金行程，自云「是行往返凡九十六日」，〔註123〕然載冊者僅有三十七天，間隔甚多；《使金錄》（嘉定四年 1121）卷首幾條交代出行背景，零散斷隔，從十一月二十七日乙亥條始，至次年二月一日戊寅條結束，主錄行程見聞的部分一日未斷，且從正式記錄行程開始，作者還有意伴述了當日的天氣及行程里數，在作品內部，以日為單位分割出來的每一個獨立單元內，都重複著同樣的記敘因素，構成數段同一的行文格式；《祈使行程記》（德祐二年 1276）起二月初九日，終五月二日，僅有零星四天沒有記錄在冊，其餘日日加載，該作品記宋恭帝被元軍押解北上一事，時嚴光大以閣贊官充日記官隨行，逐日錄沿途聞見及舟車勞頓，從其專職的「日記官」身份而言，可知此記乃是其此行的主要任務，那麼文本體例的專業性不必多言，內中「廿三日至廿七，不許私行，不錄」之語揭示了作者的文體意識，既然「不錄」的原因需要在文中特地說明，「不錄」的時間段也在文中標示出來，那麼反之，原則上實應為日日錄事無間斷，而嚴光大於文本中的表述無疑流露出一種對「逐日」之體例性的遵照和把控。

　　從《乘軺錄》到《祈使行程記》，凡二百六十八年，幾乎已經佔據了有宋一代近百分之九十的時間，以外交事宜為內容的宋代日記中，無論是語錄日記抑或行記日記，從中都能得見到文體概念日臻嚴整規範的趨向，從最初的間散記事，演變為重點事件的連日記事，再至全本通篇的逐日錄事，日記之「日」的屬性漸漸強化，成為文本首要直觀的特徵，儘管在出現了《西征道里記》《北行日錄》一類已然完全遵循連日原則的作品後，後見的文獻未能百分之百嚴循此例，但更多作品對逐日錄事的體例取向性仍是在案可查，任何一種文體的進化都不可能呈直線上升狀，在偶有反覆的現實狀況下，保持總體方向上的遞進，已經足夠剔揀出一條日記文體發展的清晰脈絡，而在此過

〔註123〕顧宏義、李文整理標校《宋代日記叢編》，上海書店出版社 2013 年版，第 1138 頁。

程中亦可以看到，宋人對日記文體的關注度正在隨時間的推移而逐步提升，外交行記、語錄在時人的概念中，由原先的內容先導變成了內容與文體的並置主導，從用體的被動到尊體的自覺，日記的文體概念正悄然走向時人意識的前臺。

　　此外，逐日錄事的趨向在私向性的出遊作品中也同樣可以見到，元豐六年（1083）《郴行錄》記張舜民赴郴州監酒稅的道途經歷，循事繫日，書寫有間斷；元祐元年（1086）《遊城南記》記張禮遊京兆（西安）城南事，出行七天，日日著錄；政和四年（1114）《遊山錄》記趙鼎臣遊泰山行程，「蓋自往而復，凡十有八日也」〔註124〕，十八天的記錄依次載冊；乾道六年（1170）《入蜀記》記陸游舟行至夔州赴任途中山川風土等，始閏五月十八日，終十月二十七日，凡五月餘，日日見載，從未間斷，偶雖無可考述，亦標諸日期，如五月二十四日和三十日、六月二十一日、二十四日和三十日這五天，只標明時間而無著述，很清明地反映楚作者對於「排日纂事」之文體要求的理解，重心從傳統的「纂事」偏向了「排日」並進化至無間斷的「逐日」之勢，而據其《老學庵筆記》中言黃魯直日記事，亦可推知作者對該種文體自有認知，並且有相當的可能性是把記事無斷的《宜州乙酉家乘》當做了日記體的範本，那麼在《入蜀記》中出現日日連記的情況就顯然是自覺接踵前賢的尊體行為；乾道八年（1172）《驂鸞錄》記范成大於桂林赴任途中見聞，從書面形式看總體趨向於連日記事，除一月二十三日不見書面留形，其餘日日在錄：

　　　　（一月）十九日、二十日、二十一日、二十二日，皆泊袁州。

　　聞仰山之勝久矣，去城雖遠，今日特往遊之。……晚，出山，復入袁州。

　　　　二十四日，發袁州，宿宣風市。

據「晚，出山，復入袁州」可推知，仰山與先前四日所泊的袁州分屬敘述空間中的兩地，「今日特往遊之」也就是說仰山遊玩的這一天不包含在「泊袁州」的四天裏，那麼「今日」實際上就是一月二十三日，正接下段的「二十四日」，所以這唯一的不曾書面標注的一天也是存在的，故《驂鸞錄》實質上採用的是連記、無間斷的著錄方式，而為了達到日期連貫的目的，無可錄事時，數日並錄亦有之：

〔註124〕顧宏義、李文整理標校《宋代日記叢編》，上海書店出版社版2013年版，第627頁。

　　　　三日，始泛湘江。自此至六日，早暮行，倦則少休，不復問地
　　名。

四日到六日間，只簡略記錄了慣常無奇的行程，對照其他段落裏的記錄重點，可知此條內容並無明顯的記錄價值，其存在的意義僅僅就是對逐日錄事的文體需求的滿足，是作者在無事可錄與依合文體的矛盾間所作出的折衷處理，是在犧牲內容精緻度的前提下對文體精潔性所付出的努力；淳熙元年（1174）和二年（1175），呂祖謙作《入越錄》《入閩錄》，兩者的敘錄重點雖不相同，卻同樣堅持著連日敘事的習慣；淳熙四年（1177），范成大從成都返回蘇州，萃其途中見聞成《吳船錄》，起五月二十九日戊辰，終十月己巳，一日未斷，天天有載，文中可見較明顯的尊體意識，為維持連日記敘的特性，時有有雙日並敘之勢：

　　　　庚子、辛丑，皆泊嘉州。……

　　　　乙丑、丙寅，泊歸州。〔註125〕

而無可著錄之日還追錄地點：

　　　　癸亥，晝夜行。

　　　　甲子，至常州。

　　　　乙丑，泊常州。〔註126〕

　　從內容方面判斷，《吳船錄》也一直被劃置為遊記，作者在沒有萃取到有記敘價值的內容時，除了一絲不苟地連續標示日期外，也同樣標注了所寓之地，即遊記中所謂「遊蹤」者，遊蹤是構成遊記的三項基本元素之一，所以寓地的不落是為對遊記的滿足，而日期的連續則是對日記的尊體，此錄從內容到體例都有兼顧規範，謂之「得體」實不為過。另，記出蜀的《吳船錄》與早年誕生的《入蜀記》間總有千絲萬縷的聯繫，兩位作者間的交好亦為文壇佳話，無論《吳船錄》對《入蜀記》是另闢蹊徑還是互為應襯，在日日連記這一點上論其承襲也好、自主使然也罷，至少能表明逐日錄事的體例性已在時代內部漸成風會。

　　以私遊為內容的宋代日記的「逐日」之體幾乎從一開始就有很強的傾向性，概因出遊本身就是在相對集中的時間段內閱取大量信息，所以日日都有可

〔註125〕顧宏義、李文整理標校《宋代日記叢編》，上海書店出版社 2013 年版，第 853、
　　　　861 頁。

〔註126〕顧宏義、李文整理標校《宋代日記叢編》，上海書店出版社 2013 年版，第 872
　　　　頁。

錄之事就順利成章。然而儘管該類文本都保持著連續記錄的特性，但從最初僅有七天的《遊城南記》到一十八天的《遊山錄》，再到後期數月有餘的《入蜀記》《吳船錄》等，對「逐日」之體的維續難度其實是逐步增大的，那麼文本狀態依然維持穩定的背後，無疑就是作者對文體嚴飭性所增投的努力。

以時間為參照標準的前提下，記事的連日趨向是逐步抬升的，而從作者自身的創作來衡量，同樣能察覺到類似的趨向軌跡。范成大的三部日記中，開始的《攬轡錄》間日記事，其後的《驂鸞錄》形式雖有間斷，而實質上已是連日記事，待到最後的《吳船錄》從形式到內容均已是完整的逐日錄事。周必大日記八部，《親征錄》（紹興三十一年 1161）、《龍飛錄》（紹興壬午年 1162）、《歸廬陵日記》（隆興元年 1163）、《閒居錄》（隆興元年 1163）等早期的四部日記均非連載，但《閒居錄》中率先出現了連日記事的萌芽，與前三部就專事而錄的日記不同，《閒居錄》是作者奉祠歸家、閒散度日時所記，時間跨度長達三年有餘，但標載於冊者僅三十有四，記事者又僅二十又二而已，因其中存在著只記日期不錄事的情況，如「十月朔戊午」「十一月朔戊子」「十二月朔丁巳」等條目下均為空白，不論此空白來自於作者的刻意標示還是自行刪減，抑或是文獻散佚後的重新編排，日期的存留到底體現出對於體例的考量和重視；後來的《泛舟遊山錄》（乾道三年 1163）與《奏事錄》（乾道六年 1170）中則開始有了明顯的連日記敘的跡象，《泛舟遊山錄》記載了周必大自江西舟行入浙之事，凡三卷，卷一末尾及卷二起首處有斷隔之日，前兩卷其餘的部分均為連日記錄，連日的部分事關該作重點——旁徵博引、考辨古蹟，而間日相記的部分則涉及人事往來等瑣事，並非該卷的核心內容，而且卷一內容缺損的七天仍然以書面形式存在，日期也一以貫之沒有間斷；第三卷從頭至尾都未輟筆一日，名勝考證、人事擾擾，一一記錄未有斷載，可謂純粹的逐日錄事。《奏事錄》的重心雖與《泛舟遊山錄》相反，重在行程記錄與人事交往，但在體例性的保持上二者頗為一致，基本全程連記，僅是偶有遺漏；最後的《南歸錄》（乾道八年 1172）與《思陵錄》（淳熙十四年 1184）雖時間跨度極大，也幾乎是完全連日撰錄的，《南歸錄》起二月丙辰，終六月庚申，日日載冊，而《思陵錄》著時周必大任山陵使，負責主持高宗的喪葬事宜，所載為其親歷之政務，凡四年有餘，此記開頭述八九月間慣常政務時有漏斷處，從高宗病重至歸天乃至其後的諸多政事，幾乎均為見日有載，旬休無事之日亦以錄之：

丁未，旬休，雨。

庚戌，節假。

丁卯，旬休。〔註127〕

此一點和《曾公遺錄》同出一轍，彰顯了對「逐日」之體的遵照，而《思陵錄》卷首「起丁未八月庚寅，止戊申二月丙申」句表明此記結集之前已經編排和輯錄，且「思陵」一名是據中心內容而來，那麼可以推知《思陵錄》是在原生文本的基礎上摘錄出與中心內容相關的部分輯錄成文，再命名入集，而旬休日也在冊的書寫狀態無疑證明著原生文本確實具備連日記事的體例特徵，只不過經以內容為傾向的篩選後，無關中心的條目被略去，才造成了《思陵錄》今本未能徹底「逐日」的情況。但從總體而言，《思陵錄》連續記事者已占總條目數的95%以上，當屬逐日之體，可以無愧。

此外，在風會已成、體例趨穩之時，亦有一例跳脫之作《進講日記》不能不說，該作為徐元傑於淳祐甲辰（1244）、乙巳（1245）年間任崇政殿侍講時所著，被今人稱之為單篇日記，有別於其他連篇之作，記中條目間隔較大且無律可循，前後兩條記錄之間間隔一日到月餘不等，實際上是因為侍講一類的活動本身也不是連日而為的，以內容為導向的記錄自然相應地無法連續，徐元傑將這部分「排日」特徵貧弱的文獻歸置到「日記」之名下，無異於是對日記之體的擴充，因為與之相似的作品如徐元傑自己的《經筵故事》及周必大《東宮故事》，都錄述了近似的內容，亦有日期格式的零散標示，加之篇內更多是倫理討論和觀點輸出，皆是非具象內容，因此無論是宋人還是今人，都未將其視為日記。兩相對比之下，徐元傑以日記命名進講文本其實是將原本不屬於此體的內容擴充進來，單從此作角度來說，《進講日記》儘管弱化了日記應有的排日模式，但也豐富了日記的寫作手法，降低了傳統的敘事成分而增加了兼議兼論的部分，可謂傳統日記之外的變體之作，反之也可以說《進講日記》「日記」之名的確立，是作者在文體辨識之後做出的創新之舉。

無論是何種內容的日記，在考察其逐日之體發展過程的時候，必要明晰的一點是，它們的「逐日」特性也可能來自於客觀條件，即事件過程如果相對集中，那麼日期自然也就隨之連貫，如《遊城南記》《遊山錄》等作品，核心事項集中在出遊一事上，且時間跨度不過數天，作者荷囊載筆、從事其間，自然

〔註127〕顧宏義、李文整理標校《宋代日記叢編》，上海書店出版社 2013 年版，第 1055、1056、1060 頁。

形成逐日之體，那麼此種行為就更似順勢而為；而那些橫跨數月乃至數年的日記，如《入蜀記》《思陵錄》等呈現出來的「逐日」特性，剔除了事件集中的引導作用，剩下的就是作者刻意而為的「造勢」之舉了，從順勢到造勢的行為轉變，所彰顯的也正是宋人文體意識日益強化、完善的過程。

第四節　天氣記錄的定位與定型

宋代日記中，最早的天氣記錄出現在北宋中期，治平四年（1067）陳襄出使契丹，歸而進呈《使遼語錄》，其內有對途中天氣的相關記載：

> 十四日，行次遇雨。規中言：「北界春夏已來，久愆雨澤。國信使、副至新城及涿州，俱得甘雨。今日到燕京，若更沾足，然是好也。」又問臣咸融：「南朝曾得雨否？」答以自春及夏，屢得雨澤。〔註128〕

此處的天氣記錄引發了其後的系列對話，因此屬於正文的一部分，且並非僅具字面意義，而是潛藏著傾向於宋朝的積極信息，如通過契丹使節之口，逑說了「宋使到訪」與「天降甘霖」的節奏趨同性，以此暗示宋朝舉措與「天意」之間的內在關聯；又通過「久愆雨澤」〔註129〕等信息鋪墊，強調宋朝「國信使、副」的來訪給遼帶去了隨軒之賜；同時借「屢得雨澤」暗暗展示宋朝風調雨順的優越之感。因此，治平四年的天氣記錄僅僅因其內容相關性而進入日記，尚未成為獨立形態。

正式的天氣記錄最早出現在北宋後期，元豐六年（1083）張舜民著《郴行錄》，內含多處天氣記載，著錄形式具偶發性特徵，卷一中僅一處天氣記錄：「乙未，微風，無雨。……雨至夜。」〔註130〕又有隨意性特徵，卷二中有連續記載天氣的傾向，但往往幾天便行終止，並無規律：

> 戊寅，陰。早率檀宣義遊魏夫人閣。
>
> 己卯，夜雨，至旦少霽。解舟順風西南行十餘里，

〔註128〕顧宏義、李文整理標校《宋代日記叢編》，上海書店出版社 2013 年版，第 28 至 29 頁。

〔註129〕顧宏義、李文整理標校《宋代日記叢編》，上海書店出版社 2013 年版，第 28 至 29 頁。

〔註130〕張舜民《郴行錄》，見顧宏義、李文整理標校《宋代日記叢編》，上海書店出版社 2013 年版，第 609 頁。

庚辰，雨雪。循岸牽行，宛轉二十餘里，〔註131〕

丙申，陰晦欲雪，岸洪宛轉，尚未全出湖中，午際微風雨作。

（在船）

甲子，晴，無風。發潭州，循西岸牽行，

丁卯，晴，無風。拋東岸，

壬申，自夜大雨。

丁丑，陰。

戊子，雨。〔註132〕

較之治平四年，《郴行錄》中的天氣記錄呈現出更為獨立的形態。首先，行文中位置固定，均處「記日」之後；其次與當日記事無具體關聯，如庚辰日「雨雪」，而甲子日「晴，無風」，但兩日行程均為「循岸牽行」。故此可初步判定，此日記中的天氣記錄雖不連貫，但基本作為獨立的記錄對象而存在。至於定量入文的原因，概為本錄是出行日記，基於對出行環境的一般性關注，書寫者會信手記下部分天氣情況。

由上述二例作析，可歸納出天氣記錄的基本屬性，本文擬以之為切入點，對兩宋日記的天氣記錄情況展開探討。詳列如下：第一，是否有天氣記錄；第二，是否連日記錄；第三；位置何在；第四，與正文有否關聯。同時，上述特性是否因日記類型而存在差異。

一、天氣的「從無到有」

北宋早中期的日記中，幾乎盡無天氣記錄。無論是行役類日記《乘軺錄》，還是文人隨筆類日記《于役志》，抑或是在朝職官日記《錢惟演日記》《趙清獻御試日記》《趙康靖日記》，均不見任何有關天氣的記載。自治平四年《使遼語錄》中出現偶發性的天氣記錄，再到元豐六年《郴行錄》出現較為連貫的記錄之後，「天氣」方成為一項專有信息，躋身於日記體式。

作為日記文體形態的標準配置之一，天氣記錄在北宋後期及南宋前期出現的頻次並不穩定。例如同樣是元祐元年（1086）完成的兩部日記，《林文節元祐日記》中尚有三條天氣記錄：

〔註131〕 張舜民《郴行錄》，見顧宏義、李文整理標校《宋代日記叢編》，上海書店出版社 2013 年版，第 609 頁。

〔註132〕 張舜民《郴行錄》，見顧宏義、李文整理標校《宋代日記叢編》，上海書店出版社 2013 年版，第 614、615、616、617 頁。

　　庚辰日：司馬門下遷左僕射。宣制畢，微雨，闔（卷）【巷】翕然，云司馬雨。〔註133〕

　　辛巳，熱。〔註134〕

　　己丑，聞於進邸追取蔣之奇告。【內關。夜，大風雨。】〔註135〕

另一部同年作品《遊城南記》卻一字不著。另在《曾公遺錄》《宜州乙酉家乘》均有定量天氣記錄的情況下，其後的《遊山錄》〔註136〕卻沒有任何天氣著述。

　　北宋後期，本該關注出行天氣的作品《遊城南記》《遊山錄》，均無天氣記錄；在朝的政史類日記倒有不同量額的天氣記錄，說明這一時期的天氣記錄與日記類型基本無關，而與寫作者的個人習慣更為相關。

　　南宋前期，有天氣記錄的日記文本數量明顯多於北宋。乾道六年（1170）以前，除兩部航海日記署有天氣之外，其餘如《沈必先日記》《建炎筆錄》《丙辰筆錄》《紹興甲寅通和錄》等皆無天氣記錄。乾道六年之後，以陸游《入蜀記》為界，其後書成的大量日記均有天氣記錄，如范成大《吳船錄》，周必大《親征錄》《龍飛錄》《歸廬陵日記》《閒居錄》《泛舟遊山錄》《奏事錄》《南歸錄》《思陵錄》，呂祖謙《入越錄》《入閩錄》《庚子辛丑日記》，程卓《使金錄》等等。綜上，南宋前期的日記文本幾乎都有天氣記錄，且單人所著的多本日記中幾乎具有同等份例的記錄，比如周必大的八部日記作品各含有相似比例的天氣描述，而呂祖謙三部日記的天氣記錄比例完全相同。由此可以推斷，南宋階段，天氣記錄基本成為日記文本的常態記錄。

二、從「偶發式」到「連續性」

　　北宋後期，以崇寧四年（1105）黃庭堅《宜州乙酉家乘》為界限，此前的日記中俱無連續天氣記錄，如《林文節元祐日記》《曾公遺錄》等；此後則多有大段連續天氣記載，如《使高麗錄》等等。值得一提的是《宜州乙酉家乘》，這是文學史上第一部擁有連續天氣記錄的文本，錄例如下：

〔註133〕林希《林文節元祐日記》，顧宏義、李文整理標校《宋代日記叢編》，上海書店出版社 2013 年版，第 284 頁。

〔註134〕林希《林文節元祐日記》，顧宏義、李文整理標校《宋代日記叢編》，上海書店出版社 2013 年版，第 284 頁。

〔註135〕林希《林文節元祐日記》，顧宏義、李文整理標校《宋代日記叢編》，上海書店出版社 2013 年版，第 284 頁。

〔註136〕政和四年（1114）。

二日辛未，小雨。……〔註137〕

三日壬申，陰，微寒。……

四日癸酉，微陰。……

五日甲戌，晴。……

六日乙亥，四山起雲而朝見日，大熱，才夾衣。

七日丙子，陰，辰、巳大雨。入新居，大寒。〔註138〕

甚至於其某段時間內的記事有且僅有天氣情況：

初九日丙子，晴。

初十日丁丑，晴。

十一日戊寅，晴。

十二日己卯，晴。

十三日庚辰，晴。

十四日辛巳，晴。〔註139〕

這種對於天氣狀況堅持不懈地記載，已然是一種刻意行為，顯示了書寫者對於日記文體體性的理解，以及對相關體式的主動塑造。然而這種文體特徵在當時僅僅是為一種偶發性例子，該種體式在其後的一段時間內並未得到迅速地模仿，抑或大規模的傳播，比如《使高麗錄》中雖有較大比例的天氣的記錄，但該記錄並不連續。

南宋前期，從建炎三年（1163）到淳熙元年（1174）之間的日記著述，亦無連續天氣記載，但較之北宋，記錄的比例均有大幅度提升，代表作品如《己酉航海記》《親征錄》《龍飛錄》《歸廬陵日記》《閒居錄》《泛舟遊山錄》《奏事錄》《入蜀記》《南歸錄》《思陵錄》等等。尤在最後著成的《思陵錄》中，連續記天氣幾乎貫穿整個文本：

「己亥，雨。國忌行香。人使觀潮。」「庚子，雨。開基節假。人使射弓於玉津。」「辛丑，諭。免過宮，入局。」「壬寅，晴。」「癸卯，晴。」「甲辰，微雨。」「乙巳，雨。」「丁未，以雨駕不

〔註137〕 黃庭堅《宜州乙酉家乘》，見顧宏義、李文整理標校《宋代日記叢編》，上海書店出版社2013年版，第582頁。

〔註138〕 黃庭堅《宜州乙酉家乘》，見顧宏義、李文整理標校《宋代日記叢編》，上海書店出版社2013年版，第582頁。

〔註139〕 黃庭堅《宜州乙酉家乘》，見顧宏義、李文整理標校《宋代日記叢編》，上海書店出版社2013年版，第590頁。

出，入局。」〔註140〕

這一階段之內，記錄成「式」的典型代表是呂祖謙所著三部日記，分別為淳熙元年（1174）《入越錄》，淳熙二年（1175）《入閩錄》，以及淳熙七年（1180）至淳熙八年（1181）間完本的《庚子辛丑日記》，摘錄如下：

《入越錄》

「淳熙元年白月二十八日，……申后微雨，夜遂大。」「九月一日，……薄暮，小雨。」「三日，……是日，薄陰。」「六日，……晚，冒雨歸。」「七日，雨不可出。」「十日，……四山風雨翛然，始聞秋聲」。〔註141〕

《入閩錄》

「淳熙二年三月二十一日，……是日，陰。」「二十二日，……是日，時見日，晚雨。」「二十四日，……是日，雨時作時止。」「二十五日，……是日，早雨，辰止，時見日。」「二十六日，……是日，陰，夜大雨。」〔註142〕

《庚子辛丑日記》

「一日甲寅，……晴。」「二日，……陰，夜微雨。」「三日，……微雷。」「四日，……陰，時見日。」「五日，……晴。」「六日，……晴。」「七日，……晴，暖如中春。」〔註143〕

三部日記作品的天氣記錄經歷了由間斷記錄到連日而記的進化過程，尤其是最末完成的《庚子辛丑日記》的天氣記錄，不僅連日而記，而且形式整飭（均在當日日記結尾），表明作者在 1174 至 1181 這七年之間，完成了對日記文體的認知完善和能動建構。從文學史的角度回顧這系列作品，淳熙七年、八年之間的日記寫作似乎陡然間進入了體例精善的境地，但究其原因，並非是整個時代的書寫場域中發生了普泛性變革，僅僅是個別作者對相關作品的體例產生了明確的界定與實踐。然而，完全孤立的事物並不存在，《庚子辛丑日記》的

〔註140〕周必大《思陵錄》，見顧宏義、李文整理標校《宋代日記叢編》，上海書店出版社 2013 年版，第 1072～1073 頁。

〔註141〕呂祖謙《入越錄》，見顧宏義、李文整理標校《宋代日記叢編》，上海書店出版社 2013 年版，第 1140～1145 頁。

〔註142〕呂祖謙《入閩錄》，見顧宏義、李文整理標校《宋代日記叢編》，上海書店出版社 2013 年版，第 1148～1149 頁。

〔註143〕呂祖謙《庚子辛丑日記》，見顧宏義、李文整理標校《宋代日記叢編》，上海書店出版社 2013 年版，第 1152 頁。

體例精善並非是寫作者的一時興起，以編刊《宋文鑒》聞名的呂祖謙本就對各類文章體例保持著長期的敏感與熟知，其個人文集對三部日記的排布與著錄，亦體現了其系統、完整的文體意識。〔註144〕因此《庚子辛丑日記》也在一定程度上代表了彼時代文人對於日記體例的一種精進化認知。

自此而後進入南宋中期，嘉定四年（1211）至嘉定五年（1212）之間成書的《使金錄》，幾乎完全繼承了這種體例特徵：連日而記（近乎百分之百），且均置末尾。

三、定位的分類與固化

以目前所有的天氣條目來看，其記錄位置一般有三。第一種，正文間；第二種，文首日期之後；第三種，文末。

北宋中後期，治平年間的《使遼語錄》，天氣記錄居於正文之中；元豐年間的《郴行錄》則在文首日期之後緊隨天氣描述：「丁丑，陰。」〔註145〕「戊子，雨。」〔註146〕元祐元年《林文節元祐日記》首尾兼具，「辛巳，熱。」〔註147〕「己丑，聞於進邸追取蔣之奇告。【內闕。夜，大風雨。】」〔註148〕元符初年《曾公遺錄》則上述三種情形備具：「甲子，大雨。」〔註149〕「壬午，……河朔連歲霖雨，城池多隳壞，累督責修完，而財力不給……」〔註150〕「庚寅，……自己丑雨，或作或止，未已。」〔註151〕崇寧年間《宜州乙酉家乘》記天氣均在記日之後，「十一日戊寅，晴。」〔註152〕「十二日己卯，晴。」〔註153〕「十

〔註144〕 詳見本文第一章第一節「從輕體到尊體：宋代日記存目研究」。
〔註145〕 張舜民《郴行錄》，見顧宏義、李文整理標校《宋代日記叢編》，上海書店出版社 2013 年版，第 616 頁。
〔註146〕 張舜民《郴行錄》，見顧宏義、李文整理標校《宋代日記叢編》，上海書店出版社 2013 年版，第 617 頁。
〔註147〕 林希《林文節元祐日記》，顧宏義、李文整理標校《宋代日記叢編》，上海書店出版社 2013 年版，第 284 頁。
〔註148〕 林希《林文節元祐日記》，顧宏義、李文整理標校《宋代日記叢編》，上海書店出版社 2013 年版，第 284 頁。
〔註149〕 曾布《曾公遺錄》，中華書局 2016 年版，第 74 頁。
〔註150〕 曾布《曾公遺錄》，中華書局 2016 年版，第 56 頁。
〔註151〕 曾布《曾公遺錄》，中華書局 2016 年版，第 60 頁。
〔註152〕 黃庭堅《宜州乙酉家乘》，見顧宏義、李文整理標校《宋代日記叢編》，上海書店出版社 2013 年版，第 590 頁。
〔註153〕 黃庭堅《宜州乙酉家乘》，見顧宏義、李文整理標校《宋代日記叢編》，上海書店出版社 2013 年版，第 590 頁。

三日庚辰，晴。」〔註 154〕**宣和年間**《使高麗錄》則首尾兼備，如「二十四日丙子，……是日天氣晴快」，〔註 155〕「二十五日丁丑，辰刻，四山霧合，西風作，……巳刻霧散」，〔註 156〕甚至有一段正文首、中、尾兼具的詳記之態：「二十八日庚辰，天日清晏。……是日午後，南風益急，……夜分，風轉西北，其勢甚亟，……」〔註 157〕

　　北宋間，天氣記文的位置並不固定，既有正文間作為日常敘述對象者，如《使遼語錄》《曾公遺錄》；又有於日期之後成就整飭體例形態者，如《宜州乙酉家乘》；更有在行文中首、中、尾處兼錄者。故此，北宋日記的天氣記錄形態尚未形成統一的格式，天氣記文的位置也無明確的規律，往往根據寫作者的個人習慣或者日記寫作的客觀需求來決定，例如《使高麗錄》中在水行舟，自然對天氣狀況極度關注，而一日之內天氣幾變，導致每段行文的各處皆有天氣記文出現，也就不足為奇。

　　南宋早中期，建炎初《己酉航海記》天氣記錄多在文首日期之後，「二日，北風稍勁」，〔註 158〕「十六日，雷雨發聲。」〔註 159〕「十九日，晚，雷雨又作。」〔註 160〕**紹興年間**《親征錄》《龍飛錄》天氣多在文首記日之後，「癸卯，雨。」「戊午，晴。」〔註 161〕「己酉，微雪。」「隆興元年歲在癸未正月癸巳，晴。」〔註 162〕偶有個例置於文末：「紹興三十二年歲在壬午正月朔戊辰，……

〔註 154〕黃庭堅《宜州乙酉家乘》，見顧宏義、李文整理標校《宋代日記叢編》，上海書店出版社 2013 年版，第 590 頁。

〔註 155〕徐兢《使高麗錄》，見顧宏義、李文整理標校《宋代日記叢編》，上海書店出版社 2013 年版，第 657～658 頁。

〔註 156〕徐兢《使高麗錄》，見顧宏義、李文整理標校《宋代日記叢編》，上海書店出版社 2013 年版，第 658 頁。

〔註 157〕徐兢《使高麗錄》，見顧宏義、李文整理標校《宋代日記叢編》，上海書店出版社 2013 年版，第 658 頁。

〔註 158〕李正民《己酉航海記》，見顧宏義、李文整理標校《宋代日記叢編》，上海書店出版社 2013 年版，第 672 頁。

〔註 159〕李正民《己酉航海記》，見顧宏義、李文整理標校《宋代日記叢編》，上海書店出版社 2013 年版，第 674 頁。

〔註 160〕李正民《己酉航海記》，見顧宏義、李文整理標校《宋代日記叢編》，上海書店出版社 2013 年版，第 675 頁。

〔註 161〕周必大《親征錄》，見顧宏義、李文整理標校《宋代日記叢編》，上海書店出版社 2013 年版，第 874 頁。

〔註 162〕周必大《龍飛錄》，見顧宏義、李文整理標校《宋代日記叢編》，上海書店出版社 2013 年版，第 894 頁。

雨不止，無所見。」〔註163〕隆興元年《歸廬陵日記》《閒居錄》記文皆在文首記日之後，「丁卯，大風雨不止。」〔註164〕「庚午，陰。」〔註165〕乾道年間《泛舟遊山錄》《北行日錄》《奏事錄》《南歸錄》記文均在文首記日之後，〔註166〕「乙巳，晴，北風微作。〔註167〕壬子，早陰霾，風逆。行二十餘里而晴，風色亦順，揚帆頗駛。」〔註168〕「二十九日辛亥，晴。」〔註169〕「己未，雨。」〔註170〕唯《入蜀記》行文首、中、尾處盡有天氣痕跡：「二十九日，泊瓜州，天氣澄爽」。「八日，雨霽，極涼如深秋。遇順風，舟人始張帆。……過平望，遇大雨暴風，舟中盡濕。少傾，霽。」「十九日，……月如晝，極涼。」〔註171〕淳熙年間的《入越錄》《入閩錄》《庚子辛丑日記》天氣記文多在文末，如「十日，……四山風雨翛然，始聞秋聲。」「二十二日，……是日，時見日，晚雨。」「七日，……晴，暖如中春。」〔註172〕偶現文中，「淳熙二年三月二十一日，……是日，陰。」〔註173〕稍晚些成書的《吳船錄》則屬於三處皆有的記錄形態，「癸未，……須臾風雨大至，岩溜垂下如布，雨映松竹，如玉塵散飛。」「甲午，宿白水寺。大雨，不可」登山。「乙未，大霽，遂登上峰。……

〔註163〕周必大《親征錄》，見顧宏義、李文整理標校《宋代日記叢編》，上海書店出版社 2013 年版，第 877 頁。

〔註164〕周必大《歸廬陵日記》，見顧宏義、李文整理標校《宋代日記叢編》，上海書店出版社 2013 年版，第 899 頁。

〔註165〕周必大《閒居錄》，見顧宏義、李文整理標校《宋代日記叢編》，上海書店出版社 2013 年版，第 917 頁。

〔註166〕僅見一個例位於文末，「丁巳，……風雨大作，雷電。」周必大《南歸錄》，見顧宏義、李文整理標校《宋代日記叢編》，上海書店出版社 2013 年版，第 1015 頁。

〔註167〕周必大《泛舟遊山錄》，見顧宏義、李文整理標校《宋代日記叢編》，上海書店出版社 2013 年版，第 925 頁。

〔註168〕周必大《奏事錄》，見顧宏義、李文整理標校《宋代日記叢編》，上海書店出版社 2013 年版，第 1001 頁。

〔註169〕樓鑰《北行日錄》，見顧宏義、李文整理標校《宋代日記叢編》，上海書店出版社 2013 年版，第 1183 頁。

〔註170〕周必大《南歸錄》，見顧宏義、李文整理標校《宋代日記叢編》，上海書店出版社 2013 年版，第 1015 頁。

〔註171〕陸游《入蜀記》，見顧宏義、李文整理標校《宋代日記叢編》，上海書店出版社 2013 年版，第 738～746 頁。

〔註172〕呂祖謙《庚子辛丑日記》，見顧宏義、李文整理標校《宋代日記叢編》，上海書店出版社 2013 年版，第 1145～1152 頁。

〔註173〕呂祖謙《入閩錄》，見顧宏義、李文整理標校《宋代日記叢編》，上海書店出版社 2013 年版，第 1148 頁。

夜寒甚，不可久立。」〔註174〕再晚些的《思陵錄》則非常穩定記天氣於日期之後，「己亥，雨。國忌行香。人使觀潮。」「庚子，雨。開基節假。人使射弓於玉津。」「辛丑，諭。免過宮，入局。」壬寅，晴。〔註175〕嘉定年間《使金錄》有天氣記文的段落，記文均緊隨日期之後，「十七日乙未，晴。」「十八日丙申，晴。」〔註176〕

　　南宋階段，天氣在文首日期之後是為日記體例的主流形態，如建炎、紹興、隆興、乾道、嘉定年間所著成的日記，基本全部遵循這一體例。較之北宋日記，記錄形態空前統一。從現存文獻狀況來看，這種統一似乎是一類陡然間發生的現象，但實際上任何現象都不可能孤立存在。有理由相信，自建炎三年至嘉定五年的 83 年內，日記體文本大規模採用文首日期之後接天氣的記錄模式，絕非是全體書寫者相約而至、一蹴而就形成的，必然是在整個文學場域內部，經由早期作品的傳播與流佈，間由現世作者之間的交流與溝通，再借部分作者在體例方面的創作與堅守，緩慢自然、綜合而成的結果。現當代階段的標準日記體例即是在日期之後緊隨天氣記錄，故此可以認為，兩宋日記天氣位置規律且固化的過程，孕育了現當代日記體例的部分萌芽特徵。

　　南宋的體例漸備，溯源須至北宋年間，受傳播、致用等因素的影響。傳播方面，黃庭堅《宜州乙酉家乘》的天氣記文位置規律，體式整飭，成文後即有抄本〔註177〕傳閱，至南宋紹興癸丑歲（1133）後，又經「鏤板以傳諸好事」，甚至連宋高宗亦曾「得此書真本」，足見其流佈範圍之廣。南宋的日記書寫者一旦提筆寫作，無論出於主觀或客觀，但凡有過相關閱讀經驗，皆會在不同程度上接受影響。由此，《家乘》天氣記錄的形態自然可以得到傳承與延續。

　　另外，出於致用之能，日記中會反覆、大量出現天氣記錄，這種記錄形態亦會潛在影響後世著本。例如在兩宋日記書寫歷史的交接處產生了兩部頗為相似的作品，一為宣和五年（1123）所著《使高麗錄》，一為建炎三年（1129）

〔註174〕范成大《吳船錄》，見顧宏義、李文整理標校《宋代日記叢編》，上海書店出版社 2013 年版，第 843～847 頁。

〔註175〕周必大《思陵錄》，見顧宏義、李文整理標校《宋代日記叢編》，上海書店出版社 2013 年版，第 1072 頁。

〔註176〕程卓《使金錄》，見顧宏義、李文整理標校《宋代日記叢編》，上海書店出版社 2013 年版，第 1249 頁。

〔註177〕見范寥原為其所作之《序》：有古人忽錄以見寄，不謂此書尚爾無恙耶。

所著《己酉航海記》，二者的相似之處在於日記的著錄環境皆在水路遷徙間，這就產生了兩個並列的影響層面，一者，隨著地點的不斷轉換，天氣環境會產生相應變化，較之地點固定的陸上記事，多變的天氣自然導致多處的記錄；二者，水上行路對於天氣的依賴性極其強烈，惡劣天氣甚至可能對生命安全造成衝擊，因此對於天氣環境的關注是日間頭等重事，作為對現實的反映，日記文本自然也會出現多處的天氣記錄，而天氣在首不過是對現實需求與心理關注的客觀反映。這雙重層面的影響，導致行文之間出現多處天氣記文，而反覆多次的記錄之後也會生成一定的模式，天氣記文的位置也因此固定下來，並成為諸多範例中的一種，得到後世的閱讀和傳承。

特殊案例出現在淳熙年間，此期之內的天氣記文位置較為多樣化，六成作品天氣全在文末，如《入越錄》《入閩錄》《庚子辛丑日記》；兩成作品天氣在文首日期後，如《思陵錄》；餘下兩成作品天氣記錄在正文各處可見，如《吳船錄》。此期間天氣記錄的文末設置雖多，卻非是普泛性、代際性的狀態，而是相關作品實係一人所著。呂祖謙的三部日記作品《入越錄》《入閩錄》與《庚子辛丑日記》分別於淳熙元年（1174）、二年（1175）及七年（1180）完成，三部作品的天氣記文以近乎百分之百的比例被安置於文末，且從最初的《入越錄》《入閩錄》再到最終章《庚子辛丑日記》，天氣被置於文末的比例逐年上升，直至成為《庚子辛丑日記》中全部置於文末的「完全形態」。這一進化過程顯示了書寫者在日記文體特徵方面施行著不斷深化並明確的認知，不斷鞏固且規範的建構。《思陵錄》天氣在文首，是因為作者周必大在此前隆興、乾道年間的多部日記中皆有這般書寫習慣，是個體角度上的慣性承襲。《吳船錄》天氣各處可見者，一則因為該錄著於遊歷途中且多行水路，因此天氣環境較為複雜（比如會隨位置遷移而發生明顯變化），而且會對行程產生即時性的影響，故於文中各處記錄，不過是反映當時情境的客觀結果。二則已有多方文獻證明，淳熙年間的《吳船錄》對乾道年間的《入蜀記》多有模仿和避諱，因此其記天氣的模式與《入蜀記》一致，亦當是承襲與致敬的成果。

四、獨立身份的進化

從北宋到南宋，日記的天氣記錄與正文之間的關聯性逐漸降低，天氣所代表的意義從「言外」轉向「言內」，並逐漸變成形式化的獨立板塊。南宋中期，天氣基本成為日記體式中一項獨立且標準的配置。

　　最早的天氣記錄並非對天氣環境的客觀記錄，而是借所謂的天氣狀況暗表言外之意。治平四年《使遼語錄》中，作者通過對契丹與本朝天氣狀況的對比，暗中表述著本朝優於契丹的上國姿態。這種「言外之意」式的記述方法在隨後的《曾公遺錄》中有了進一步的發揮，「元符三年正月乙亥，英廟忌。自是寒慘微雪。」〔註178〕記錄該條目之際，時逢哲宗病重，「自是」二字流露著者情緒，以「寒慘」形容「微雪」更見心緒，「寒慘」天氣映襯著天子之病與群臣之憂，一定程度上反應了心情與環境交相映照的潛意識，以及通感式的文學思維。在同樣的思維影響下，日記作者往往將將好天氣視為帝國之祥瑞，而壞天氣則是邊鄙小朝衰敗與臣服的象徵。如日記曾記云：「邇來天意助順，邊事就緒，西夏哀祈請命，青唐不用甲兵，幾於俯拾。以至乘輿遊幸，繼日晴霽溫暖，次日便大風慘。」〔註179〕以天氣的好壞映像天命所在，類似的記錄在日記結尾處的注文中亦常得見：【七月二十九日對，問聖體，云「已無事」。余云：「月朔視朝，恐太勞。」上云：「不妨，若天色陰雨，則臨時指揮。」是日，晴霽。】〔註180〕此間對於天氣的記錄，有著明確的暗示意味。臣子勸阻上保重身體、中斷視朝，皇帝則稱「若天色陰雨，則臨時指揮」，〔註181〕然後該日便「晴霽」，〔註182〕合當是「天佑」之兆。故這一日的天氣記錄，暗含著皇帝洪福齊天、龍體天佑的意味，進一步表達著王朝運數興隆，可得百世昌平。

　　這種對於天氣的「深度」解讀，與當時的天相觀測密不可分。宋時，人們仍然秉持著天人相通的思想邏輯，將天相的異常與君臣道德、朝局氣數等問題密切相連。

　　　　元符三年三月丙子，……「昨因彗星肆赦，寅畏恐懼見詞色。」
〔註183〕

　　　　「一日一赴文德道場燒香，極祗畏恭敬，（上）及對二府云：『星變如此，卿等當為朕進賢退不肖，以答天戒。』」〔註184〕

　　　　四月丁酉朔，日蝕，百官守職。太史局申：「自辰初四刻虧，稍

〔註178〕曾布《曾公遺錄》，中華書局 2016 年版，第 171 頁。
〔註179〕曾布《曾公遺錄》，中華書局 2016 年版，第 110 頁。
〔註180〕曾布《曾公遺錄》，中華書局 2016 年版，第 77～78 頁。
〔註181〕曾布《曾公遺錄》，中華書局 2016 年版，第 77 頁。
〔註182〕曾布《曾公遺錄》，中華書局 2016 年版，第 78 頁。
〔註183〕曾布《曾公遺錄》，中華書局 2016 年版，第 223 頁。
〔註184〕曾布《曾公遺錄》，中華書局 2016 年版，第 223 頁。

向西北蝕四分止，巳時五刻復。」是日，時有陰雲往來，然不能掩。
〔註185〕

君臣皆敏感於天相之變，將「彗星」「日蝕」等天文現象視為「天戒」。意味深長者在於，當時的太史局已經可以精確推算出日蝕的方向與時長，說明科技發展已謂相當先進，但時人仍將此與天道相繫，導致出現已然「格物」卻不「致知」的局面，此是讖緯遺俗，亦是信奉「天權神授」必須忍受的副作用。

從此而後，宋代日記的天氣記錄分化出兩種方式：一種是注重「言外之意」的虛性著錄，即天氣僅僅作為文本意義的一個表達切口，其功能在於為寫作者的意緒輸出提供一個可供發揮的事象；另一種是偏重於「言內之意」的實性著錄，即天氣與現實生活產生了具象關聯，被當成客觀記述對象而得以進入文本。《曾公遺錄》中對天氣的「實體」記錄大致分為三類：

一為阻斷日常政務的惡劣天氣，如「己未，旬休。自十八日雨，放朝參，迄今未已。」〔註186〕「壬戌，以大雨罷秋宴。」〔註187〕

二為影響農、工等民事工程的天氣，「壬辰，……自十九夜，大雨滂沛盈尺，至是稍晴，麰麥可救三二分，然秋田有望。」〔註188〕「甲子，大雨。上見二府，深以為憂，且令擇日祈禱。燮云：『甲子雨誠可慮。』上云：『陰陽所忌，歲事可憂。當速祈禱爾。』」〔註189〕「壬午，……河朔連歲霖雨，城池多隳壞，累督責修完，而財力不給……」〔註190〕

三為關涉體感的極端天氣，例如酷暑、連日陰雨及之後的作晴，「辛丑，旬休。【自中伏大熱，幾不可當。是夕大風，暑氣遂解。】」〔註191〕「庚寅，……自己丑雨，或作或止，未已。」〔註192〕「丙寅，……是日，大晴。中夜雨止，詰旦漸開霽，無復纖云。」〔註193〕

《曾公遺錄》的天氣記錄皆與正文相關，或言，其本身即是為正文描述的對象之一。類似的「實性」著錄在北宋日記著述中多能獲見，元祐元年（1086）

〔註185〕曾布《曾公遺錄》，中華書局 2016 年版，第 235 頁。
〔註186〕曾布《曾公遺錄》，中華書局 2016 年版，第 115 頁。
〔註187〕曾布《曾公遺錄》，中華書局 2016 年版，第 115 頁。
〔註188〕曾布《曾公遺錄》，中華書局 2016 年版，第 22 頁。
〔註189〕曾布《曾公遺錄》，中華書局 2016 年版，第 74 頁。
〔註190〕曾布《曾公遺錄》，中華書局 2016 年版，第 56 頁。
〔註191〕曾布《曾公遺錄》，中華書局 2016 年版，第 65 頁。
〔註192〕曾布《曾公遺錄》，中華書局 2016 年版，第 60 頁。
〔註193〕曾布《曾公遺錄》，中華書局 2016 年版，第 116 頁。

《林文節元祐日記》：「庚辰曰：司馬門下遷左僕射。宣制畢，微雨，閭（卷）
【巷】翕然，云司馬雨。」〔註194〕崇寧四年（1105）《宜州乙酉家乘》：「十八
日丁亥，晴。大熱，不可夾衣。」〔註195〕「二十日己丑，陰，大寒。可重繭。」
〔註196〕均係此種情況，即出於客觀「致用」，天氣才成為日記記述的對象，該
一點在北宋末期的《使高麗錄》中表現得尤為明顯。宣和五年（1123），徐兢
出使高麗，但凡涉及在陸記事者，均不見天氣記錄：

> 五年癸卯春二月十八日壬寅，促裝治舟。〔註197〕戊申，詔赴睿
> 謨殿，宣示禮物。〔註198〕三月十一日甲子，赴同文館聽誡諭。〔註199〕
> 十三日丙寅，皇帝御崇政殿，臨軒親遣，傳旨宣諭。〔註200〕十四日丙
> 寅，遣（供）【拱】衛大夫、相州觀察使、直睿思殿關弼口宣詔旨，錫
> 宴於明州之廳事。〔註201〕十六日戊辰，神舟發明州。〔註202〕

而一旦出海，則十九日辛未「自此方謂之出海口」〔註203〕之後的記錄中，日
日詳錄天氣：

> 二十四日丙子，……是日天氣晴快，〔註204〕
>
> 二十五日丁丑，辰刻，四山霧合，西風作，張篷，委虵（蛇）

〔註194〕 林希《林文節元祐日記》，顧宏義、李文整理標校《宋代日記叢編》，上海書
店出版社2013年版，第284頁。

〔註195〕 黃庭堅《宜州乙酉家乘》，見顧宏義、李文整理標校《宋代日記叢編》，上海
書店出版社2013年版，第583頁。

〔註196〕 黃庭堅《宜州乙酉家乘》，見顧宏義、李文整理標校《宋代日記叢編》，上海
書店出版社2013年版，第583頁。

〔註197〕 徐兢《使高麗錄》，見顧宏義、李文整理標校《宋代日記叢編》，上海書店出
版社2013年版，第657頁。

〔註198〕 徐兢《使高麗錄》，見顧宏義、李文整理標校《宋代日記叢編》，上海書店出
版社2013年版，第657頁。

〔註199〕 徐兢《使高麗錄》，見顧宏義、李文整理標校《宋代日記叢編》，上海書店出
版社2013年版，第657頁。

〔註200〕 徐兢《使高麗錄》，見顧宏義、李文整理標校《宋代日記叢編》，上海書店出
版社2013年版，第657頁。

〔註201〕 徐兢《使高麗錄》，見顧宏義、李文整理標校《宋代日記叢編》，上海書店出
版社2013年版，第657頁。

〔註202〕 徐兢《使高麗錄》，見顧宏義、李文整理標校《宋代日記叢編》，上海書店出
版社2013年版，第657頁。

〔註203〕 徐兢《使高麗錄》，見顧宏義、李文整理標校《宋代日記叢編》，上海書店出
版社2013年版，第657頁。

〔註204〕 徐兢《使高麗錄》，見顧宏義、李文整理標校《宋代日記叢編》，上海書店出
版社2013年版，第657至658頁。

曲折，隨風之勢，其行甚遲，舟人謂之摳風。巳刻霧散，〔註205〕

二十六日戊寅，西北風勁甚，使者率三節人以小舟登岸，……至中宵，星斗煥然，風幡搖動，人皆歡躍，雲風已回正南矣。〔註206〕

二十七日己卯，舟人以風勢未定，尚候其熟。海上以風轉至次日不改者，謂之熟，不爾，至洋中卒爾風回，則茫然不知所向矣。自此即出洋，故審視風雲天時而後進也。〔註207〕

二十八日庚辰，天日清晏。……是日午後，南風益急，……夜分，風轉西北，其勢甚盉，〔註208〕

二十九日辛巳，天色陰翳，風勢未定。辰刻風定且順，復加野狐帆，舟行甚（說）【銳】。申后風轉，酉刻雲合雨作，入夜乃止，復作南風。〔註209〕

彼時行船尚無燃力驅動，航海僅能依靠風力及洋流，故行程對於天氣的依賴性極其強烈。風、霧狀況不僅決定著當日行程能否繼續，因之令在途者產生強烈的情緒體驗，「人皆歡躍，雲風已回正南矣。」〔註210〕「一舟之人震懼膽落。」〔註211〕更決定著全體成員的生死，「當是求脫身於萬死之中，可謂危矣。」〔註212〕由於著述環境的特殊，天氣成為決定命運與性命的關鍵因素，自然在文本間得以重點記錄，而此間的記錄由於多與客觀現實相繫，因此亦非是獨立的形式特徵。但其大量、連續且位置固定的天氣記錄，無疑在某種層面上對其後的日記書寫產生一定影響。

〔註205〕徐兢《使高麗錄》，見顧宏義、李文整理標校《宋代日記叢編》，上海書店出版社2013年版，第658頁。

〔註206〕徐兢《使高麗錄》，見顧宏義、李文整理標校《宋代日記叢編》，上海書店出版社2013年版，第658頁。

〔註207〕徐兢《使高麗錄》，見顧宏義、李文整理標校《宋代日記叢編》，上海書店出版社2013年版，第658頁。

〔註208〕徐兢《使高麗錄》，見顧宏義、李文整理標校《宋代日記叢編》，上海書店出版社2013年版，第658頁。

〔註209〕徐兢《使高麗錄》，見顧宏義、李文整理標校《宋代日記叢編》，上海書店出版社2013年版，第658頁。

〔註210〕徐兢《使高麗錄》，見顧宏義、李文整理標校《宋代日記叢編》，上海書店出版社2013年版，第658頁。

〔註211〕徐兢《使高麗錄》，見顧宏義、李文整理標校《宋代日記叢編》，上海書店出版社2013年版，第658頁。

〔註212〕徐兢《使高麗錄》，見顧宏義、李文整理標校《宋代日記叢編》，上海書店出版社2013年版，第658頁。

天氣記錄的獨立體式出現在《宜州乙酉家乘》中，除卻上文提到過的作為「穿衣指數」而存在的天氣記錄，《家乘》中有更大部分的無具體內容、僅有天氣記錄的日記條目：

> 十一日己卯，雨。〔註213〕
>
> 十二日庚辰，雨。〔註214〕
>
> 十三日辛巳，不雨。〔註215〕

天氣與內容無關，僅作為「天氣」本身而存在，並且連日、反覆記錄，以至成為一種定式，體現出寫作者清晰的文體認知與自覺性。《家乘》是北宋階段幾乎唯一一部將天氣視為獨立部分而進行書寫的日記，這部具有完整體例性的作品在其後經由傳播領域，影響了諸多同體寫作。

上述可見，北宋階段，日記的天氣記錄開始頻見紙端，但尚未發育成為標準的體例配置，僅僅是日常邏輯之下的自然記錄，非有意為之。從《使遼語錄》到《曾公遺錄》，天氣記錄承擔著字面之外的意義指涉，其本身不過是「任人打扮的小姑娘」。《使高麗錄》等水路記文文本，因為對環境的依賴極度極高，出於「實用」之用，大量詳細地記載了天氣狀況。《宜州乙酉家乘》的部分天氣記文，是兩宋階段首次出現的獨立體式，為其後的宋代日記成體奠定了堅實的基礎。

南宋前期的日記幾乎全盤繼承了北宋天氣的「實錄」書寫，類似《使遼語錄》《曾公遺錄》借天氣表「言外」之意者消失殆盡，遺存下來的文本盡將天氣作為實體內容進行描述，且承襲了幾乎北宋所有的天氣記述類型。

建炎三年（1129）《己酉航海記》，在岸部分秉持了「實性書寫」原則，將影響政務及百姓出行的極端天氣記錄在案，「二十八日，晚，出門，雨作。自是路中連雨泥淖，吏卒老幼暴露，不勝其苦。」〔註216〕「十五日，大雨。群臣欲朝，至殿門，有旨放散，惟宰執入對。」〔註217〕航海部分則與《使高

〔註213〕黃庭堅《宜州乙酉家乘》，見顧宏義、李文整理標校《宋代日記叢編》，上海書店出版社 2013 年版，第 587 頁。

〔註214〕黃庭堅《宜州乙酉家乘》，見顧宏義、李文整理標校《宋代日記叢編》，上海書店出版社 2013 年版，第 587 頁。

〔註215〕黃庭堅《宜州乙酉家乘》，見顧宏義、李文整理標校《宋代日記叢編》，上海書店出版社 2013 年版，第 587 頁。

〔註216〕李正民《己酉航海記》，見顧宏義、李文整理標校《宋代日記叢編》，上海書店出版社 2013 年版，第 670 至 671 頁。

〔註217〕李正民《己酉航海記》，見顧宏義、李文整理標校《宋代日記叢編》，上海書店出版社 2013 年版，第 671 頁。

麗錄》一般，幾乎日日詳記天氣且位置均在文首，顯示著天氣因素對現實行程的決定性影響，及在此番情況下書寫者對其的重度關注：

> 二十六日，啟行。自是連日南風，舟行雖穩，而日行僅數十里雲。〔註218〕
>
> 庚戌正月一日，大風，碇海中。〔註219〕
>
> 二日，北風稍勁，〔註220〕
>
> 十六日，雷雨發聲。〔註221〕
>
> 十九日，晚，雷雨又作。〔註222〕

自此之後的紹興、隆興、乾道間作品，天氣記錄幾乎與正文無關，大體具備了作為獨立板塊的基本條件。紹興三十一、三十二年間（1161～1162）完成的《親征錄》中，大部分天氣記錄均係獨立於正文之外的內容，所表意義即天氣本身，試錄入下：

> 「紹興三十一年歲在辛巳十月朔庚子，陰。」「癸卯，雨。」「戊午，晴。」「庚申，陰晴相半。」「甲子，陰。」「十一月朔己巳，霜晴。」〔註223〕「庚子，晴。」〔註224〕「戊申，大雨。」「己巳，雨不止。」「庚戌，午後雨稍止。」「丙辰，陰。」「辛酉，雨。」「紹興三十二年歲在壬午正月朔戊辰，……雨不止，無所見。」〔註225〕

其後成著的《龍飛錄》《歸廬陵日記》《閒居錄》《泛舟遊山錄》《奏事錄》《南歸錄》等等，絕大部分的天氣記錄與上述作品相似，記錄頻次高且形式規範，

〔註218〕李正民《己酉航海記》，見顧宏義、李文整理標校《宋代日記叢編》，上海書店出版社2013年版，第672頁。

〔註219〕李正民《己酉航海記》，見顧宏義、李文整理標校《宋代日記叢編》，上海書店出版社2013年版，第672頁。

〔註220〕李正民《己酉航海記》，見顧宏義、李文整理標校《宋代日記叢編》，上海書店出版社2013年版，第672頁。

〔註221〕李正民《己酉航海記》，見顧宏義、李文整理標校《宋代日記叢編》，上海書店出版社2013年版，第674頁。

〔註222〕李正民《己酉航海記》，見顧宏義、李文整理標校《宋代日記叢編》，上海書店出版社2013年版，第675頁。

〔註223〕周必大《親征錄》，見顧宏義、李文整理標校《宋代日記叢編》，上海書店出版社2013年版，第874頁。

〔註224〕周必大《親征錄》，見顧宏義、李文整理標校《宋代日記叢編》，上海書店出版社2013年版，第876頁。

〔註225〕周必大《親征錄》，見顧宏義、李文整理標校《宋代日記叢編》，上海書店出版社2013年版，第877頁。

僅表字面意義，基本可以視為獨立的文體板塊，列錄如下：

《龍飛錄》 紹興壬午歲（1162） 至隆興癸未（1163）	戊申，赴太廟致齋。大雨終日夜，暴風達旦，軒簾可畏。太史局奏地震。 己酉，微雪。越人以欲雪而日光穿漏為雪眼。 隆興元年歲在癸未正月癸巳，晴。〔註 226〕
《歸廬陵日記》 隆興元年（1163）	三月甲辰，晴。 甲子，雨，旋霽。 乙丑，晴，復陰。 丙寅，大風雨。 丁卯，大風雨不止。〔註 227〕
《閒居錄》 隆興元年（1163）至 乾道二年（1169）	庚午，陰。 辛巳，陰。 甲申，雨。陳立夫云：「四月十月雨甲申，其兆為旱。」農父之占如此，亦難據也。〔註 228〕
《泛舟遊山錄》 乾道三年（1167）	乙巳，晴，北風微作。 己酉，早昏霧，辰後方解，而北風作。 辛亥，風浪不可行，坐岩石間觀劉賢與舟人弈。〔註 229〕
《奏事錄》 乾道六年（1170）	壬子，早陰霾，風逆。行二十餘里而晴，風色亦順，揚帆頗駛。〔註 230〕 丁丑，早欲行，會大雨，不敢解維。〔註 231〕
《南歸錄》 乾道八年（1172）	丁巳，……風雨大作，雷電。 己未，雨。 庚申，雨止。早行過崇德縣， 壬戌，風順，行至八尺，而東南風太猛，卷水入湖，河道淺澀，日午泊舟。乘除之理如此。夜雨漏舟，殊不安枕。〔註 232〕

〔註 226〕周必大《龍飛錄》，見顧宏義、李文整理標校《宋代日記叢編》，上海書店出版社 2013 年版，第 889～894 頁。

〔註 227〕周必大《歸廬陵日記》，見顧宏義、李文整理標校《宋代日記叢編》，上海書店出版社 2013 年版，第 897～899 頁。

〔註 228〕周必大《閒居錄》，見顧宏義、李文整理標校《宋代日記叢編》，上海書店出版社 2013 年版，第 917～920 頁。

〔註 229〕周必大《泛舟遊山錄》，見顧宏義、李文整理標校《宋代日記叢編》，上海書店出版社 2013 年版，第 925～927 頁。

〔註 230〕周必大《奏事錄》，見顧宏義、李文整理標校《宋代日記叢編》，上海書店出版社 2013 年版，第 1001 頁。

〔註 231〕周必大《奏事錄》，見顧宏義、李文整理標校《宋代日記叢編》，上海書店出版社 2013 年版，第 1005 頁。

〔註 232〕周必大《思陵錄》，見顧宏義、李文整理標校《宋代日記叢編》，上海書店出版社 2013 年版，第 1015～1016 頁。

上表中尚有極少部分的天氣記錄則因與地震、俗語、占卜、行舟等相關，而被
列入正文。但與北宋「天氣是正文一部分」的寫法不同，此期之內對天氣的描
述，乃是以「天氣」作為聯想觸發點，進而補充的相關文字，「己酉，微雪。
越人以欲雪而日光穿漏為雪眼。」〔註233〕「甲申，雨。陳立夫云：「四月十月
雨甲申，其兆為旱。」農父之占如此，亦難據也。」〔註234〕根據敘述語氣，
可以推知其寫作邏輯如下：文首記下天氣後，根據當日天氣聯想起其他信息，
再予以記錄。這個寫作順序證明，作者已然預先承認「天氣」的獨立性。換言
之，北宋正文中的天氣是敘述對象，是可供描述的被動形態，而南宋天氣是正
文的聯想觸發點，是激發聯想的主動形態。

　　乾道五年（1169）至乾道六年（1170）間成書的《北行日錄》，其天氣記
錄幾乎全盤為南宋模式：錄在文首，形式獨立，僅表字面意義。試錄如下：「十
二日，甲午，陰。」〔註235〕「十三日乙未，雨。」〔註236〕「十四日丙申，雨。
李器之以《鳳棲梧》餞行。」〔註237〕「十五日丁酉，雨。周仁甫約同登途。」
〔註238〕「十六日戊戌，晴。仁甫別於少微閣，醉中唱和。」〔註239〕

　　乾道六年（1170）與淳熙四年（1177），在兩宋日記史上誕生了兩部頗為
近似的記遊作品——《入蜀記》和《吳船錄》。目前學界已有諸多文章對二者
進行過各種層面的比較，本文僅以「天氣」作為切入點，分析一二。從記錄頻
次看，儘管兩部日記皆未完整地記錄下每一日的天氣，但《入蜀記》的記錄比
例明顯超過《吳船錄》。從內容看，《入蜀記》的天氣記錄大致分為四類，一、
對體感舒適度的自然記載；二、取道水路對天氣的被迫依賴；三、宜於觀景的

〔註233〕周必大《龍飛錄》，見顧宏義、李文整理標校《宋代日記叢編》，上海書店出
　　　　版社2013年版，第894頁。
〔註234〕周必大《閒居錄》，見顧宏義、李文整理標校《宋代日記叢編》，上海書店出
　　　　版社2013年版，第920頁。
〔註235〕樓鑰《北行日錄》，見顧宏義、李文整理標校《宋代日記叢編》，上海書店出
　　　　版社2013年版，第1182頁。
〔註236〕樓鑰《北行日錄》，見顧宏義、李文整理標校《宋代日記叢編》，上海書店出
　　　　版社2013年版，第1182頁。
〔註237〕樓鑰《北行日錄》，見顧宏義、李文整理標校《宋代日記叢編》，上海書店出
　　　　版社2013年版，第1182頁。
〔註238〕樓鑰《北行日錄》，見顧宏義、李文整理標校《宋代日記叢編》，上海書店出
　　　　版社2013年版，第1182頁。
〔註239〕樓鑰《北行日錄》，見顧宏義、李文整理標校《宋代日記叢編》，上海書店出
　　　　版社2013年版，第1182頁。

讚歎感慨；四、無意義的單純記錄。詳例列入下表：

體感	十九日，……月如晝，極涼。 六月一日，……熱甚，午後小雨，熱不解。 二日，……晚，急雨，頗涼。 二十日，遷入嘉州王知義船。微雨，極涼。 二十七日，留金山，極涼冷。 二十九日，泊瓜州，天氣澄爽。〔註 240〕
行船	八日，雨霽，極涼如深秋。遇順風，舟人始張帆。……過平望，遇大雨暴風，舟中盡濕。少傾，霽。 九日，晴而風，舟人懲昨夕狼狽，不敢解舟，日高方行。 三日，……晚，大風，舟人增纜。 四日，風便，解纜掛帆，發真州。 十八日，小雨，解舟出姑熟溪，行江中。 二十七日，五鼓，大風自東北來，舟人不告，乘便風解船。……夜雨。 二十八日，……入夜，風愈厲，增十餘纜。迨曉，方少定。 二十九日，阻風馬當港中，風雨淒冷，初御夾衣。……既暮，風少定，然怒濤未息，擊船終夜有聲。 八月一日，……是日風靜，舟行頗遲， 二日，早，行未二十里，忽風雲騰湧，急繫纜。俄復開霽，遂行。 十五日，微陰。西風益勁，挽船尤艱。〔註 241〕
宜景	十四日，晚晴，開南窗觀溪山。〔註 242〕 四日，遊天慶觀，……登高遠亭，望廬山，天氣澄霽，諸峰盡見。〔註 243〕 十一日，……自到江州，至是凡十日，皆晴。秋高氣清，長空纖雲，甚宜登覽，亦客中可喜事也。〔註 244〕
記實	五日，大風。〔註 245〕

〔註 240〕陸游《入蜀記》，見顧宏義、李文整理標校《宋代日記叢編》，上海書店出版社 2013 年版，第 738〜746 頁。

〔註 241〕陸游《入蜀記》，見顧宏義、李文整理標校《宋代日記叢編》，上海書店出版社 2013 年版，第 741〜770 頁。

〔註 242〕陸游《入蜀記》，見顧宏義、李文整理標校《宋代日記叢編》，上海書店出版社 2013 年版，第 755 頁。

〔註 243〕陸游《入蜀記》，見顧宏義、李文整理標校《宋代日記叢編》，上海書店出版社 2013 年版，第 765 頁。

〔註 244〕陸游《入蜀記》，見顧宏義、李文整理標校《宋代日記叢編》，上海書店出版社 2013 年版，第 769 頁。

〔註 245〕陸游《入蜀記》，見顧宏義、李文整理標校《宋代日記叢編》，上海書店出版社 2013 年版，第 749 頁。

十一日，……夜雨。〔註 246〕

十九日，便風，過大，〔註 247〕

十四日，曉雨。〔註 248〕

二十二日，平旦，微雨。〔註 249〕

二十七日，……是日，早微雨，晚晴。〔註 250〕

十日，阻風雨。〔註 251〕

二十一日，……是日，重霧四塞。〔註 252〕

二十九，阻風。〔註 253〕

九日，微雪。〔註 254〕

十一日，……夜，小雨。〔註 255〕

十二日，……夜雪。〔註 256〕

二十二日，……夜雨。〔註 257〕

上表可見，《入蜀記》對天氣的記錄尚未形成清晰的體例概念，所記多半出於「致用」，天氣既是在水行船的決定性因素，又是行遊間感受自然環境與自我的介質，因此被作為正文內容的一部分記錄在案。同時，仍有為數一定的天氣

〔註 246〕陸游《入蜀記》，見顧宏義、李文整理標校《宋代日記叢編》，上海書店出版社 2013 年版，第 754 頁。

〔註 247〕陸游《入蜀記》，見顧宏義、李文整理標校《宋代日記叢編》，上海書店出版社 2013 年版，第 757 頁。

〔註 248〕陸游《入蜀記》，見顧宏義、李文整理標校《宋代日記叢編》，上海書店出版社 2013 年版，第 770 頁。

〔註 249〕陸游《入蜀記》，見顧宏義、李文整理標校《宋代日記叢編》，上海書店出版社 2013 年版，第 774 頁。

〔註 250〕陸游《入蜀記》，見顧宏義、李文整理標校《宋代日記叢編》，上海書店出版社 2013 年版，第 776 頁。

〔註 251〕陸游《入蜀記》，見顧宏義、李文整理標校《宋代日記叢編》，上海書店出版社 2013 年版，第 780 頁。

〔註 252〕陸游《入蜀記》，見顧宏義、李文整理標校《宋代日記叢編》，上海書店出版社 2013 年版，第 782 頁。

〔註 253〕陸游《入蜀記》，見顧宏義、李文整理標校《宋代日記叢編》，上海書店出版社 2013 年版，第 783 頁。

〔註 254〕陸游《入蜀記》，見顧宏義、李文整理標校《宋代日記叢編》，上海書店出版社 2013 年版，第 787 頁。

〔註 255〕陸游《入蜀記》，見顧宏義、李文整理標校《宋代日記叢編》，上海書店出版社 2013 年版，第 789 頁。

〔註 256〕陸游《入蜀記》，見顧宏義、李文整理標校《宋代日記叢編》，上海書店出版社 2013 年版，第 789 頁。

〔註 257〕陸游《入蜀記》，見顧宏義、李文整理標校《宋代日記叢編》，上海書店出版社 2013 年版，第 792 頁。

記錄，既與行船無關，亦未擔當環境與客體之間的過渡，純粹作為「天氣」本身而被記錄，這可能是作者在上述記錄之後的慣性書寫，也可能是不定期萌發的體例意識，在一定程度上顯示了日記體例發育的「半熟度」。

以此為座標進行對照，《吳船錄》的天氣記錄幾乎處於「未熟」狀態，記錄頻次低，且均係敘述內容，並未單獨成體。內中分類則與《入蜀記》幾乎一致，有忠實於體感記錄者，「戊寅，……上雨傍風，無一席寬潔處。」〔註258〕「甲午，宿白水寺。大雨，不可登山。」〔註259〕「乙未，大霽，遂登上峰。……夜寒甚，不可久立。」〔註260〕有宜於觀賞景致者，「癸未，……須臾風雨大至，岩溜垂下如布，雨映松竹，如玉塵散飛。」〔註261〕還有影響水路行船者，「乙卯，過午，風稍息，遂行。」〔註262〕「丁亥，風作，不可行。」〔註263〕「九月丁酉朔，泊江州。風作，終日不行。」〔註264〕「庚子，風未止。強移船數里，至馬當對岸小港中泊。」〔註265〕「冬十月丁卯朔，雨中行，不住。」〔註266〕

淳熙年間，呂祖謙三部日記作品的天氣記錄，呈現出體式漸明的狀態。《入越錄》與《入閩錄》中，天氣記錄的位置固定，且基本與正文無關，是為獨立記著的部分。「淳熙元年八月二十八日，……申后微雨，夜遂大。」〔註267〕「九月一日，……薄暮，小雨。三日，……是日，薄陰。六日，……晚，冒雨歸。

〔註258〕范成大《吳船錄》，見顧宏義、李文整理標校《宋代日記叢編》，上海書店出版社2013年版，第841頁。

〔註259〕范成大《吳船錄》，見顧宏義、李文整理標校《宋代日記叢編》，上海書店出版社2013年版，第846頁。

〔註260〕范成大《吳船錄》，見顧宏義、李文整理標校《宋代日記叢編》，上海書店出版社2013年版，第847頁。

〔註261〕范成大《吳船錄》，見顧宏義、李文整理標校《宋代日記叢編》，上海書店出版社2013年版，第843頁。

〔註262〕范成大《吳船錄》，見顧宏義、李文整理標校《宋代日記叢編》，上海書店出版社2013年版，第857頁。

〔註263〕范成大《吳船錄》，見顧宏義、李文整理標校《宋代日記叢編》，上海書店出版社2013年版，第866頁。

〔註264〕范成大《吳船錄》，見顧宏義、李文整理標校《宋代日記叢編》，上海書店出版社2013年版，第870頁。

〔註265〕范成大《吳船錄》，見顧宏義、李文整理標校《宋代日記叢編》，上海書店出版社2013年版，第870頁。

〔註266〕范成大《吳船錄》，見顧宏義、李文整理標校《宋代日記叢編》，上海書店出版社2013年版，第872頁。

〔註267〕呂祖謙《入越錄》，見顧宏義、李文整理標校《宋代日記叢編》，上海書店出版社2013年版，第1040頁。

七日,雨不可出。十日,……四山風雨翛然,始聞秋聲。」〔註268〕(《入越錄》)淳熙二年三月二十一日,……是日,陰。……〔註269〕二十二日,……是日,時見日,晚雨。〔註270〕二十四日,……是日,雨時作時止。……〔註271〕二十五日,……是日,早雨,辰止,時見日。〔註272〕二十六日,……是日,陰,夜大雨。〔註273〕(《入閩錄》)梳理兩部作品的所有天氣記錄,會發現一個特殊的現象:僅有陰雨等消極天氣的記錄,晴好之述俱無,到《庚子辛丑日記》時方才陰晴皆錄,更兼連日而記,絕無間斷,可謂體式既成。說明前兩部日記的天氣書寫,仍舊是出於「實用」之用,天氣只有在消極到影響體感、出行等時,方被記錄,正常天氣如晴、無雲等因不影響日常生活,因此無有記錄。《庚子辛丑日記》則摒棄了這種致用原則,對天氣進行無差別錄入,「十四日,漢高帝二年。陰,寒。」〔註274〕「十五日,三年,四年。晴,寒。」〔註275〕「十六日甲子,《四月》三章、四章。晴,寒。」〔註276〕「十七日,《四月》五章。晴。」〔註277〕正是這種無差別錄入,方才意味著「天氣」脫離了敘述內容,成為日記體例的一個版塊構成。

南宋中期,日記的天氣記錄基本成為獨立的記著部分。《思陵錄》:「丁未,旬休。雨。」「辛亥,冬至節。微雪。從駕過德壽宮奉慰如儀。」「甲寅,節假。

〔註268〕呂祖謙《入越錄》,見顧宏義、李文整理標校《宋代日記叢編》,上海書店出版社 2013 年版,第 1142～1145 頁。

〔註269〕呂祖謙《入閩錄》,見顧宏義、李文整理標校《宋代日記叢編》,上海書店出版社 2013 年版,第 1148 頁。

〔註270〕呂祖謙《入閩錄》,見顧宏義、李文整理標校《宋代日記叢編》,上海書店出版社 2013 年版,第 1148 頁。

〔註271〕呂祖謙《入閩錄》,見顧宏義、李文整理標校《宋代日記叢編》,上海書店出版社 2013 年版,第 1148 頁。

〔註272〕呂祖謙《入閩錄》,見顧宏義、李文整理標校《宋代日記叢編》,上海書店出版社 2013 年版,第 1149 頁。

〔註273〕呂祖謙《入閩錄》,見顧宏義、李文整理標校《宋代日記叢編》,上海書店出版社 2013 年版,第 1149 頁。

〔註274〕呂祖謙《庚子辛丑日記》,見顧宏義、李文整理標校《宋代日記叢編》,上海書店出版社 2013 年版,第 1167 頁。

〔註275〕呂祖謙《庚子辛丑日記》,見顧宏義、李文整理標校《宋代日記叢編》,上海書店出版社 2013 年版,第 1167 頁。

〔註276〕呂祖謙《庚子辛丑日記》,見顧宏義、李文整理標校《宋代日記叢編》,上海書店出版社 2013 年版,第 1167 頁。

〔註277〕呂祖謙《庚子辛丑日記》,見顧宏義、李文整理標校《宋代日記叢編》,上海書店出版社 2013 年版,第 1167 頁。

太史奏：『早日出，晚日入，皆有赤氣。』聞十月二十七日已如此。」〔註278〕
《使金錄》：「二十日戊戌，早陰，晚晴。」「二十一日乙亥，晴，風。」「二十
二日庚子，晴。二十三日辛丑，晴。」〔註279〕

　　綜上所述，宋代日記天氣記錄的演變，從一個角度體現了日記體例逐漸完
備的進程。北宋後期，「天氣」首次進入日記文本，從最初的偶發性記錄，發
展到日漸連續的規律性記錄，這種體例形態到南宋前期基本固化下來，成為定
式。初始記錄中，「天氣」往往被當做輸出意義的介質，被動承擔種種言外之
意；這種情況，多見於職官所著政史、行役類日記。早期的天氣記錄多以「致
用」為原則，即作為無法克服或左右的環境因素，在成為「日常」的阻礙後，
才得以進入敘事場域，如《使高麗錄》《己酉航海記》等航海日記因對天氣的
極端依賴，而在文本中留下了大量相關記錄，且均位於當日日記的行文起首
處。這些記著形態在客觀上對後來的同體例作品提供了書寫範本，日漸連續且
位置固定的天氣記錄逐漸成為日記的標準體例。

　　南宋以降，紹興、隆興、乾道、嘉定間日記的天氣記錄幾乎均已脫離正文，
作為獨立板塊存在於行文起首處，此種狀況在周必大所著的八部日記之中尤
為穩定、恒見，且與近現代日記的天氣著述基本無二。

　　天氣記錄的演化過程中，里程碑式的作品有兩部：北宋《宜州乙酉家乘》
和南宋《庚子辛丑日記》，這兩部作品的天氣記錄位置恒定、連日不斷兼獨立
表意，具有異常明晰的體例特徵。值得注意的是，這兩部作品均非代際書寫習
慣疊加、風氣漸成後的自然定型，（其同年乃至前後的作品均未具備同類清晰
的體式）而是書寫者個人對特定作品進行的體例確定與昇華，並且成著後均對
同體書寫的「世風」產生了廣泛而深遠的影響。從中體現了書寫者對日記文體
的明確認知和能動創制，亦足以說明宋代日記的「文體漸成」，是兩宋部分文
人「有意識地認知、創建」，與代際間書寫的「相襲成風」，互相作用與適應的
結果。

　　簡以言之，北宋後期的 40 年間（1083 年《郴行錄》至 1123 年《使高麗
錄》），天氣記錄從無到有，從偶發性記錄到連續記錄，從錄無定位到固定於行

〔註278〕周必大《思陵錄》，見顧宏義、李文整理標校《宋代日記叢編》，上海書店出
　　　　版社 2013 年版，第 1055～1057 頁。
〔註279〕程卓《使金錄》，見顧宏義、李文整理標校《宋代日記叢編》，上海書店出版
　　　　社 2013 年版，第 1250 頁。

文起首處,構成了體例發育的初生代階段,並在此階段內分化出「言外之意」與錄以「致用」兩種類型。其中「致用」類型又細化分為水路環境對天氣的慣常記著、陸路環境對極端天氣的特殊記著、遊歷途中對宜景天氣的順帶記錄、單純客觀的無差別記著,等等。南宋前期的 51 年間(1129《己酉航海記》至 1180《庚子辛丑日記》),對北宋的天氣記著予以汰擇並定型,天氣所表「言外之意」消失殆盡,而「致用」實錄則得以傳承,無差別記錄的比例逐年攀升,完成了記著重點從內容到形式的轉換,終致天氣記錄脫離敘述內容,弱化「表意」,成為獨立「表形」的文體配置。

第二章　職官日記的文章法度

　　作為宋代日記的典型代表，職官日記的數量與篇幅均為可觀，如《錢惟演日記》《趙康靖日錄》《溫公日記》《熙寧日錄》《劉摯日記》《呂吉甫日記》《林文節元祐日記》《林文節紹聖日記》《曾公遺錄》《建炎筆錄》《丙辰筆錄》《丁巳筆錄》《奏事錄》《思陵錄》等，內容以政史記錄為主，偶有隨筆遣興之作。即言宋代職官日記是指包括宋代宰相、參知政事、樞密使、御史中丞、翰林學士、權三司使、資政殿大學士等各級各類職官撰寫的日記，內容一般包含朝堂政事和出使聞見兩大類，撰寫方式為排日記事。作為宋代日記的核心組成部分，職官日記的諸種文體特徵與文章軌範，均具有較為典型的代表性，因此本章對職官日記的探討，將在宋代日記研究的視域下進行。

　　與一般的宋代日記不同，職官日記的書寫者身上疊加著官方與私人的雙重立場，因此書寫者往往追求與官方史著一致的行文表徵，並自覺以帝國意志貫穿日記書寫；職官日記又以職官本人的利益為核心驅動因素，故個體聲音的表達只能借助「言外之意」進行。

　　宋代職官日記目前約有 68 部。已知現存最早的職官日記為北宋路振《乘軺錄》，著述時間為大中祥符元年（1008）十二月四日至次年正月九日。已知現存最早的記錄在朝政事的職官日記是《錢惟演日記》，著述時間為天禧四年（1020）的五月二日、六月丙申日、七月十二日。已知現存篇幅最長的職官日記為北宋王安石《熙寧日錄》，約四十餘萬字。已知現存樣貌最為完整且篇幅較大的職官日記是北宋曾布《曾公遺錄》，著錄時間為元符二、三年，近三十萬字。除此之外，《曾公遺錄》更是一部具有典型意義的日記作品，體式方面，它是第一部明確且嚴格遵循「排日」著錄的日記；內容方面，它是第一

部出現「職事為先」著錄順序的日記；行文書寫方面，其借助言外之意表達個體聲音的策略，也多為眾多的職官日記書寫所取法；尤在記述君臣博弈、宰執施政、黨爭等問題時，極大地拓展了文本的實用之能，這一點也被後來的職官日記爭相模仿。因此針對職官日記「在朝政事」者的研究，本文以《曾公遺錄》為重要案例。

兩宋之間，職官日記的內容各有側重。現存北宋職官日記 43 部，南宋職官日記 25 部。北宋職官日記中，以記錄在朝政事者為大，凡 25 例，占北宋職官日記總數的 58%；南宋職官日記中，以記錄出使、接伴聞見者為多，凡 16 例，占南宋職官日記總數的 64%。從比例觀之，職官出使日記似乎在南宋驟然增多；但通過實際的數字比對，核心問題在於職官在朝日記在南宋的數量大大減少。

相較於其他彰顯文人旨趣、學識與審美的宋代日記，如《于役志》《遊城南記》《宜州乙酉家乘》《泛舟遊山錄》《入蜀記》者，職官日記因為本身的功能問題以及書寫者職業身份的關係，行文章法更為複雜，意識形態的涵容也更為寬博，因此具備了充分的可研究性。

第一節　職官日記的一般寫作法則

相較於其他宋代日記，職官日記具有其獨特的書寫法則。言語記著以「記全」為理想狀態，該種書寫習慣來自於接受檢驗、質疑的自覺。與官方史著相比，職官日記中含有更大比例的口語記著，書寫者或藉此製造更為真實的敘事語境，或通過語言風格的對立來表達傾向、臧否人物。絕大多數職官日記，書寫的核心目的在於保證職官（宰相）本人的政治利益，因此不追求敘事立場的前後一致，書寫中存在後視性的重複記著。為平衡行文的客觀度與意志的主觀性，同時滿足自譽與自保的深層需求，宰相日錄不得不選擇隱晦而瑣碎的表意方式進行書寫。

一、以全為宗

職官日記的書寫以「記全」為一般性原則，即每日所錄之事理論上應臻於「全部」。以《曾公遺錄》為例，日記中常有「不能悉記」之謂，按照反向邏輯，則原本最為理想的書寫狀態是為「悉記」。在無法悉記的章節特意進行標注及解釋，是書寫者針對不夠完整的記著部分作出的補救措施，舉例如下：

> 元符二年十月庚辰，……是日語多，不能悉記。〔註1〕
> 元符二年十月辛巳，……是日語多，不可悉記。〔註2〕

事實上，日記不可能記著下絕對的「全部」，倘若當真記載了所有的政務及言語，日記也將失去它的意義與功能。宰相日錄記著的往往是與朝堂要聞或與職官（宰相）自己有重大關聯的事件，因此所謂的「記全」僅僅是對「真實」目標的理想化趨近。有意思的是，作者頻頻標注「不可悉記」之章節，恰恰是篇幅較長的段落。元符二年十月的庚辰日，曾布與皇帝討論的是黨附問題及「人材詳否」，次日辛巳則接續前言，續與上論章惇、蔡卞結黨互詆等事，兩日記錄均涉黨爭，毀訾之言頗多，可謂敏感，其篇幅之長，在整本日記之中均屬稀見。如此一來，問題出現，與慣常篇幅相比，這兩日記事記言已然極盡詳細，卻仍要補述一句「是日語多，不能（可）悉記」，可見真正意欲補救的並非是內容或篇幅上的不足，問題的關鍵在於當日所述記之內容，以庚辰、辛巳兩日為例，日記中記載了大量關於當朝要員的臧否之言，在黨爭遺患剛剛肅清的朝局之內，極易招致難以預料的政治風險。因此「不能（可）悉記」一句，是書寫者在行文之中自行加諸的標記，它與記文多寡並無根本相關，真正的意義在於對記錄內容可能引發的後續危機作出提前的預判和盡可能的消解。故此所謂理應補全之說明，實質上是摘除和摒棄潛在風險的預備動作。另外，部分「不能悉記」的章節則體現了日記書寫者在內容選擇方面的詳略之策：

> 元符三年三月丙申，是日，奏對之語甚多，然多不能記錄，大抵稱引善類、區別邪正而已。〔註3〕

「大抵稱引善類、區別正邪」是書寫者省略的部分，但問題在於，如若認為相關內容不重要，完全可以選擇不進行書寫，即不在文本層面留下任何敘述痕跡，而《曾公遺錄》中類似的記載頗為常見，說明書寫者認為日記書寫具有明確的法則，即當日朝堂經歷（至少是君臣奏對語）應該悉數記下，倘若無法達到這一要求，也應在文獻中予以說明，而不可隻字不提。嚴謹、周全的書寫習慣背後，是書寫人明確而自覺的書寫心態，即將日記作品置於接受場域，等待必要的閱讀、檢驗甚至是質疑。因此職官日記尤其是宰相日錄的書寫，多攜帶

〔註1〕曾布《曾公遺錄》，中華書局2016年版，第139頁。
〔註2〕曾布《曾公遺錄》，中華書局2016年版，第143頁。
〔註3〕曾布《曾公遺錄》，中華書局2016年版，第234頁。

著對閱讀者「交代清楚」的意念，一旦他朝因此日事件引發風險，那麼預先的解釋和標記便已成為一項合理且常規的操作。

除卻標明「不可悉記」的部分，宰相日錄之中還有為數不少的空白記錄。以《曾公遺錄》初期階段的元符二年三月的丙午、丁未兩天為例，這二日的日期記錄之下，空無一字：

> 丙午。
>
> 丁未。

待到後期的日記之中，類似的空白則幾乎消失不見，在無事可錄的當日，書寫者仍會以「天氣」或「旬休」之類填充內容，以完成日記的體例格式，亦不至無字。因之可以大致推測，這空白無字的初始兩天，攜帶著後期文本整理的痕跡，即整理發生在文獻寫畢的較長一段時間後，此前的天氣、休假或其他事項，皆已忘記，但為兼顧已然成型的日記體例，必須留呈空白。故而這種「每日必記」的體例，是在漫長的寫作實踐中逐漸完善兼穩定的。留呈空白的書寫形式，保證了日記文體特徵的連續和完整，體現了書寫者對於日記體例的認知與遵守。

二、較大比例的口語記著

與一般正史敘述相比，職官日記中，口語記著的比例更大，且內容、功能更為豐富。普通史著往往使用文言記著，以其表意精確、書寫簡潔故。職官日記，尤其是宰相等高階職官的日記，往往有備史闕的功能，因此這類高官日記亦常以「私史」謂之。然而「有備史闕」僅僅是其中一項功能，其更為核心的價值則在於塑造職官本人的政治形象、拓展其在朝在仕的政治影響，因此其間必然有大量相關表述，而為確保這種「利己」之言能夠順利進入史冊流傳千古，或在現世之中經受得起質疑、最終得到認同，書寫者們就必須營構一種凸顯「真實」的敘事語境和寫實主義的敘述風格，一定比例的口語記著便是一種比較理想的策略。

職官日記《曾公遺錄》的記言內容無外乎三點：人材臧否；國事措置；君臣和氣。其中「君臣和氣」一項，頗見書寫者意圖。元符二年八月乙酉，聖體抱恙，諭以「全未能進粥食。」[註4] 日記如是記載：

> 余云：「近經服藥，再傷動化，固須如此。然不可勞動，自延

〔註 4〕曾布《曾公遺錄》，中華書局 2016 年版，第 97 頁。

和至崇政甚遠。」〔註5〕上云：「亦不妨，欲更一兩日後殿視事。」

〔註6〕余云：「更三、五日亦無妨。」上云：「不妨。」〔註7〕

日記全盤復刻了君臣之間的口語交流，文中頻見「無妨」「不妨」等贅述形式，呈現出一種原始、粗糙的書寫質地。事實上，書寫者正是通過這種重複的、瑣屑般的記錄方式，製造出令人信服的逼真場景，以家常般的口語溝通，解構君臣之間的距離，向外界展示他與君王相諧的親近畫面，又以臣子的勸慰無果塑造皇帝的勤政形象。故《曾公遺錄》雖有「纖悉靡遺」的負面評價，但事實證明，瑣屑之事和瑣屑般的表述方式皆是有意為之，它們悉數貫徹著書寫者的表達意圖，口語記著的糙礪與原始自有其意義跟價值。

此外，職官日記通過特定人物的口語記錄將其隔離在倫理層面之外，從中可見其身為政治家與士人的操守及信條。元符二年、三年交替之際，哲宗仙逝，徽宗登位，向太后垂簾。政權交接的敏感時期，皇太后作為新帝的輔佑力量登上歷史舞臺。曾布時處擢相前夕，其職官日記記載了皇太后在朝議政之際的大量口語：

太后云：舊嘗見父言：「慈聖盛德，然還政亦差池。」至今記得此語，以此不自遑安，如此，庶幾不違父教，不辱先相門風。又俗諺云：「被殺不如自殺。」不成更待他時，教他人有言語後還政？何如先自處置為善。〔註8〕

太母云：「他怎生敢將上來，怕這裡捉下。」〔註9〕

太母云「先帝養成他（章惇）大膽，只是好疲賴。當時曾與簾前議立先帝，以此一向大膽，無所畏懼。他初作相時，是藍從熙取宣召，從熙是聖瑞閣中人，說與惇云：『此命皇太妃之力為多，將來何以報導？』昨先帝病危，聖瑞曾云：『只十二哥是姐姐肚皮裏出來，你立取十二哥即穩便。』先帝自此氣不復語。」〔註10〕

日記對太后口述幾乎原樣照錄，內容多見俗諺、糙語，表述亦無邏輯，與一般議政者清晰雅正的言語風格相比，顯得格外突出。在由一眾「讀書人」組成的

〔註5〕曾布《曾公遺錄》，中華書局 2016 年版，第 97 頁。
〔註6〕曾布《曾公遺錄》，中華書局 2016 年版，第 97 頁。
〔註7〕曾布《曾公遺錄》，中華書局 2016 年版，第 97 頁。
〔註8〕曾布《曾公遺錄》，中華書局 2016 年版，第 206～207 頁。
〔註9〕曾布《曾公遺錄》，中華書局 2016 年版，第 212 頁。
〔註10〕曾布《曾公遺錄》，中華書局 2016 年版，第 212 頁。

議政團體之中，更是顯得格格不入。作為大宋臣子，曾布不贊同後宮干政，然而其時太后垂簾已成既定事實，並對群臣產生了制約，他便在日記中利用語言風格的鮮明對立，試圖將太后隔絕在「正統」之外。

文言成章，目的在呈現意圖；口語記著，則往往是為了模糊傾向。文言成章後就具備了完整的意義輸出，如要反駁，對方也需要驅策言語成段，與之進行對峙。即人們往往默認言語對抗的公平規則為形式對等，例如以口語相抗文言，則視為越維攻擊，勝負也就喪失了意義。因此上文中太后口語的頻繁記著，其實是在語言溝通的規則層面，將太后從議政群體之中孤立出來，日記在暗示讀者：因其語言溝通的方式隔閡於正統的議政規範，其言語表述的意義必然大打折扣，換言之，讀者們可以由此領略：在傾向上，以曾布為首的士大夫們並不願意接納或認同太后表述方式下傳達的任何意義。

與書面文言不同，口語隨語音的發聲與傳播為節點，依據詞彙與重音，迅速構成意義，以便於及時性的溝通，因而具有了碎片化、片面性的意義生成（相對文言）。故此口語意義的準確傳達，必須經由語境的輔助。一旦語境缺失，口語的片面性極易成為質疑與攻訐的焦點。職官日記有對日常政治言語溝通的記錄，在一定程度上等於對口語的再現，從現有文獻來看，在絕大多數情況下，日記都力圖以文言形式重塑並規範口語生成的意義，從而迅速而準確地傳達事實。職官日記尤其是宰相日錄成本後，或備於史閣，或流於世間，是可供一定受眾閱讀的公開性文本，這意味著所著錄之事必須經歷質疑與反對。因而，他人口語的文言轉化就非常容易招惹是非，針對這種潛在的風險，一般而言，職官日記的口語記著不得不在落筆之際多方考量，自行監測是否存在可被攻訐的漏洞，同時對表述傾向作一定程度的模糊化處理。因此，職官日記中口語語言的模糊化與行為情狀的引導性，往往相互伴生。語言無法明示的內容，由行為情狀的陳述來補充，並在補充之中暗中注入主觀引導。

此外，職官日記中的部分口語記著還是書寫者藉以「發揮」的對象。《曾公遺錄》撰寫之際，作者曾布與當時的宰相章惇素有積怨，徽宗登位之後中有這樣一段記載：

> 上又言：「狂婦罵惇云：『你也是宰相，莫是司馬相公否？』又云『來作孝』，聞之否？」余云：「亦聞之。此事極怪，似有物使之。」
> 因言：「先朝每深懲指斥者，然殺之不能禁。陛下罷武德偵邏，然亦

不聞有狂言者。中外皆知聖德仁厚，自士大夫下至閭閻僕隸輩，人

人鼓舞稱頌而已。」〔註11〕

「狂婦罵宰相」本即反常，日記通過帝王之口重複狂婦惡語，更與日記慣常保持的中正、公允之態度大相徑庭。然此語並非尋常口語記著，而是書寫者特意載進文本用以攻訐政敵的材料。日記云「亦聞之。此事極怪，似有物使之」，〔註12〕預先表下公正之態，再言「先朝每深懲指斥者，然殺之不能禁」，〔註13〕看似陳述過去事實，實際則在暗示此類事尋常多見，暗暗肯定「狂婦」「指斥者」等存在的合理性。繼以皇帝作比，稱「陛下罷武德偵邏，然亦不聞有狂言者」，〔註14〕暗示狂言的出現與狂言者無關，而與被指斥者有關，從而將事件的內因歸置在章惇身上。最後以「中外皆知聖德仁厚，自士大夫下至閭閻僕隸輩，人人鼓舞稱頌而已」〔註15〕解釋為何皇帝作為卻沒有狂言者衝擊，順便完成了對新帝的恭維，自此全面消解章惇所遭受的不公與折辱，四道語言階梯，層層遞進，不著章惇一言，卻誅人於無形。曾布如此作述，一方面固然是因為雙方本屬政治宿敵，另一方面，章惇於定策之際推舉他人，得罪於新帝，新的政治格局中便不再可能為其留有餘地，年輕的皇帝當然不會重用持有二心的老相，而領會了新帝意圖的曾布，才會利用狂婦的口語記著，對這位昔日政敵發起不留底線的攻訐。

三、後視性補著

與一般的宋代日記相比，職官日記，尤其是宰相日錄，其重複修寫的異化程度更大，情形也更為複雜。普通的宋代日記如《遊城南記》《泛舟遊山錄》者，後期修錄僅在文辭潤色、名物普及等，如《遊城南記》的地理記錄後期皆修入了詳細的歷史淵源，《泛舟遊山錄》後期修錄時參照並引用了大量《圖經》《圖志》及前人記文。一般而言，普通日記的後期修錄基本是按照原作方向做深化、細化處理，而職官日記的後期修錄則是一種後視性的重述，甚至可能出現與原作矛盾的陳述意圖和立場。

〔註11〕曾布《曾公遺錄》，中華書局 2016 年版，第 221 頁。
〔註12〕曾布《曾公遺錄》，中華書局 2016 年版，第 221 頁。
〔註13〕曾布《曾公遺錄》，中華書局 2016 年版，第 221 頁。
〔註14〕曾布《曾公遺錄》，中華書局 2016 年版，第 221 頁。
〔註15〕曾布《曾公遺錄》，中華書局 2016 年版，第 221 頁。

　　《曾公遺錄》係曾布為樞密使及後來升任尚書右僕射〔註16〕階段所著，較為典型地體現了後視性補著的特徵。其元符二年文獻中載有「黃履罷政」一事，該事件在九月壬午日和十月己酉日重複著錄，且主觀推測與處置均判然有別，列表如下：

九月壬午日	十月己酉日
辛巳，……聞安中罷政，	己酉，……是日，黃履罷政，知亳州。
辛巳，……右丞留身奏事，有四劄子置御榻上。	己酉，……履是日早留身，留劄子四道在御榻上，
壬午，……余再對，請於上云：「黃履昨日留四劄子，所陳何事？」	己酉，……全不敢問。
壬午，……上云：「言鄒浩四劄子皆故事」	己酉，……次日（庚戌日）既貶，上諭云：「劄子引朱雲、劉禹錫、唐介故事救鄒浩。……必為人所使。」
	己酉，……呂嘉問兩日前往謁履。
	己酉，……（上）又問：「吳居厚可尹京否？」
壬午，……是日早，夔留身甚久，疑所問皆夔之語也。	己酉，……蓋欲逐嘉問，怡然不去而哂之。

　　黃履罷政一事，九月辛巳、壬午條日記正文已然有之，但十月己酉條日記注文竟然復錄此事，並稱該事件發生於「是日」。兩次事件細節一致，均「留四劄子於御榻上」，且劄中內容都是引故事救鄒浩。除卻事發日期的不同，所記錄的信息點亦有差別：

　　一、九月，曾布曾當面直問皇帝：「黃履昨日留四劄子，所陳何事？」但到十月，竟稱「全不敢問」。概因九月記錄時，曾布對黃履罷政一事尚存觀望態度，而十月記錄中，皇帝已明確對黃履失卻了信任——「必為人所使」，故曾布方才將自己置於被動無為的境地：「全不敢問」，以避免與黃履產生更多牽涉。

　　二、九月，曾布在第一人稱視角的敘述中，對黃履以字「安中」喚之，顯得頗為親密，第三人稱視角敘事時又以「右丞」稱之，亦相當尊敬，唯有轉述與皇帝間的對話時方稱「黃履」；但到了十月，日記中統統以其名「黃履」「履」

直呼，全然泯去了私人關係，取代以一種有距離的客觀陳述。因十月時，皇帝於此的態度出現明顯的消極傾向，且認為呂嘉問有指使黃履的嫌疑，黃履因此具有了「棄子」性質，書寫者便及時在日記中順應了皇帝的情緒傾向，淡化與所謂「棄子」之間的聯絡。

三、十月記錄中，皇帝問「吳居厚可尹京否？」但在九月日記中，對此信息一字無提。

四、九月，曾布對此事的推斷重點為「疑所問皆夔之語也」；十月，推斷重點轉向皇帝「蓋欲逐嘉問，怡然不去而哂之」。

日記出現重複記錄且前後信息混淆，可能出於如下幾種原因：首先，日記經過後期編輯，且編輯時間與書寫時間之間相距較長，記憶不清，導致先後矛盾。其次，書寫的實踐行為未必嚴格遵行「逐日」法則，保持書面的「日日有文」，但實際上「間日錄之」亦有可能，最終匯總書寫時因記憶不清，造成信息混淆。例如十月己酉日注文，有「次日既貶」云云，證明該條書寫並非當日完成，而至少是隔天完成。再次，日記書寫的原始載體可能較為零碎，如散紙之類，裝訂成冊、編輯匯總時，因物理因素，造成信息錯誤。最後，確實進行了兩次記錄，因為隨事態發展，書寫者得出了不同的認知結果，所以再次記錄應該是為了修正先前的推斷，將始作俑者的人選從章惇轉向皇帝；也有可能是因為正文中提及蹇序辰、范鏜「除青州、揚州」，所以聯想起黃履「知亳州」，順便於注文中記上一筆，算作同類型的事件的分類整理、再歸納，至於「是日」之筆，在此種邏輯下，則有可能只是下意識的筆誤。

職官日記（尤其是宰相日錄）的後期修錄在觀念和立場上並不追求前後一致，而是呈現出後視性修改的明顯特徵，從中可見書寫者隨事態發展而及時修正立場的過程，以及由此體現出來的利益為上、明哲保身的為官策略。

四、隱晦、瑣碎的表意方式

與一般的宋代日記相比，職官日記的表意方式更為隱晦和瑣碎，而這種敘事特徵由文本本身的性質決定。前文已述，職官日記中佔據絕大比重的高級職官（宰相）日記，成本之後往往有備於史闕，因此在一定程度上，時人亦將其視為私史。書寫者自己為確保個人意圖能夠最大限度地進入史冊，乃至廣泛流佈，需要在記著之時就儘量貼近、模仿官方史著的書寫規範。

　　宋代士夫的知識結構中，傳統史學佔據了相當重要的部分，有理由相信，官方史書的撰寫範式會潛移默化地影響著他們的同類型寫作。《史記》篇章結尾處俱有「太史公言」，以表達修史人觀點，代際相迭，遂成一種範式。具有私史性質的職官日記正是通過化用該種範式來表述個人意義，仍以《曾公遺錄》為例，書寫者在進行日記寫作時並非是正意義上的修史人，他深知所記錄的內容僅作為官方史著的待選素材，更遑論其深層次的動因還是「自保」「訐敵」等個人需求，所以曾布等一眾職官在進行日記書寫時，並不能夠光明正大以「史筆」自居，更不宜過分主觀地陳述意見，因為一旦出現有失客觀的敘述立場，無疑會為自身打上僭越公議的標籤，其文本的公信度也會隨之減損。如果無法公開且直觀地表達意見，選取更為委婉的敘述路徑，隱晦的輸出即是一種適宜的選擇。因此在《曾公遺錄》中，多處敘事都運用著和《史記》一樣的書寫模式：記事＋末尾（隱晦）表態。隱晦的表態以描繪風評、群體傾向等來實現，如蹇序辰受賄一案中，曾布始終認為重罰之方為正義，但當審判終結，蹇序辰領罰，曾布卻勢必將個體感受隱藏在群體意向之中：「一旦逐去，眾論快之。」〔註17〕此外，職官日記的人物臧否在大多數情況下，也須避免直接寫下個人意見，而是通過敘述結構的設置，比如平行比對，來促使讀者進行自發的推斷和認知：

　　　　（上）又云：「南履久次可除。」余云：「履人材固可擢，但此
　　等人方在塞上驅策，來此供職不得爾。」上亦患之。又令張赴赴闕
　　朝見。赴久病，恐不能造朝，又不肯住涇源。夔云：「如此，可一召，
　　無疾病別易一郡，有疾即宮觀可也。」上亦然之。

該段記錄以皇帝的反應為節點，分成兩段平行的敘事結構。結構的並行一致製造出客觀、公平的觀感，卻突出了這樣一個現象：余言者，便人也；夔言者，克人也。同等情景下，自己極盡「養交」之能，而政敵卻力悖人情，如此「事實」被秉筆直書、鑿鑿在案，卻未見書面有半點詆毀政敵的言辭。類似隱晦而瑣碎的情形記著極為多見，《曾公遺錄》的記述焦點也往往圍繞著人臣之間冗碎、反覆的鬥爭以及由此衍生的各種狀況。意味深長者在於，在其他敘事場景內，日記作者們非不能精幹敘事，比如元符二年癸未日，曾布呈送給皇帝的奏報中，區區百字便將以溪巴溫為核心的西北少數民族部落政權迭代、征戰局勢等一一道來，〔註18〕淵源溯定，現狀清明，利弊呈判，行文利落清暢，用詞極

〔註17〕曾布《曾公遺錄》，中華書局2016年版，第62頁。
〔註18〕曾布《曾公遺錄》，中華書局2016年版，第56頁。

簡，極具史筆風範；在作者的其他散文體作品中，同樣輕易能夠領略到精簡流暢的敘述風格。可見日記的書寫者們並非不具備精幹敘述的能力，而是出於文體特定的需求，故意採用隱晦曲折、不厭其煩的細節化處理來完成書寫。究其原因，是內容決定形式。神宗朝，呂惠卿以日記反訐政敵、成功自保的例子，顯然給其他職官們提供了一個安全有效的模仿路徑，在名為「備忘」「存史」的記著之下，滿足的其實是職官們祈求仕途安順的內在需求。瑣碎、多細節的內容難於造假，面對詰問與懷疑時，才能成為令公眾確信的實證。為此，職官日記選擇瑣碎而隱晦的書寫策略，取法的乃是一條實用之徑。

　　從職官日記的內容和功能來看，文本表層展示的是極盡客觀的敘述形式，文本內層蘊含的則是徹底的主觀意志，內外相反的屬性造就日記文本的張力。敘事行為即是這兩種反向能量的導線，它彌合文本表裏的反差，成就內外合一的意義表達。

第二節　二次曝光：職官日記的後期修改

　　職官日記的書寫以職官本人的政治利益為核心，故其書寫並非一次完成，而是在初本之後不斷進行修錄與改寫，尤在政權交替階段，這種反覆的修寫痕跡更是頻頻見著。修著部分會因之產生語勢的斷裂、情緒的異變以及前後邏輯的矛盾等等。但通過文字書寫的二次曝光，[註19] 日記作者得以重構自身的忠勇姿態，並借機向皇帝邀寵，既而擴大自身的政治影響。「重構」往往以敘事斷裂、設像突兀為代價，進一步說明職官日記的核心驅動是政治利益，為維護這一核心，書寫者並不惜犧牲行文的流暢與述事的真實。換言之，職官日記的文學審美遠遠遜於其事功之用。

一、有關哲宗病重的修改

　　元符二年、三年交接處，哲宗病逝，即將升任的宰相曾布在其職官日記《曾公遺錄》中的記錄，幾多修改痕跡。

　　首先，日記中出現了重複標注的日期，或為後期填加內容所致。

　　按《曾公遺錄》以往慣例，若一日之內多事待記，則按序順延，依次書寫，並不會重複標記日期。但元符三年正月記錄中，曾出現兩處「乙亥」日記事：

〔註19〕二次曝光（Double Ecpodure）指在同一張底片（膠卷相機）、數字相片（數碼相機）上進行兩次曝光，從而將兩重或者多重影像疊加在一起。

乙亥，英廟忌。自是寒慘微雪。【又傳宣：十一日酌獻差宰執。
是日奉安大定神御，前後一日皆不坐。】〔註20〕

乙亥，余率三省求對，問聖體。蔡卞云：「方欲啟口。」遂同入
劄子。晚，遣友端傳宣以未可相見。友端云：「自六日晚再吐，疾勢
未退。」且云難言，又泣下。〔註21〕

上述文獻說明日記成著前應是先有草本，草本由數份記事草稿構成，每份草稿
內應均有明確而完整的日期和事件記錄，某日事件的草稿撰寫時間可能不盡
相同，應存在後期補充的情況。《曾公遺錄》正是將這些草稿輯錄整合，才形
成今見的版本。按照元符二年歲尾、元符三年歲初的數條日記來看，第二條「乙
亥」日內容更有可能是在其後補錄進去的，因自元符二年十二月乙卯日起，至
哲宗駕崩，每日日記末尾均為帶有添補痕跡的關於聖體患病的記錄，「添補痕
跡」來自於回溯的時間軸。

其次，日記中出現了時間軸的局部回溯，證明含有補錄內容。

職官日記記事強調「在場」與「當時」，故其書寫方式一般為當日事當日
記，具有一貫的即時性，表現在文本層面即所作敘述皆帶有「現在時」的語態
特徵，寫作時間與敘述時間基本重合，既無展望亦無回溯。然而元符二年十二
月乙卯日記事結束，作者插入了一段關於皇帝患病的回溯性梳理，敘述時間自
當月十四日起，至敘事當天即十八日結束。

乙卯，……上自十四日視朝，……至十五日，御紫宸，……至十
六、十七、十八日，皆云吐未已，……自十五日隔上殿班，至十八日
方引一班。余云：「十九日、二十日皆休假，必得休息。」〔註22〕

壬戌，……上自十四日以後衍和，至是日甚一日。〔註23〕

皇帝於辛亥日便覺「倦怠不快」，而直至四天以後的乙卯日，曾布方於日錄之
中重新補敘此事。可以推測，皇帝發病初期只覺「倦怠」，並不嚴重，故辛亥
日、壬子日、癸丑日、甲寅日條目中均為當天議政內容，並無一字言及病況；
後期病情漸重，政事輟停，方才引起重視，以至於曾佈在甲寅日日記結尾處，
專門回溯了皇帝的病況發展，並適時嵌入自己一直以來的關心，如十四日「因

〔註20〕曾布《曾公遺錄》，中華書局 2016 年版，第 171 頁。
〔註21〕曾布《曾公遺錄》，中華書局 2016 年版，第 172 頁。
〔註22〕曾布《曾公遺錄》，中華書局 2016 年版，第 157 頁。
〔註23〕曾布《曾公遺錄》，中華書局 2016 年版，第 159 頁。

問聖體如何」，〔註24〕十五日「再問聖體」，〔註25〕十六、十七、十八日天天同問，〔註26〕十八日建議皇帝「必得休息」，〔註27〕又叮囑「氣虛，冒犯、呼吸風寒皆不可」，〔註28〕還進言勸皇帝在「溫服」的邇英殿坐朝。〔註29〕需要注意的是，元符二年乙卯日（十二月十八日）的修寫，曾布的關注點尚與從前一致，集中在哲宗身上。從其補錄的文字重心來看，目的還在於表達身為近臣的赤誠與忠心。

　　四日的補敘可以表明修寫跡象，時隔三月的補敘則足以證明修寫事實的存在。元符二年丁卯日（十二月三十日），除當日記事外又於結尾處補錄了兩條內容，第一條內容的時間軸上溯至當年九月八日，約略順延至九月二十六日及之後；第二條時間軸上溯至當年九月七日晚：

　　　　【1】賢妃以九月八日降制冊立中宮，以二十六日習儀，二十七

　　日發冊。正言鄒浩自試院中出數日，乃以二十五日上殿論冊后事不

　　當。是日批出：除名勒停，新州羈官。……二十六日，習儀殿廬

　　中。……浩不即日出城，又與城外稽留數日。〔註30〕

　　　　【2】元符己卯九月七日晚，宣召學識蔣之奇至內東門，既入見，

　　上指御座後文字以付之奇，……〔註31〕

十二月末尾處添加當年九月的內容，後期修入的痕跡十分明顯。但此處的補錄順序出現了一個明顯的錯差：九月七日的內容被安排在九月八日之後。慮及整本日記的敘述皆按時間走向排序，即便時間軸偶見回溯，但在回溯範圍之內仍是依從時間發展的順序記事；且此處僅有兩條補錄內容，也不存在因條目眾多而混淆順序的情況，所以可斷定，這種時間錯差是修寫之際的刻意措置。

　　如此此排序的原因，藏匿在補錄文獻之中。補錄九月八日至二十六日的文獻記載了鄒浩因論冊后事不當而遭貶謫，知交亦廣受牽連；而九月七日文獻則記錄了蔣之奇在冊后前夜密至內東門，奉命潤色封后命辭，又備受獎賞一事。兩件事皆與「冊后」相關，但值得玩味的是，其他補錄內容如十二月十八日補

〔註24〕曾布《曾公遺錄》，中華書局2016年版，第157頁。
〔註25〕曾布《曾公遺錄》，中華書局2016年版，第157頁。
〔註26〕曾布《曾公遺錄》，中華書局2016年版，第157頁。
〔註27〕曾布《曾公遺錄》，中華書局2016年版，第157頁。
〔註28〕曾布《曾公遺錄》，中華書局2016年版，第157頁。
〔註29〕曾布《曾公遺錄》，中華書局2016年版，第158頁。
〔註30〕曾布《曾公遺錄》，中華書局2016年版，第160頁。
〔註31〕曾布《曾公遺錄》，中華書局2016年版，第161頁。

記皇帝病況，尚與當時事相關，而「冊后」一事距此早已過去整整三個月，可以推測，日記作者意欲表達的重點並不在事實層面。詳究起來，鄒浩因「冊后」一事發表了不當言論，既而遭貶，然僅因「於城外稽留數日」，〔註32〕御史臺便「差人具析有何人祖送浩者」，〔註33〕而後經「輾轉推究」，〔註34〕與鄒浩交往之人廣為遷罪，如王回「除名勒停」，〔註35〕「余出謁者皆衝替，有贈遺者追官勒停，本人罰金」，〔註36〕蔣之奇、葉祖恰、呂嘉問「皆落職小郡」，〔註37〕又從鄒浩弟弟處詰問得知，朱紱、傅楫因「嘗贐以金」，〔註38〕導致「亦皆追停」〔註39〕。鄒浩因言受罰於理無礙，但其他臣子只因與其交遊便備受打壓，且波及範圍之廣，影響力度之大，以致世議紛紛，就顯得有違常理了。儘管曾布在文本層面特意解釋道「傳者多失實，故書之」，〔註40〕但言外之意則盡數體現在接下來的一段補錄文獻中（九月七日條）。據日記所述，蔣之奇當晚由內東門觀見，皇帝將一副已然擬好的冊后文字交與之奇潤色，而此文字俱從皇太后手詔出，且諭云「亦不須進熟狀，只依此批聖旨」，〔註41〕完全違背了「中書具熟狀付學士院，宰相則面受詔旨，學士院具熟狀追入」〔註42〕的正常流程，而事發當夜的「鎖院」，〔註43〕及事後蔣之奇受賞的「異於常賜」，〔註44〕皆指明皇后的議立過程並不符合法定程序。如此一來，一項遷罪眾廣的貶謫處罰在前，一套不合乎規範的議立程序在後，自然突出了核心事件「冊后」的矛盾與不合理；換言之，在曾布的書寫設計之下，鄒浩因「冊后」一事獲罪以致牽連多人，但「冊后」本身卻並不合法規，那麼讀者勢必會對鄒浩事件的處置結果產生疑慮，進而意欲探究這種種反常事件背後的成因。而在九月七日當晚，未經正常程序的冊后命辭來自於「皇太后手詔」，則造成議立

〔註32〕曾布《曾公遺錄》，中華書局 2016 年版，第 160 頁。
〔註33〕曾布《曾公遺錄》，中華書局 2016 年版，第 160 頁。
〔註34〕曾布《曾公遺錄》，中華書局 2016 年版，第 160 頁。
〔註35〕曾布《曾公遺錄》，中華書局 2016 年版，第 160 頁。
〔註36〕曾布《曾公遺錄》，中華書局 2016 年版，第 160 頁。
〔註37〕曾布《曾公遺錄》，中華書局 2016 年版，第 160 頁。
〔註38〕曾布《曾公遺錄》，中華書局 2016 年版，第 161 頁。
〔註39〕曾布《曾公遺錄》，中華書局 2016 年版，第 161 頁。
〔註40〕曾布《曾公遺錄》，中華書局 2016 年版，第 161 頁。
〔註41〕曾布《曾公遺錄》，中華書局 2016 年版，第 161 頁。
〔註42〕曾布《曾公遺錄》，中華書局 2016 年版，第 161 頁。
〔註43〕曾布《曾公遺錄》，中華書局 2016 年版，第 161 頁。
〔註44〕曾布《曾公遺錄》，中華書局 2016 年版，第 161 頁。

程序崩壞的關鍵人物昭然在案——兩段補敘日記真正針對的是當時的皇太后向氏。

　　但對比九月七日當天日記，曾布前後矛盾的態度就頗值得玩味。事實上，丁未當日，曾布已然知曉蔣之奇潤色命辭一事，還贊云「之奇必稍稱旨」，〔註45〕並對皇帝面諭一事表示「如此甚善」；〔註46〕甚至在更早之前，早到哲宗剛剛萌生立後之意的八月丁酉日，曾布更曾反覆進言：「以臣觀之，不若稟兩宮，降手詔以告中外，與義為順。」〔註47〕「臣亦嘗再三思之，非稟兩宮不可。」〔註48〕儘管此番進言有獻諛哲宗生母皇太妃之嫌，但就主流而言，曾布當時對包括皇太后向氏在內的兩宮勢力仍持具著恭謹、尊重的態度。當然，這份尊重的前提同樣秉持著合法性原則：「出自中詔，或出自兩宮，或付外施行，皆須素議。」〔註49〕而這一切皆因彼時，向太后僅僅是為大宋皇權的幕後輔佑，而尚未成為臺前主導。而自哲宗駕崩，帝國無首，皇太后向氏一力主張之下，棄簡王而立端王（宋徽宗），並在新帝登基之後迅速攬攬議政大權，「上顧余等云：適再三告娘娘，乞同聽政。」〔註50〕儘管曾布試圖以「長君無此故事」〔註51〕為由進行抵抗，然終徒勞：「皇太后已許」〔註52〕「余等遂奉詔而已」。〔註53〕由此，一直潛伏在幕後的政治勢力正式浮出水面。

　　由此觀之，元符二年歲尾的這兩段補敘更像是某種前奏，它通過時間錯差的敘事警示人們：新的政治力量登上了歷史舞臺。故此鄒浩事件的補寫不過是博取關注的策略，當人們的注意力高度聚焦在這場「世議紛紛」的處罰之時，自然會對事件起因「冊后」產生興趣，而適時地補充「內幕」（九月七日補敘），暗中消解「冊后」程序的合理性與合法性，才會將人們的目光引向違規命辭的幕後主導——皇太后向氏身上。儘管向氏所為並不合乎義理與道統，但其影響力與日俱增、舉足輕重，正在成為大宋朝堂上極具威脅性的政治力量，而接下來的朝局走也勢必與此息息相關，敏感的政治家曾布用這種書寫策略在日記

〔註45〕曾布《曾公遺錄》，中華書局 2016 年版，第 110 頁。

〔註46〕曾布《曾公遺錄》，中華書局 2016 年版，第 110 頁。

〔註47〕曾布《曾公遺錄》，中華書局 2016 年版，第 106 頁。

〔註48〕曾布《曾公遺錄》，中華書局 2016 年版，第 106 頁。

〔註49〕曾布《曾公遺錄》，中華書局 2016 年版，第 106 頁。

〔註50〕曾布《曾公遺錄》，中華書局 2016 年版，第 175 頁。

〔註51〕曾布《曾公遺錄》，中華書局 2016 年版，第 175 頁。

〔註52〕曾布《曾公遺錄》，中華書局 2016 年版，第 176 頁。

〔註53〕曾布《曾公遺錄》，中華書局 2016 年版，第 176 頁。

當中設下界標，以警醒自己並暗示眾人，一股無法逾越的政治勢力已經崛起：
皇太后向氏接替宋哲宗，成為元符三年大宋朝局的權力新核心。

另，史稱鄒浩「哲宗朝，為右正言，累上疏言事。章惇獨相用事，浩露章
數其不忠，因削官，羈管新州」〔註54〕，即言鄒浩遭貶是因章惇之故，以曾布
與章惇一貫的對立關係而言，若鄒浩事件含冤者甚眾，曾布沒有理由不在日記
中曆書章惇錯處，畢竟在皇帝面前，曾布已然以「大黨」〔註55〕稱之；以往的
日記中也數以「尤可笑」〔註56〕之類直加諷刺，並無半點顧忌；甚至直到哲宗
「疾勢有加」〔註57〕的元符三年正月十一日，還在嗤斥章惇「此公多計數」。
〔註58〕而此番補充記錄，卻半字不著章惇，只將此作為烘托太后「登堂入室」
的素材，只能說明對落筆之際的曾布而言，章惇已然不再具備任何威脅，而真
正的威脅則來自於在權力交替之際迅速掌權的向太后。事實上，其後章惇正是
因為在議立新帝的問題上與太后分歧而終遭貶黜，也從另一個側面證明，曾布
敘寫此兩段內容之時，至少已是太后垂簾、章惇遭受排擠之後了。

再次，文中語勢諸多斷裂，或為後期填入其他語句所致。

元符三年正月己卯日日記末尾，補敘哲宗尚未駕崩之際群臣祈福燒香事。
據議定，章惇、曾布二人「於太一宮燒香」，〔註59〕但「大行疾勢有加」的當
日，章惇突然拒絕「赴太一宮」，〔註60〕並稱「只就大慶燒香」，〔註61〕曾布於
日記中回憶道：

> 然未知其（章惇）意，又以大行未卜疾勢如何，未敢啟口。然
> 余（曾布）竊揆之，萬一有變故，唯端王年長，當立無疑。至日早
> 聚僕射廳，余遂云：「天下事無大小，然理在目前，但以大公至正之
> 心處之，無不當者。」冀同列默諭此意。及至簾前，（章惇）遽有簡
> 王之請，兼屬聲陳白，唯恐眾人不聞。及長樂宣諭，眾議稱允，渠
> （章惇）亦更無一言，但奉行而已。〔註62〕

〔註54〕脫脫《宋史》，中華書局 1985 年版，「徽宗立，復為右正言」。
〔註55〕曾布《曾公遺錄》，中華書局 2016 年版，第 139 頁。
〔註56〕曾布《曾公遺錄》，中華書局 2016 年版，第 105 頁。
〔註57〕曾布《曾公遺錄》，中華書局 2016 年版，第 176 頁。
〔註58〕曾布《曾公遺錄》，中華書局 2016 年版，第 177 頁。
〔註59〕曾布《曾公遺錄》，中華書局 2016 年版，第 176 頁。
〔註60〕曾布《曾公遺錄》，中華書局 2016 年版，第 177 頁。
〔註61〕曾布《曾公遺錄》，中華書局 2016 年版，第 177 頁。
〔註62〕曾布《曾公遺錄》，中華書局 2016 年版，第 177 頁。

第一，兩個「然」字引領了兩次連續的轉折句式，造成了語勢層面的斷裂與錯異，這種書寫水平對能用百字便述清青唐三代糾葛、政權迭變的曾布而言，有些失常。第二，「及至簾前，遽有簡王之請」句的主語是章惇，但原文此處的主語被省略，按照正常的語言習慣，對象省略往往是因為前文有所提及，但該句之前的「然余竊揆之」句陳述對象卻是曾布，並未言及章惇，而更早之前的「然未知其意」句所述對象方才是章惇。如此，若將「然余竊揆之」句摘除，則「然未知其意」與「及至簾前」句相聯，方才語勢通暢，所指清晰。故此或可斷定「然余竊揆之」句為後期修入。第三，「然余竊揆之」句的內容乃是在帝國繼承人問題上的鮮明表態，但據其親筆記錄的十一日（元符三年正月丁丑）日記，先帝當時雖然病重，但仍能召見群臣至「福寧東閣中」，〔註63〕且仍可「背坐椅子」，〔註64〕兼意識明瞭、言語清晰，尚可與臣僚討論「灼艾」及「大赦」等事，而群臣除了「勉上以灼艾」，〔註65〕亦為祈福大赦等事忠心奔忙，滿朝上下皆是一副積極救治的情狀。值此之際，曾布就算產生了先帝行將就木的判斷，也絕不可能堂而皇之地寫出來，更不可能在新帝人選未定之前就於日記中先行站隊，否則一旦判斷失誤，不僅徒留話柄，更將禍事臨身。因此「然余竊揆之，萬一有變故，唯端王年長，當立無疑」這種意義表達，必得是先帝已薨、端王登基之後才敢落筆，而書寫目的自然是打壓政治對手（章惇）的同時，申表自己一貫以來擁戴新帝的堅定立場。

　　最後，書寫者的情緒表達突然異化，為兩次書寫時心境與重心不同所致。

　　哲宗去世前日，御藥兩次傳宣，一言徹夜灼艾但仍「脈氣未生」，〔註66〕一言進諸丹藥後仍「自汗喘促，未得宛順」，〔註67〕可見病況愈沉，情勢危急，以至群臣「遂促三省上馬，馳詣都堂」。〔註68〕然曾布在敘述其後的召對經過時，卻如此寫道：

　　　　須臾召對，見上於御榻上，兩老嬪扶掖。上頂白角冠，披被子，擁衾而坐。上雖瘦瘁，然精神俊秀，真天人之表。是時喘定，汗亦止。……五鼓，……脈氣愈微細，自汗不止……〔註69〕

〔註63〕曾布《曾公遺錄》，中華書局 2016 年版，第 172 頁。
〔註64〕曾布《曾公遺錄》，中華書局 2016 年版，第 172 頁。
〔註65〕曾布《曾公遺錄》，中華書局 2016 年版，第 172 頁。
〔註66〕曾布《曾公遺錄》，中華書局 2016 年版，第 173 頁。
〔註67〕曾布《曾公遺錄》，中華書局 2016 年版，第 173 頁。
〔註68〕曾布《曾公遺錄》，中華書局 2016 年版，第 173 頁。
〔註69〕曾布《曾公遺錄》，中華書局 2016 年版，第 173 頁。

按照一般邏輯判斷，病重到須人「扶掖」方能坐定的哲宗應不易呈現出「精神俊秀」之貌；更為矛盾的是，在皇帝病入膏肓、舉朝心憂如焚的語境之下，曾布如何能夠發出「真乃天人之表」這種不見憂慮的讚歎。更兼語句層面，「上頂白角冠」句與「上雖瘦瘁「句」連置，但次句主語「上」卻未曾按照語言習慣予以省略，可以推測「上雖瘦瘁」句並非書寫當時一氣呵成之語，而是後期插入，故才導致上下文的情緒表達裂變如此之大。此句對哲宗病容的稱讚當是在新帝登基、先帝徹底成為「過去時」之後，方能落筆的獻忠之語；而此等後期修入之筆，也表明日記書寫者所關注的政治重心已由哲宗轉至徽宗，大宋帝國開啟了新的朝代。

二、有關約束太后的修改

元符三年，宋徽宗入繼大統，皇太后向氏乘機獲取聽政之權。朝臣雖「色皆駭愕」，亦只能「奉旨而已」，而在徽宗登基的次日（庚辰日），群臣始對太后垂簾一事展開暗中「圍剿」，所用名目是祖宗舊例。《曾公遺錄》對於此事的記載，重構了書寫者在事件中所呈現的形象，行文邏輯與敘述立場均存在明顯的裂變。

據《曾公遺錄》載，本有兩種故事可供因循：

> 皇太后稱「吾」，臣僚上表，答云「覽表具知，所請宜不許」「宜許」。及五日一垂簾同聽政，臣僚起居皇太后訖，移班起居皇帝。〔註70〕（天聖故事）

> 初同御，內東門小殿垂簾，至七月十三日，英宗間日御前、殿後，輔臣奏事，退，詣內東門簾前覆奏皇太后。會要云：「皇太后勉徇上請同聽政，而未嘗御前殿，百司亦不奏事，唯中書、密院詣內東門小殿奏事而已。明年手書還政。」〔註71〕兼不立生辰名節，不遣契丹使。〔註72〕（嘉祐故事）

可見，天聖故事中的皇太后權力範圍明顯大於嘉祐故事，因此若為君權考量，勢必選擇嘉祐故事為因循範本為宜。舉奏之際，曾布等人隱瞞了天聖故事，而只進呈了嘉祐故事。宰相日錄中的相關敘事邏輯矛盾重重，書寫者對自己主導作用的強調極為突兀。

〔註70〕曾布《曾公遺錄》，中華書局 2016 年版，第 178 頁。
〔註71〕曾布《曾公遺錄》，中華書局 2016 年版，第 178 頁。
〔註72〕曾布《曾公遺錄》，中華書局 2016 年版，第 178 頁。

　　當是時，夔（章惇）以下皆云：「當具此兩次故事稟旨」，〔註73〕而曾布卻「獨曰」：不然，此事乃吾輩所當任。若稟上旨，恐難裁減；若稟長樂，亦難可否。今上長君，豈可垂簾聽政？正當吾等請，如嘉祐故事施行，乃為得禮。〔註74〕既往的議政過程，曾布從來都只採用借眾口抒己意的表述方式，也並不會鮮明地呈示自身立場，但在此時，卻能「獨曰」，且堅定地表示：「此事乃吾輩所當任」「豈可垂簾聽政」，展示出一番不同以往的銳氣與擔當；當日小字注文亦突出其一力主持此事的氣概：「此奏亦余所草定，蓋劄子中所乞奏事次第，已入治平故事〔註75〕矣。」〔註76〕

　　此番敘述呈遞出與以往截然不同的為臣狀態，一名臧否下屬亦須經多重轉述、暗中喻示傾向的臣子，〔註77〕如何能夠做到一夕之間，便敢於同剛剛攫取聽政權的皇太后勢力迎面相擊？就在一天之前，對於太后臨朝，他也還只敢通過對其他臣僚的情狀書寫來暗示不滿──「從政等色皆駭愕」，只敢通過限止性的語氣助詞「而已」來隱晦地表達抗拒──「余等遂奉旨而已」；更反常的是，在公開指斥「豈可垂簾聽政」〔註78〕的當晚，曾布卻還在日記中盛讚太后「聖德謙恭」〔註79〕「實近世之所罕有」。〔註80〕兩晝之內，狀態如此矛盾而反覆，原因必得一一推究。

　　首先，是否得到新帝授意？答案為否。在嘉祐故事進呈當晚，新帝的反饋僅僅是「恰一般」，〔註81〕並在已納「陛下豈可坐簾中」〔註82〕之諫後，仍叮囑曾布「更稟皇太后聖旨」。〔註83〕剛在太后扶持下登上帝位的青年新君，顯然不可能在登基次日便貿然指使朝臣攻訐太后，因此曾布規約太后的底氣並非來自當時的徽宗。

　　其次，是否獲取群僚支持？答案為否。章惇等先前皆云「當具此兩次故事

〔註73〕曾布《曾公遺錄》，中華書局 2016 年版，第 178 頁。
〔註74〕曾布《曾公遺錄》，中華書局 2016 年版，第 178 頁。
〔註75〕英宗年號，即前文所述嘉祐間慈聖太后之故事。
〔註76〕曾布《曾公遺錄》，中華書局 2016 年版，第 179 頁。
〔註77〕元符二年事。
〔註78〕曾布《曾公遺錄》，中華書局 2016 年版，第 178 頁。
〔註79〕曾布《曾公遺錄》，中華書局 2016 年版，第 180 頁。
〔註80〕曾布《曾公遺錄》，中華書局 2016 年版，第 180 頁。
〔註81〕曾布《曾公遺錄》，中華書局 2016 年版，第 179 頁。
〔註82〕曾布《曾公遺錄》，中華書局 2016 年版，第 179 頁。
〔註83〕曾布《曾公遺錄》，中華書局 2016 年版，第 179 頁。

稟旨」,〔註84〕且蔡卞亦猶疑之:「天聖、元豐與今日皆遺制處分,與嘉祐末年英宗請聽政不同,萬一為他人議論,如此奈河?」〔註85〕儘管曾布也於日記中寫道,經其述理分析後「眾皆從服」「眾皆悅服」,但眾臣「從服」與「悅服」的結果僅僅是「以為當」,並未體現出任何行動方面的支持。因此,曾布規約太后的動力亦不是來自同僚。

再次,是否因為太后本意不願過多干涉前朝,而曾布只是順勢而為?答案亦屬否定。史稱向太后對臨朝事「以長君辭。帝泣拜,移時乃聽」〔註86〕,是出於不得已才被動接受。但在《曾公遺錄》的記載中,太后臨朝一事早在徽宗登基前便已暗中籌謀化定,因為新帝登基宣諭的第一件事便是「請皇太后權同處分事」,〔註87〕並稱「皇太后已許,適已謝了,乃敢指揮。」〔註88〕而在新帝繼承大統的初期,太后便已頻降手詔、〔註89〕覽邊奏,〔註90〕對當朝政事的把控已謂相當深入。因此,曾布此舉亦並非順應太后而為。

復次,是否因為曾布具有不畏強權的錚錚鐵脊和忠於帝國的純正操守?答案仍是否定。外戚專權、後宮干政歷來是朝堂禍亂的重要原因,曾布以史為鑒,在向太后初掌政權之際便開始對其進行規束,也必然是出於效忠新君、盡責於帝國未來的初心。但在波譎雲詭的政治場域,僅憑一腔孤勇無法保得大宋基業穩健、百年無虞,而將帝國重擔直接交由毫無經驗的年輕帝王獨立擔當,風險也是毋庸置疑。因此在政權交替的敏感時期,三朝老臣曾布不可能選擇一條既動搖朝局穩定、又將自己置於險境的雙損之道。

最後,排除上述人為與環境因素的影響,即無論從皇帝、群臣、太后抑或曾布自己的角度考量,於新帝登基次日便旗幟鮮明地撻伐太后聽政,都不是一項合乎情理與事理的抉擇;再者,隱瞞天聖故事不報、專以嘉祐舊例進呈,分明有蒙蔽、誘導君上與太后的嫌疑,以謹慎中正著稱的曾布,又如何會在日記中高調宣揚此事?唯一的解釋是,曾布書寫相關內容之際,已是太后還政、徽宗自立之後。皇帝大權在握,自然不會計較這般「忠君」之舉,而還政不久即

〔註84〕曾布《曾公遺錄》,中華書局 2016 年版,第 178 頁。
〔註85〕曾布《曾公遺錄》,中華書局 2016 年版,第 179 頁。
〔註86〕脫脫《宋史》,中華書局 1985 年版,第 8630 頁。
〔註87〕曾布《曾公遺錄》,中華書局 2016 年版,第 175 頁。
〔註88〕曾布《曾公遺錄》,中華書局 2016 年版,第 176 頁。
〔註89〕曾布《曾公遺錄》,中華書局 2016 年版,第 202 頁。
〔註90〕曾布《曾公遺錄》,中華書局 2016 年版,第 202 頁。

過世的太后也不再具備潛在的威脅。此時進行二次書寫，著重突出自己維護君權的主導性姿態，可以在規避風險的同時，最大程度地獲取政治利益。如此方可以解釋，其敘述立場為何一夕之間迅速轉換，書寫心態又為何一日之內頻見裂變，皆為後期修寫、美化自我所造成。

據《宋史》，皇太后向氏「才六月，即還政，明年正月崩」〔註91〕可推測，曾布後期修寫此段日錄的時間應在 1100 年 6 月至 1107 年 8 月之間，〔註92〕或以穩妥計，更應在 1101 年 1 月至 1107 年 8 月之間。

庚辰當晚的重修痕跡另有多處。在進呈嘉祐故事並獲得太后「皇帝長成，本不須如此，只為皇帝再三堅請，故且勉從。非就便當還政」〔註93〕的首肯之後，曾布隨眾人「皆稱讚皇太后聖德謙恭，德音如此，實近世之所罕有」，〔註94〕緊接著卻話風突變，突然當眾接連舉出五項限定，對太后的權利範圍進行了直接約束：「既得旨，不禦前、後殿，唯三省、密院於內東門覆奏職事，則百司皆不奏事，臣僚不上表章，生辰不建名節，不遣契丹使，皆當如慈聖故事。」〔註95〕五項舉措皆取否定祈使句式，命令與規約的意味過分明顯，這對前一天議立新帝時還處於輔佑位置、皇帝登基後也無額外關照的曾布而言，該種「訓語」式的表述並不符合他當時的身份與立場。尤在太后已明言「只如慈聖故事甚好」之後，仍要強調「皆當如慈聖故事」，其態度之強勢，與此句以前的恭順諂媚「太后臨門坐，余謂都知、御藥等云：椅子當近簾，庶便於奏事」，〔註96〕以及此句之後的「唯唯奉詔」〔註97〕構成鮮明的反差。況且在曾布如此強硬規訓之後，太后竟然云「已知」，對比前一天與宰相章惇的對峙，太后連「如何」二字都堅決否認說過，因言「若道『如何』，卻與惇商量也」，〔註98〕即意味著，不屑和宰相進行商量的太后，卻對官階更低、且出言不遜的樞密使表示

〔註91〕《宋史》列傳二，后妃下，中華書局，1985 年 6 月，第 8630 頁。「徽宗立，請權同處分軍國事，後以長君辭。帝泣拜，移時乃聽。凡紹聖、元符以還，惇所斥逐賢大夫士，稍稍收用之。故事有如御正殿、避家諱、立誕節之類，皆不用。至聞賓召故老、寬徭息兵、愛民崇儉之舉，則喜見於色。才六月，即還政。明年（1101）正月崩，年五十六。」

〔註92〕曾布生於 1036 年 11 月 3 日，死於 1107 年 8 月 21 日。

〔註93〕曾布《曾公遺錄》，中華書局 2016 年版，第 180 頁。

〔註94〕曾布《曾公遺錄》，中華書局 2016 年版，第 180 頁。

〔註95〕曾布《曾公遺錄》，中華書局 2016 年版，第 180 頁。

〔註96〕曾布《曾公遺錄》，中華書局 2016 年版，第 179 頁。

〔註97〕曾布《曾公遺錄》，中華書局 2016 年版，第 180 頁。

〔註98〕曾布《曾公遺錄》，中華書局 2016 年版，第 7 頁。

馴順，即便其不久之後即擢為新宰也很難形成邏輯自洽。且當年四月，曾布、蔡卞、許將在太后的授意之下反覆修改議立徽宗的經過，最終曾布主任的樞密院時政記以「是日倉促之際，賴皇太后聖意先定，神器有歸，臣等但奉行而已。蓋此意盡皇太后聖旨，當歸功太母」〔註99〕之語獲得太后、皇帝首肯，致中書省的時政記也被敕令依樣修改，最終的徽宗本紀也依此記稱：「（太后云）家國不幸，大行皇帝無子，天下事須早定」〔註100〕，完全將太后置於主持大局、命定群臣的地位，這當中就有曾布所出時政記的功勞。可見直至元符三年四月，曾布對太后的態度依然是恭維與效忠的，那麼所謂當面規訓「五項限定」的內容就必然是後期修錄進去的。

行文層面，「既得旨」之後立即又寫下「如此便批聖旨施行」〔註101〕，明顯是發生了意義重疊，這種低級的敘述訛誤對執政、行公文數十年的曾布而言亦不正常，應是二次修寫、添補內容所造成的後果。若將曾布所云五項舉措刪去，則「近世之所罕有」後接「如此便批聖旨施行。太后云：已知」，則無論語氣、行文及敘事邏輯，都才符合本來的語境。

當日日記結尾處，連續出現兩次「是日」，亦是後期修寫補錄的證據。第二個「是日」所引領的內容為：「余又謂同列：『今日奏事次第如此，遂為定式矣。先奏皇帝，此覆奏太后，已如今日所得指揮。』」〔註102〕突出了曾布自己在限制太后、盡忠皇帝方面的主導性作用。但事實上，當天奏事時，曾布親筆寫道：「自初奏事，垂簾不見，上只立於太后坐側，及言申王事，又於椅子後附耳語太后」，〔註103〕分明是一副被垂簾隔絕、未能近前參與之態，與其補錄的第二個「是日」所宣揚的形象有著巨大的差距。

第三節　自注研究：章法、功能及語境自覺

職官日記注文根據章法、功能的不同，大致分為三類。第一類，通過蒙太奇手法拼接文獻，或以敘述者與擬讀者的雙重視角預設問題，從而對寫作心理或文本功能進行補償。第二類，利用審醜特寫與一框雙鏡的對比，對正

〔註99〕曾布《曾公遺錄》，中華書局 2016 年版，第 7 頁。
〔註100〕曾布《曾公遺錄》，中華書局 2016 年版，第 7 頁。
〔註101〕曾布《曾公遺錄》，中華書局 2016 年版，第 180 頁。
〔註102〕曾布《曾公遺錄》，中華書局 2016 年版，第 181 頁。
〔註103〕曾布《曾公遺錄》，中華書局 2016 年版，第 180 頁。

文述及的某些朝臣予以消極評價或意義攻擊。第三類，製造與正文的平行空間，並在隱藏空間裏承納過分的美譽或批判，以保持正文中正端恪的敘述模式。朝代更迭，職官日記注文內容的選擇也在發生轉變，關於人際矛盾的敘述從神宗朝的正文退隱至哲宗朝的注文，日記對語境自覺的建構與維護，亦是對其時政境的一種折射。

一、內向補償之徑：蒙太奇與雙重視角

職官日記注文的內向補償功能大體分為兩類。一類是心理性補償，利用蒙太奇〔註 104〕手法將並無關聯的記事片段拼於一處，製造出滿足心理需求的利向性情境；一類是功能性補償，即日記書寫中，敘述視角在撰述者與擬讀者間不斷切換，以便及時消解邏輯漏洞和道德瑕疵。

（一）心理性補償

丁亥日，宰執曾布於皇帝面前為弟弟曾肇的仕途遭遇訴屈，哲宗不為所動，甚至揶揄曾肇擢遷不順的原因是為「姦臣之弟」，〔註 105〕並在曾布的再三惶恐、辯解之下，不過是「首肯而已」〔註 106〕。此事錄畢，日記旋即接「除彭汝霖」事，在曾布的建議下，皇帝應承「來日便問三省」，〔註 107〕當日注文：【尋以旬休，恐上不復記，至二旬休日，首諭三省，可見欣納也。】〔註 108〕實際情況是，彭汝霖一案的決策與進展均與曾布無關，三省才是該案的具體負責部門，哲宗在旬休日後詢問三省相關事宜，本屬正常流程。但經職官日記的重新刻畫，皇帝詢問三省這一行為變成了依從曾布的建議，樞密使曾布陡然間提升了自己在這件政務中的存在感，甚至隱隱有超越三省、變成高層決策人的意味。可究其實質，他不過是在既定的程序方向上，向皇帝進呈了一個可有可無、形同「廢話」的建議——「問三省」，〔註 109〕且該建議對該案件處理並無實際作用。

〔註 104〕蒙太奇，原文為法語 Montage，音譯外來詞語。初為建築學術語，意為構成、裝配，後被延用至電影領域，意為剪輯和組合。蒙太奇手法一般包括畫面剪輯和畫面合成，當鏡頭組合在一起時，往往會產生各個鏡頭單獨存在時所不具備的新含義，此即蒙太奇之用。另一方面，蒙太奇也招致異議，二戰之後法國電影理論家巴贊（Andre Bazin）認為蒙太奇手法會將導演的觀點強加於觀眾，這意味著蒙太奇完全能夠產生「虛假」意義。
〔註 105〕曾布《曾公遺錄》，中華書局 2016 年版，第 146 頁。
〔註 106〕曾布《曾公遺錄》，中華書局 2016 年版，第 147 頁。
〔註 107〕曾布《曾公遺錄》，中華書局 2016 年版，第 147 頁。
〔註 108〕曾布《曾公遺錄》，中華書局 2016 年版，第 147 頁。
〔註 109〕曾布《曾公遺錄》，中華書局 2016 年版，第 147 頁。

日記在這樣一件與自己關聯不大的事件記錄後，執意將之注釋為「可見欣納」，〔註 110〕以之作為皇帝對自己的肯定，暗示讀者「皇帝仍然聽從我的建議」，甚至在更為深入隱晦地層面上表達著「皇帝其實十分倚仗我」的用意，以此作為對先前因曾肇而「失寵」的補救。這種補償性寫作，如同一次任性的電影剪輯，利用蒙太奇手法，將兩個並無關聯的場景拼接在一起，織造出逼真的邏輯因果。一方面在心理上進行補償，慰告自己並未失去聖寵；一方面在接受場域中強制性證明，皇帝仍然存在的信任與倚重。由此方能對君王的「姦臣」定義進行最大程度的稀釋。

意味深長者在於，面對皇帝的消極評價，曾布日記寧可選擇拼接語料、強行淡化「姦臣」之謂，卻不敢直接刪除這段對話，讓其未曾出現在文獻之中。這說明宰執日記並非是可以任意裁擇、隨意書寫的文本，其寫作的自由度和反映現實的真實度，皆在一定程度上受制於某種監測機制或環境，或者是身為士人的某種內在信條，例如著史須「信」，等等。儘管至今為止，尚未得見任何關於職官日記書寫的規範與條則，但從其行文無可規避之處看來，確實存在一種觀念或者具象的利益導向，促使職官日記必須對事實作相當程度的真實反映。這也從某種角度解釋了，為何大部分職官日記均要想方設法作「言外之意」，以「反直觀」的行文方式輸出個人意義。對事件真實的「必須性」處理，很有可能是制約職官們進行個體寫作的「桎梏」，由是觀之，職官日記的書寫亦有戴著鐐銬跳舞的意味。

（二）功能性補償

職官日記記廟堂間事，以事功為能，這就決定其與一般的宋代日記相比，注定面臨著更為嚴苛、挑剔的接受群體。更為關鍵的是，一旦接受群體對文本質疑成功，書寫者要承受的並不是對其文筆能力的批判，而是道德聲譽、仕途甚至是家族命運的損毀。為消解潛在風險，職官日記的書寫者們不得不利用注文補充意義，並在注文中切換敘述視角，預先模擬閱讀群體的攻訐，從而及時清除可能的傳播障礙。試舉一例如下：

> 林邵拜受香藥，於語錄內隱避不奏，約法合罰銅三十斤，放；⋯⋯
> 序辰、嘉問輩初揚揚自若，以為必無患，聞邵等被責，乃震恐。嘉
> 問尤妄誕大言，謂上意必主之，眾莫不竊笑。高遵惠見序辰與兄書，

〔註110〕曾布《曾公遺錄》，中華書局 2016 年版，第 147 頁。

亦云必無事，但寬心無慮。【序辰兄從遵惠辟，故見其書。】〔註111〕

　　注文折射出兩層意義。首先，是文獻必有來處的記敘原則。非耳目所聞者，須注明信息來源，甚至須更進一步，確證信息來源的真實、合理。其次，「確證」行為本身包含著兩個步驟，第一步，撰述者跳出了原有的記敘身份，切換掉全知視角，以審視者的眼光重新查閱該文本，發現可能存在的問題；第二步，撰述者從審視者的視角跳回原初身份，並給出問題的解決方案。在上述例子中，作為審視者的曾布發現「高遵惠見序辰與兄書」這一信息存在兩個亟待解決的問題：一方面需在事實層面證明「他人聞見」的真實、可信；另一方面又需在道德層面解釋私人書信被「他人聞見」的合情合理。注文部分以「序辰兄從遵惠辟」消解了上述疑問，同時清除了可能存在的道德瑕疵。

　　因為作者身份在「撰述者」與「擬讀者」之間進行跳轉，導致作者的寫作策略始終伴生著「預設問題──解決問題」的思路，主、客觀視角之間的頻繁閃回，確實解構了部分可能被攻訐的焦點，卻也造成了撰述主體的身份割裂，令其無法專心於主觀寫作，而時刻準備著去解決預設中產生的問題。這一思維模式，塑成了寫作者在撰述過程中的防禦姿態。職官日記的寫作必須預先排除那些潛在的刻意誤讀，甚至是惡意揣測，然後才能順暢無慮地完成文本。

　　這亦促使《曾公遺錄》產生了另外一種特色，即與其他宰執日記相比，尤為重視周圍人的狀態與反應，如「眾亦稱善」〔註112〕「眾亦以為然」〔註113〕「眾莫不竊笑」〔註114〕「眾頗笑之」〔註115〕，堪稱其日記之標配。敏感於人情細節，再以此為基礎判斷、左右環境，不失為捭闔政壇的有效方式，但除卻耗費大量心神外，亦會相應造成文本書寫的分散、瑣碎。

　　然而對於日記而言，分散、瑣碎恰恰是其文體的意義所在。宋代職官日記的寫作動機，除了「存史」「備忘」之外，更深層次的需求則是「自譽」或「自保」〔註116〕，總之是意欲獲取政治利益。此以謂之，日記是標準意義上的應用散文，或云事功性散文。一般的應用散文往往講究敘事清明、條理清晰、主題集中，日記的分散、瑣碎看似與之背道而馳，但恰恰是對應用散文

〔註111〕曾布《曾公遺錄》，中華書局 2016 年版，第 55 頁。
〔註112〕曾布《曾公遺錄》，中華書局 2016 年版，第 57 頁。
〔註113〕曾布《曾公遺錄》，中華書局 2016 年版，第 32 頁。
〔註114〕曾布《曾公遺錄》，中華書局 2016 年版，第 55 頁。
〔註115〕曾布《曾公遺錄》，中華書局 2016 年版，第 57 頁。
〔註116〕曾布《曾公遺錄》，中華書局 2016 年版，第 4 頁。

功能與體式的另一種補全。職官日記作為國史的備本，具有參考資料的性質，本質上自須求全，方便統治者在其中挑選利於自己的記錄，蓋章認定後使之成為正史。既求全，則免不了分散。正史之所以「正」乃取其「客觀公允」，參與修史的官員卻還要務必照顧到「客觀公允」之下對皇權的傾向、某部分人的利益傾向甚至是某個人的利益傾向。然「傾向」僅在潛在層面發生意義，決不可打破「客觀公允」的主體表象，因此功能只能寄託在細節上，瑣碎便成為必然。

二、外向攻擊之術：審醜特寫與雙鏡剪輯

（一）審「醜」特寫

職官日記為維護職官本人的政治利益，會存著關於政敵的消極信息。直觀的醜化描述也往往會令自身面臨審視與指責，相關的情景注釋即是醜化政敵的合理化路徑。

> 己巳，……是日，右轄留身甚久，燮奏事退，乃見呼同坐。【密院幕次與三省相鄰，自來侍班則未聚也。】余亦造之，乃殷勤詔笑，顧語加勤，眾切笑之。余比來數與燮爭邊事，語極侵之。蓋燮凡有所欲與，即陰以書論邊帥，令奏請，同列未嘗與聞也。〔註117〕

哲宗朝，樞密使曾布與宰相章惇素有敵對，某日爭吵過後，樞密使特意記錄宰相對自己由針鋒相對到主動示好的態度轉變，並在「見呼同坐」〔註118〕後面著意用小字注曰：「密院幕次與三省相鄰，自來侍班則未聚也」，〔註119〕以示異常；且狀宰相貌為「殷勤詔笑，顧語加勤」，〔註120〕兼以「眾切笑之」〔註121〕來加持真實度。事實上的宰相是否如此作態，其他文獻內尚未得見，因此後人不可得知。然而注文的特意加釋，卻能令讀者品閱出宰相此舉的異於常態，從而為其後文對宰相形象做出的醜化特寫，增添了可信度。

宰執意欲通過日記書寫塑造自己的賢臣人設，方式之一即是將對手塑造成爭吵落敗、詔媚逢迎的形象。當然，該種刻意的「審醜特寫」僅僅是一家之言，因此不足取信。但其時宰相竟被樞密在日記之中如此醜化，也可從一

〔註117〕 曾布《曾公遺錄》，中華書局 2016 年版，第 77 頁。
〔註118〕 曾布《曾公遺錄》，中華書局 2016 年版，第 77 頁。
〔註119〕 曾布《曾公遺錄》，中華書局 2016 年版，第 77 頁。
〔註120〕 曾布《曾公遺錄》，中華書局 2016 年版，第 77 頁。
〔註121〕 曾布《曾公遺錄》，中華書局 2016 年版，第 77 頁。

個側面體現：哲宗朝的宰相上被皇帝制約，下為諸臣纏鬥，相較於神宗朝鐵腕為政、一家獨大的為宰模式（王安石），其權力與精力正在被下屬官員分散消耗，從而更加受制於君權，宰相個體的能動作用正在逐漸衰退，中央集權則隨朝代更迭不斷增強。

（二）雙鏡剪輯

甲午日，正文敘述「夔留身乞退」事，注文曰：【是日，與夔論收接西人公牒事，頗不同。余云：「與北虜使商量，則唯欲廝殺；與西人說話，則唯欲廝殺。當時不分明說於北使，不出兵討伐新人，臣深以為恨。」】〔註122〕

看似隨手記錄的尋常對語，卻已暗露貶損之跡象。注文中，書寫者預先設下定論，稱雙方觀點「頗不同」，然後迅速表明自己的觀點：欲殺北使、欲殺西人，未能言壓北使、兵打西人，簡直是遺恨！一番言辭包容了愛國（朝）、強硬、積極、有骨氣、有膽色等諸多正面因素，因之塑造了剛猛賢烈的忠臣形象。文中並未記錄對家言語，然從其預先定論「頗不同」一點可以推斷，對家之語正與其相反。如此一來，書寫者依靠行文結構與邏輯的自然觸發，無形間坐實政治對家消極、軟弱、不忠、不烈的屬性。通過對比結構的前提設定，加上其中一方的行為傾向，自然在讀者腦海中觸發相關聯想與比對，形成「一鏡雙畫」的可視性結構，而這一機制的設定，反映了寫作者對閱讀心理特性的諳熟，以及對意義接受的次序、節奏的掌控。

三、敦恪之守：平衡意義的暗河

職官日記的行文往往保持著中正端恪的敘述模式，部分游離於「正大光明」的行為或言辭，或某些傾向過於明顯的細節，會被置之於注文當中予以存留。注文如同一脈暗河，在正文構建的語義層面之下，隨行伴生，承納著有失偏頗、或不便示眾的意義，收束著過分的美譽或者批判，平衡著正文空間內部的記言與記事，最終建構了合乎禮法與義理的文本語境。

元符三年初，徽宗繼任大統。曾布、許將、蔡卞各有一版時政記，記著相關事件。曾布因簾前定策有功，兼其出具的時政記功歸太母、美化新帝，因此獲取了統治階層的認可。《曾公遺錄》詳細記錄了此事，日記結尾處注文曰：

【上宣諭云：「卿所記錄盡是，非兩人者比。」又云：「精絕！精絕！」】〔註123〕

〔註122〕曾布《曾公遺錄》，中華書局 2016 年版，第 24 頁。
〔註123〕曾布《曾公遺錄》，中華書局 2016 年版，第 240 頁。壬寅日記事。

從閱讀者角度而言，年輕的端王顯然尚未塑就帝王城府，他的宣諭頗不合乎體統和身份，在關乎即位合理性的問題上，旗幟鮮明地捧贊利己之言、貶低異議之臣，並非是一名成熟主君的表現。尤是「精絕」一詞實在有些過譽，倘依例照錄，恐怕自此損及新帝聲譽，畢竟此舉左右史著的嫌疑太過明顯，又曝露了其不夠合格的馭人心術。對於此種游離於中正、公允的帝王言辭，職官日記自覺將其除之正文，置於注文，同時亦以兼顧了自身利益，保留了所謂的「得君」之證。

> 丙辰，以病腹散在告，上遣中人徐渥賜食喧問，又遣醫官孔元
> 來診視，……元云：「上凌晨御欽明殿，醫官隨都知押班以下起居，
> 上即遣御藥來問布安否，又遣中使趨使到西府，又遣人問服何藥。」
> 尋具劄子稱謝。【元云：中人皆動目，云上眷何其厚也！】〔註124〕

皇帝遣人探問患病官員，官員錄之於日記，以示君王偏愛。個中詳情均係醫官孔元所言，卻分置在正文與注文兩個行文層面上，「分置」處理顯示出書寫者對於日記文體體性的精確理解。正文部分的醫官記言皆為客觀寫實，如「上遣御藥」「又遣中使」；注文部分的醫官記言則為主觀轉述，如「雲上眷何其厚也」。同樣是用以彰顯聖寵，相較於正文，注文內容含有兩項潛在風險。一、敘述內容是虛化的言辭，且經轉述，若以史著之「信」來衡量，極易出現被推翻乃至消解的狀況，例如原始出言人改口或者失見。二、「中人」身份過於低微，其言論在一般的歷史語境內幾乎不發生作用，尤其是中人的日常言辭，通常更不具備官方敘事的資格。職官日記對中人日常言辭的記錄，無非為其有「聖寵」之義，但若堂而皇之置於正文，就會顯得書寫者過分鐘情於自譽，非是遵禮守法、言行正允的賢臣正解。類似的情形頗為常見，試再錄一例如下：

> 乙亥，以開宮觀休務，余下，欲出院。【院吏初白以略歸不妨，
> 余以無例，遂不出。】是日宿院。

「宿院」本是職責所在，經文本再造，卻成為奉公遵法、兢兢業業的模範典型。區區院吏如何能夠左右高層宰執，不過借院吏之口來虛譽、美化書寫者秉持原則、嚴遵制度的賢臣屬性。

此外，職官日記的書寫自覺維護本朝的上國氣度。對待西北少數民族政權，哲宗朝施行以和為貴、外鬆內緊的策略。因此在樞密使日記中，關於夏國叩關請命的記載，就將不便公示的「收緊」性政策納之於注文之內：

〔註124〕曾布《曾公遺錄》，中華書局 2016 年版，第 114 頁。

又進呈二府〔註125〕同草定國書及所答白劄子,上皆稱善。詞不多錄,書之略云:「輒為先旨,恐不在茲。」白劄子云:「夏人已叩關請命,若至誠服罪聽命,亦當相度應授計以自新。」〔註126〕【其上云:「若依前反覆,內蓄奸謀,方計窮力屈之時,陽為柔伏,稍弋蘇息,又來作過,則決計討伐,難議矜容。」】〔註127〕

公文行文展示了以和為貴的官方願景,以及天朝上國的仁慈氣度,注文則飽含著外鬆內緊、隨時開戰的軍備狀態。樞密日記注文的內容選擇更為機要與秘密,代表著國朝的實際動向。書寫者著意區分明暗措置,一為政務標記,二則遵從著官方的敘述口吻,並非以純然的私錄待之。

四、政境折射與信息補全

(一)政境折射

職官日記以職官的仕途為核心利益點,因此文本記著中多有人事衝突、人情互斥等問題。不同朝代的職官日記對此的處置方式並不一致,神宗朝到哲宗朝,高級職官日記對相關事件的記著位置,從正文下落至注文,除了職官個體性格使然,這種書面處理的變革更是對不同朝代政治環境的一種折射。

元符二年三月丁巳,……胡宗回覆待制。【初,諭沖元為宗回覆職,沖頗遲疑,撫而率變於上前口陳道,批旨復職。沖猶云:「煩刑部檢舉。」變惡宗回,故沖不敢發。】

該條日記注文詳細記錄了正文信息「胡宗回覆待制」背後的人事曲折,敘述重點在於臣僚之間的矛盾關係,詳細到攻訐所向、黨附所在。此與神宗朝宰執日記的語境反映頗為不同,《熙寧日錄》對於臣子之間(包括自己)交好交惡,只是一個認知概念,於國事有所影響者,往往直書於正文,絕不婉言暗示;至於無大礙者,根本不記錄在案,遑論注文。〔註128〕熙寧三年四月,文彥博、陳升之「以為(向)寶宜為提舉」,〔註129〕宰相王安石表示反對,並單獨進諫於神宗,所言記錄如下:

〔註125〕宋代以樞密院(西府)和中書門下(東府)行使行政領導權,並稱「二府」,是其時的最高國務機關。
〔註126〕曾布《曾公遺錄》,中華書局 2016 年版,第 7 頁。壬戌日記事。
〔註127〕曾布《曾公遺錄》,中華書局 2016 年版,第 7 頁。
〔註128〕《熙寧日錄》原本已佚,注文多為後世修史者編入,並非本人書寫。
〔註129〕李燾《續資治通鑑長編》卷 210 神宗熙寧三年四月戊寅,中華書局 2004 年版,第 5101 頁。

「向寶素壞王韶事，韶言有兩族不可招撫者，以寶沮害其事故
也。今令與韶共事，又在其上，即韶事恐不可成。」〔註130〕……「寶
既為官長，即所屬吏皆嚴憚之，其勢足以沮事，何謂無害？兼因邊
事出城，即更足以亂韶事。」〔註131〕……「朝廷用一王韶，於寶有
何虧損，乃不肯盡節？如漢高祖得陳平於亡虜，即令盡護諸將，諸
將何嘗不盡力？」〔註132〕

皇帝最終「固令罷寶命」。〔註133〕向寶遷官一事，宰執直接以向寶、王韶交惡
為由力阻，將矛盾公諸人前，並以矛盾的客觀存在為據，促使皇帝做出決斷。
神宗朝宰執日記，人情矛盾是正文敘述的重要一環，是藉以呈示問題、解決問
題的客觀基礎；哲宗朝日記中，人情矛盾往往秘不可宣，須於注文承納。朝代
更迭，宰執的行政環境悄然發生改變，人情矛盾之事類，從可直書的正文降格
至注文，反映出現實層面，朝臣的施政與互動皆進入了更為婉約、繁複的境地。
職官日記的語境自覺，正是對其時政境的一種折射。

（二）信息補全

職官日記的部分注文書寫作信息補全之用。書寫者在行文之中會明確考
慮到閱讀者的閱讀障礙，即與書寫者本人不對等的信息基礎，基礎信息的缺失
令對閱讀理解無法深刻和到位，為消解此種障礙，書寫者會在注文中及時補全
相關信息，讓閱讀者更為順暢地進入到和預期相符的理解路徑之上。

例一：

甲申，同夔及小鳳、左轄入謝。夔獨班於大班後入，余三人為
一班，親王後入，進謝恩。……會都堂，二府供一御筵。【故事，各
為一御筵亦可。】〔註134〕

例二：

〔註130〕李燾《續資治通鑑長編》卷210神宗熙寧三年四月戊寅，中華書局2004年
版，第5101頁。
〔註131〕李燾《續資治通鑑長編》卷210神宗熙寧三年四月戊寅，中華書局2004年
版，第5101頁。
〔註132〕李燾《續資治通鑑長編》卷210神宗熙寧三年四月戊寅，中華書局2004年
版，第5101頁。
〔註133〕李燾《續資治通鑑長編》卷210神宗熙寧三年四月戊寅，中華書局2004年
版，第5101頁。
〔註134〕曾布《曾公遺錄》，中華書局2016年版，第57頁。

　　　　元符三年正月庚寅，上旨，太館勾劉瑗遷三官，餘皆兩官，親
事官、諸君各兩資【故事，一資】。〔註135〕

例三：

　　　　又長宿車子及登位日恭承翊衛內臣四人，張琳、張佑各兩官，
餘一官，皆太后殿中人，在藩邸祗應日久。……三省行首、內知客、
醫官等亦皆轉兩資，【故事，止一資】。〔註136〕

例四：

　　　　庚戌日注文：【是日，高遵禮再任宮觀滿，更乞再任。上云：「宣
仁親屬，可特與。」余云：「聖德如此，中外所不知。昨高遵裕年八
十一，乞宮觀，聖旨亦特與之。陛下聖德仁厚，於宣仁之家恩意如
此，外人往往不知聖意。」退以語三省，以為可書。】

　　例一、二、三注文均為「故事」，所謂「故事」乃是舊年範例、規定，一
般用作現時現世的施政範本。此三則材料可見，宋朝對「故事」的遵依雖為普
泛性概念，但並不絕對嚴格，某些時刻僅僅是可供參照的舊例，而具體事項可
據相關情況酌情改遷。例如新帝登基，宮廷小吏的遷升或薪資皆有破格優待，
由「故事」之「一資」變成「兩資」。注文對「故事」的插入，一方面表明這
是作者為政務環境判斷所做的私人標記；另一方面，亦體現了對預設讀者的關
照在行文之初便已有之。在「破格」細節之後注釋以故事之「正格」，其實是
寫作者自動代入閱讀者信息不對等的語境，並自覺補全相關信息，以能夠令閱
讀者與寫作者並立在相同的信息儲備線上，由此方能對文本意義進行真正的
認知與理解。因此宰執日記的寫作者們非常明確，日記是公開傳播的文本，行
文章法勢必依此施行。

　　例四，庚戌日注文與正文基本無關，其並非是對正文的補充及解釋。注
文部分，作者完全插入了一個另外的事件，即高遵禮乞再任宮觀獲許一事。
所謂「宮觀」本為道教而設，自大中祥符五年起成為一般性的行政職位。宮
觀使通常由閒散官員充任，如退休宰相、都監等，因此宮觀身份僅僅是一閒
職。文中提及的高遵禮乞任宮觀的特別之處在於，其不僅已年逾古稀，更兼
是宣仁太后的親眷。元豐八年，哲宗以幼年即位，宣仁太后為太皇太后，史
載其「秉朝政」，啟用司馬光為相，廢除王安石新政，史稱元祐更化，而幼帝

〔註135〕曾布《曾公遺錄》，中華書局 2016 年版，第 192 頁。
〔註136〕曾布《曾公遺錄》，中華書局 2016 年版，第 192 頁。

哲宗一直到其去世方才親政，二人關係可謂微妙。哲宗許高遵禮宮觀之乞，其實是在向公眾釋放一個訊號，即對已逝太后的「格外」敬重與優待。宰執逢迎獻忠，主動以注文之謂，替皇帝作一擴音器，欲將所謂聖意散布得天下人盡知。從文體角度回觀，日記注文中構建了一個專屬語境，其內聖意雖婉曲，終借日記得以廣為流傳，意即日記不僅是可公閱的文本，更是意欲廣為傳播的作品。

第三章　職官日記中的黨爭書寫

　　黨爭是宋代職官日記書寫中一個非常重要的話題。元豐八年（1085），宋神宗去世，在宣仁太后高氏的一力主掌之下，年僅十歲的太子趙頊即位，是為宋哲宗。其後，高氏垂簾聽政，並重新啟用司馬光、呂公著等反對變法派的老臣，廢除熙豐新法，並對變法派官員予以打擊，史稱「元祐更化」。這段時期直到哲宗親政後，是為北宋歷史上黨爭最為激烈與殘酷的階段，士大夫們結成利益集團，為爭取個人或共同的政治利益而互相攻擊。司馬光歸任後第一道劄子即是《請更張新法》，貶鄙新法「捨是取非，興害除利」，〔註1〕「名為愛民，實為病民；名為益國，實為傷國」，〔註2〕還直斥王安石「不達政體，專用私見，變亂舊章，誤先帝任使」。〔註3〕到後來，無論是保守派還是變法派，皆被捲入，鮮有幸免。這當中不僅僅是黨派間政見不一的衝突，還有統治階層內部的權力爭奪，更摻雜著朝臣之間的個人恩怨。種種矛盾與世情交織，令士大夫們人人自危，直到哲宗掌權執政的後期階段，對元祐官員的遷擢與罷免仍然是相當複雜且敏感的議題。

　　作為朝局中不予明言的巨大癥結，官員們不得不通過隱晦、婉曲的敘述手段，消解黨爭帶來的壓力與困境；又必須以適當的細節與邏輯，擴大政治對手的結黨嫌疑；還需時時逢迎著實際上的掌權者，以保證自身的安全。因此在職官日記的實際撰寫中，黨爭話題其實擔任了「雙刃劍」的角色。一方面，撰述者可以藉此抹黑或攻訐政敵，令其失去皇帝的信任；另一方面，卻又不得不謹言慎行，避免自身陷入同樣的漩渦。

〔註 1〕李燾《續資治通鑒長編》，中華書局 2004 年版，第 8522 頁。
〔註 2〕李燾《續資治通鑒長編》，中華書局 2004 年版，第 8522 頁。
〔註 3〕李燾《續資治通鑒長編》，中華書局 2004 年版，第 8522 頁。

第一節 「無黨」偽裝與遠嫌敘事

曾布在哲宗朝與徽宗朝均留有職官日記《曾公遺錄》，期間其官職從樞密使升任為右僕射，日記內容述及大量與同朝臣僚間的矛盾與爭鬥。有意思的是，儘管日記中記載了與諸多臣僚的互為攻訐，書寫者本人卻務必在行文層面，展示出自身的「無黨」傾向。

第一，《曾公遺錄》中從無對任何下級官員的持續推薦或明確讚賞，這與《熙寧日錄》對呂惠卿、王韶、章惇等人的頻繁推舉與讚譽，構成鮮明對比。熙豐新法廢除之際，公議對王安石其人的評價隨之轉為負面消極，所著職官日記《熙寧日錄》成為其罪責的一大證狀。前車之鑒在焉，曾布的職官日記書寫必然要避免重蹈覆轍。彼時司馬光指斥王安石「專用私見，變亂舊章」，成為後來一種影響甚廣的評價，曾布的日記書寫非常明確地針對這兩點進行了規避：通過「言必稱上」及反覆記錄「公議」，置換「私言」；通過對「故事」的檢巡與依例，遵存「舊章」。例如：「余退，但以：『上云遵惠又有章疏，欲召還，莫可別議慶帥否？蔣之奇是太中大夫，自可帥。』眾云：『未可議除之奇。』余云：『上不以為不可。』」〔註4〕

事實上，曾布不可能真正處於「無黨」的真空地帶，日錄書寫不過是在刻意避免這一點，因為他的平階政敵章惇、蔡卞皆有黨——「卞與惇皆有黨，而卞之黨為多」〔註5〕，若曾布無黨，如何焉能與此二人構成「平階」式對立？從神宗朝到哲宗朝，宰相日錄書寫的隱蔽性與虛假性日益增強。《熙寧日錄》中尚可直言人事喜好，《曾公遺錄》中已經全然規避此一點，推舉與臧否，皆借公議申行，皇帝面前，官員更傾向於將自己塑造成只忠於天子的「孤臣」。但他們內心並不徹底認同這種操作，這些行為的性質更偏向於「不得不」，從曾布對王安石用人策略之剛直高效的讚歎，便可推知一二。

第二，時刻注意強調「被迫」議論的立場。宰相章惇與知樞密院事蔡卞素來不和，以致蔡卞因不欲與章惇共事而「求去」，曾布與皇帝議論此事時，乘機進言：「大臣不當如此」，〔註6〕而後繼續危言：「三省政事所在，一日萬機，陛下付之此三人，恐誤國事。」〔註7〕而在非議他臣過後，又在當日日記中著

〔註4〕曾布《曾公遺錄》，中華書局 2016 年版，第 144 頁。
〔註5〕曾布《曾公遺錄》，中華書局 2016 年版，第 140 頁。
〔註6〕曾布《曾公遺錄》，中華書局 2016 年版，第 140 頁。
〔註7〕曾布《曾公遺錄》，中華書局 2016 年版，第 141 頁。

錄道：「臣每不欲喋喋，然致身朝廷，於國事不敢不傾盡補聖聽。」〔註8〕強調「不得不」的進言狀態，營造謙卑盡責的忠臣形象。在其他情況下，亦竭力避免木秀於林，每每獨立議政、針砭時弊後，仍以「不得不論」〔註9〕「議論稍伸」〔註10〕為修飾，「章惇、蔡卞，眾人所畏，臣與之爭論，未嘗有所假借。若許將、黃履不主張事，臣亦未嘗敢以一言及之。獨立自守，所恃者惟睿明每加洞照，故議論稍伸爾。然夔等側目，未易當也。」〔註11〕

第三，避免表達過於明確的觀點。封建人臣（尤其是近上者）大多拒絕表達一種明確的態度，因為一旦表述出較為清晰的觀點，可能日後會被政敵藉以攻訐，被動陷入黨爭之嫌，更可能會被默認為事件後續進展的擔責者，故此大多數官員拒絕為此承擔風險。這就導致了議政過程中，不可避免地出現了「拉鋸式」的言語交鋒，至於不厭其煩地記錄在案，則是此種心態觀照下，文本書寫的必然策略。己巳日，孫路以書抵章惇，欲「留溪巴溫以持瞎徵」，〔註12〕曾布乘機戒斥孫路，稱經營撫納邊患應「務以恩信招來部族，不得專以兵馬迫脅。」〔註13〕結果「夔初不從，紛爭久之乃定。卞以余理勝，乃云：『大事且款曲商量，不須喧爭，恐觀聽不便。』余云：『當如何？』眾皆云：『約束路不防』，夔稍屈。」〔註14〕

現有秩序下的「出格」，易於招致關注、乃至異樣的解讀，語言重塑幾乎可以覆蓋原本事實而衍生出完全不同的意味。蔡卞們所擔心的正是這種消極的可能，同時也說明朝堂勢力錯綜複雜，所謂「公議」其實質不過是第三方的審視與解讀，「公議」之「公」，概只表「公眾」而不表「公正」，而這個「第三方」中正蟄伏著大量等待尋取黨爭嫌疑的臣子們。因此行事不逾矩，保持秩序感，本質上是一種偽飾，通過這種對「一團和氣」的營造，可以最大程度上做到信息封鎖，即可儘量避免被第三方解讀和利用，也就避免了沾染黨爭的是非。

基於上述邏輯，曾布與章惇之間所爆發的爭吵，矛盾焦點便非常「默契」

〔註 8〕曾布《曾公遺錄》，中華書局 2016 年版，第 141 頁。
〔註 9〕曾布《曾公遺錄》，中華書局 2016 年版，第 69 頁。
〔註10〕曾布《曾公遺錄》，中華書局 2016 年版，第 70 頁。
〔註11〕曾布《曾公遺錄》，中華書局 2016 年版，第 70 頁。
〔註12〕曾布《曾公遺錄》，中華書局 2016 年版，第 76 至 77 頁。己巳日記事。
〔註13〕曾布《曾公遺錄》，中華書局 2016 年版，第 76 至 77 頁。己巳日記事。
〔註14〕曾布《曾公遺錄》，中華書局 2016 年版，第 76 至 77 頁。己巳日記事。

地集中在「表述態度」上，曾布直指對方「聲色加人」，〔註15〕所以「不能忍」，〔註16〕而章惇則爭辯云：「何嘗不婉順」。〔註17〕有意思的是，儘管在國事決策、人員遷謫等事件上，曾布一貫以「輿情」替代自己發聲，但在此問題上卻十分罕見地突出了自己的主導位置，《曾公遺錄》所記錄的這段爭吵，章惇在整個語言搏擊中完全被曾布牽制，這種「牽制」體現在曾布不斷拋出新的攻擊點，而章惇只能被動辯白和回應，例如曾布先指責對方「聲色加人」，而章惇則回應「何嘗不婉順」；〔註18〕曾布又馬上指出「士大夫人人皆言為公所謾罵」，〔註19〕而章惇只能辯解：「何嘗罵他，但言甚道理須要堂除差遣之類」〔註20〕；曾布乘勝追擊，立下論斷：「蓋聲色屬，不自知爾」，〔註21〕逼得章惇放棄了說理，轉而開始翻舊賬：「公言惇心瘋，豈不是罵？」〔註22〕而曾布也不甘示弱：「公言布欲與西人畫河為界，乃云是雜賃院子裏婦人言語，莫亦是罵否？」〔註23〕並且馬上為自己的「罵」補充了無懈可擊的理由：「布無他，所爭者皆國事，不敢誤朝廷措置爾。」〔註24〕面對這樣無可攻擊的說辭，章惇只能憤怒地亦步亦趨：「惇豈是為家事！」〔註25〕至此，曾布已然完全佔據了語言與道義的上峰，因此從容答道：「公固亦是為國事，但須要是爾。如孫路欲逐溪巴溫，而奪青唐為州郡，則布死亦不敢從也。」〔註26〕在一番欲抑先揚的得體說辭中，先是肯定了章惇對國事的忠誠，然後將矛頭指向「忠誠」之下是否秉持了「理性」，再以自身的絕不退讓的底線陳列反襯對方的「理性缺失」，從而將對方的「忠誠」定位為「盲目的忠誠」，最終在無形中消解了章惇的意義與價值。

值得玩味的是，雙方的這次爭論，儘管發生在私下，但曾布仍然令其上達帝聽——「亦為上陳其略」〔註27〕。一方面，雙方論證總體以忠於國事為基

〔註15〕曾布《曾公遺錄》，中華書局 2016 年版，第 76 頁。
〔註16〕曾布《曾公遺錄》，中華書局 2016 年版，第 76 頁。
〔註17〕曾布《曾公遺錄》，中華書局 2016 年版，第 76 頁。
〔註18〕曾布《曾公遺錄》，中華書局 2016 年版，第 76 頁。
〔註19〕曾布《曾公遺錄》，中華書局 2016 年版，第 76 頁。
〔註20〕曾布《曾公遺錄》，中華書局 2016 年版，第 76 頁。
〔註21〕曾布《曾公遺錄》，中華書局 2016 年版，第 76 頁。
〔註22〕曾布《曾公遺錄》，中華書局 2016 年版，第 76 頁。
〔註23〕曾布《曾公遺錄》，中華書局 2016 年版，第 76 頁。
〔註24〕曾布《曾公遺錄》，中華書局 2016 年版，第 77 頁。
〔註25〕曾布《曾公遺錄》，中華書局 2016 年版，第 77 頁。
〔註26〕曾布《曾公遺錄》，中華書局 2016 年版，第 77 頁。
〔註27〕曾布《曾公遺錄》，中華書局 2016 年版，第 77 頁。

礎，因此奏與上聞亦是表達忠誠；另一方面，預先消解皇帝從旁的途徑聽聞此事的可能，自主言說不僅可以佔據先機，還可以為皇帝運營出「事事皆知」的可控感與安全感，同時表達臣服。

洗脫黨爭嫌疑的有效策略，則是以臣臣矛盾置換君臣矛盾。「壬寅，……學士院史來，賜三省乞立後答詔。」〔註28〕「是日，聞議定賢妃為後，兼以初八日降制。」〔註29〕哲宗立後一事，按《曾公遺錄》所敘，曾布準確地判斷了聖心所向，並不失時機地為皇帝提供了可因循之舊例，令聖心大悅，連連稱讚，還因此疏遠了章惇，好似他與皇帝之間頗為親近，並且立後之事如何施行亦似由其來主導。可事實上，一直待到封後事定，曾布方從三省處聽聞消息，由此看來，他遠遠沒有私家日記中所敘述得那樣成為皇帝的心腹，也並沒有在立後一事中發揮所謂的主導作用。這一類的日記敘述，是單向度視角下對於自身形象的誇大塑造。而這種誇大未必是完全的有意為之，其深層原因還在於皇帝的御臣之術，令臣子自覺備受寵信。權力的周邊，君臣雙方各懷心術、卻又配合無間，皇帝藉此調伏臣下，鞏固政權；臣子藉此親近君上，加持地位，關係之雙諧才是君臣共贏的核心。曾布在察覺到消息閉塞、且並未得到自己想像那般重用之後，所採取的措施頗值得玩味：他沒有將矛盾焦點集中在源頭——皇帝身上，而是將其轉移到了三省：

> 因言：「臣昨日在景靈見三省答詔，臣初以謂宰臣當率百官上表，既而密院亦不與聞。」上云：「三省言故事如此。」余云：「此事斷自聖意，若聖意所欲，三省無敢不奉行之理。若非聖意，豈三省所可議及？」上云：「此固非大臣所可建議」余云：「然則三省亦不足為功。」上亦哂之。〔註30〕

曾布將「密院亦不與聞」歸咎於三省的獨自答詔，並將其定義為忤逆君權的逾矩之舉，「此事斷自聖意，若聖意所欲，三省無敢不奉行之理。若非聖意，豈三省所可議及？」言談之間已將三省釘死在皇權的對立面之上，此時的皇帝亦順水推舟，給出了「此固非大臣所可建議」「亦哂之」的反應。至此，曾布極其聰明地將怨氣嫁接給了三省，通過製造新的矛盾關係，將矛頭指向了並不在場的三省，並暗中將皇帝從矛盾的施方轉換為受方，形式上同化了皇帝與自己

〔註28〕曾布《曾公遺錄》，中華書局 2016 年版，第 109 頁。
〔註29〕曾布《曾公遺錄》，中華書局 2016 年版，第 109 頁。
〔註30〕曾布《曾公遺錄》，中華書局 2016 年版，第 109 頁。癸卯日記事。

的利益方向，從而可以順利表達不滿，又不會引起皇帝的不悅，也就無損自身地位與風評。本來是矛盾製造者的皇帝因為被推向了絕對安全、不涉爭端的範圍，面對曾布對三省毫不掩飾的指謫與攻訐，自然心知肚明地予以寬納。

第二節　轉嫁矛盾與誅心之筆

哲宗朝後期，最為劇烈嚴酷的黨爭階段已基本結束，但遺患的陰影仍然若隱若現地籠罩著當朝臣子。這一時期的朝堂爭鬥，再非是以變法與否為核心，而是體現在不同的職能部門間、不同的官員間的攻訐與糾纏。以《曾公遺錄》為例，與著者常相牴牾者有章惇、蔡卞、許將等；與著者所在密院牴牾者則有宰相與三省等。以具體政事為誘因，政務機構之間、官員黨群之間的鬥爭，呈現出長期、複雜、半隱蔽狀。職官日記於此的敘述，亦體現出相應的功能性特徵，如通過特定的記事邏輯與細節呈現，盡可能突出政敵的消極形貌和黨爭嫌疑；在紛雜繁瑣的政事紛爭中，製造並擴大政治對家與對家之間的矛盾，再精確細緻地摘離出「中立無黨」的自我；保持「色荏內屬」的人物設定，私下裏爭奪政治資源，卻在可供傳閱的職官日記中，將自我塑造成因恪守義理而弱勢被動的一方。

作為職官日記，《曾公遺錄》對其他官員的動向頗為關注，尤其是與皇帝之間的互動，哪怕日記著者並無權在場，亦會將可知細節詳實記著：「乙巳，惇、楔皆不入，卞至簾前留身，然亦不甚久。」〔註31〕「辛巳，……是日，左轄留身甚久。」〔註32〕曾布與當時的宰相章惇素來積怨，其職官日記中對章惇的描述尤為負面，並且從哲宗朝的婉語諷刺到徽宗朝的明言貶斥，打擊的形式與力度，伴隨階段性的黨爭勝負而越發明顯。

哲宗朝時期，日記通過記錄群臣對其的反對意見，隱晦地表達不滿：*變欲與毫，眾皆云非。*〔註33〕或通過賞賜份額的特殊記著處理，將宰相置於群體官員的對立面：「變三十兩，余執政二十五兩。」「變八十兩，余七十兩。」「變三千兩，餘兩千兩。」並列的三次描述，章惇所獲賞賜均列首位，從事實而言，章惇位居相位，得此殊榮屬實、合理；但從情理言，如此安排敘述，則將章惇孤立在「其餘執政」的檢閱視線中，並以無疑的事實將其推向招致嫉妒的風口

〔註31〕曾布《曾公遺錄》，中華書局 2016 年版，第 243 頁。
〔註32〕曾布《曾公遺錄》，中華書局 2016 年版，第 140 頁。
〔註33〕曾布《曾公遺錄》，中華書局 2016 年版，第 245 頁。元符三年五月己酉日記事。

浪尖。再即是以看似客觀的「周全」行文，標注其「結黨」之實，「余對三省
又云：『見醫官初虞世言，皇子天人之相，社稷之福，疾不足憂。』上亦云：
『鼻隆，人中長，生得極好。』夔云：『亦聞之。』**虞世乃夔所薦爾。**」〔註34〕
元符三年，宰相章惇因推舉簡王即位以至簾前失策，從而遭到徽宗忌憚，既而
被貶出核心權力圈；相反，曾布卻因簾前定策有功，不久即升任宰相一職。至
此，老相章惇全面落敗，而曾布此一時期的日記書寫，對章惇的否定由暗轉明、
愈發誇張，如直接記其暴躁無理：惇每議論，不問士大夫以至民兵，但云「剁
了」「斫了」。〔註35〕或公開離間「惇若稍知義理，何顏復見陛下！非聖德仁
厚，何以涵容至今？」〔註36〕或明言作貶：「有功固不可不錄，然豈可供以國
事？臣亦累於大行前開陳，以謂千金之家擇一主幹財務人，亦不可不慎，況天
下重器，宗社安危，大計所在，豈可付於人作撻？兼祖宗以來，以一相當國者
有幾人？」〔註37〕反問句式，語勢強硬，表達方式罕見，與內容相關，章惇已
因簾前定策事獲罪於新帝，曾布此時敢於使用反詰句式，完全是探得皇帝心思
後，說新帝之想說而不能說之語。對於章惇落敗形貌的描述更是有幾分「肆無
忌憚」的味道：「夔見余與二君密語，極驚駭。」〔註38〕「立幕次中，夔幾不
能語。」〔註39〕且不論當朝宰相是否真如其所述，這般驚惶猥瑣，單從曾布對
章惇不遺餘力的撻伐而觀，其日記此前一直宣稱並秉持的「中立」與「理性」，
已然粉碎殆盡，從而印證黨爭遺患遠遠未曾消解。

　　除卻無所顧忌的直接貶損，更有曲盡手段在敵對派系中製造並擴大政治
矛盾，職官日記對此的記錄亦無所避諱。宰相章惇素厚孫路，曾布欲彈壓政治
對手，孫路便是理想對象，其日記曾記云：「余因言：『孫路此謀甚善。……然
此事亦大，既不奏，又不申密院，但只以私書白夔，臣等皆素不以聞。昨日章
惇以此書示臣，臣亦以為當。然素無奏報，欲未施行，又慮西夏入貢後，異時
不復可為，故須作訪聞行下。孫路措置邊事，前後只此私書往還，似此非一。』」
〔註40〕作為章惇的左膀右臂，孫路軍務經劃有才，因此對其的打壓和斥責，便
不宜從政務本身入手，曾布因而抓住了孫路的報稟路徑大做文章。然而欲做此

〔註34〕曾布《曾公遺錄》，中華書局2016年版，第123頁。庚寅日記事。
〔註35〕曾布《曾公遺錄》，中華書局2016年版，第217頁。
〔註36〕曾布《曾公遺錄》，中華書局2016年版，第217頁。
〔註37〕曾布《曾公遺錄》，中華書局2016年版，第218頁。
〔註38〕曾布《曾公遺錄》，中華書局2016年版，第241頁。癸卯日記事。
〔註39〕曾布《曾公遺錄》，中華書局2016年版，第241頁。癸卯日記事。
〔註40〕曾布《曾公遺錄》，中華書局2016年版，第33～34頁。

文章，亦不能橫加指責，故此曾布十分聰明地以「孫路此謀甚善」〔註41〕為觀
點，通過大加讚賞、積極肯定的方式攫取了皇帝及眾臣的注意力，在將孫路所
謀事件烘托到十分重大的地步之時，再順勢拋出「既不奏，又不申密院，但只
以私書白爕，臣等皆素不以聞」〔註42〕的缺憾，此時在「此事亦大」〔註43〕
的襯托下，孫路的「素無奏報」〔註44〕和「只私書往還」〔註45〕便顯得尤為
不妥。此一番回稟之後，皇帝果然從疑惑到憤怒，連連問責：「何故不奏？」
〔註46〕「此不奏何也？」〔註47〕「因何不具奏陳？」〔註48〕而到此時，無論皇
帝還是群臣，皆已將孫路「已計置舟船材植，欲於會州繫橋渡河建關」〔註49〕
的成果置之腦後。此段記錄從始至終所針對的便不僅是孫路而更是章惇，因此
日記結尾處，曾布以其一貫的行為狀寫「爕亦歛書行」〔註50〕來表明此番攻擊
的理想效果。其後，皇帝稱「孫路須重貶。」而《曾公遺錄》特意記載到：「惇
亦云：『須重行。』」章惇與孫路親厚，而曾布頗惡孫路，可想見章惇的「須重
行」乃是皇帝面前的折腕藏袖。職官日記乃是可供公閱的文本，所以一旦文本
開始外傳，這種記錄毫無疑問會加載章惇與孫路之間的矛盾，又令章惇有苦難
言。

　　在對立的不同派系間，曾布亦會選取嫁接矛盾的言說形式。「前一日，上
降手詔付三省，余亦不聞，至造朝及殿屏，惇方出笏記相示，因相率同上草賀。」
〔註51〕章惇的「獨攬聖意」令曾布異常氣憤，因為這是宰執立身的必要手段，
唯有竭力阻斷他人與聖意的接觸，掌握更全面的信息，才意味自身更能洞悉聖
心、穩固聖寵。因此在日記中，曾布別有心機地將對章惇的怨氣轉接到自己的
另一位政治對手蔡卞身上：「惇自初議，凡五日留身，眾皆哂之，唯恐他人與
聞也。左轄初以不平，鳳曉之云：『何可得他如此？』轄以釋然。」〔註52〕矛

〔註41〕曾布《曾公遺錄》，中華書局 2016 年版，第 33～34 頁。
〔註42〕曾布《曾公遺錄》，中華書局 2016 年版，第 33～34 頁。
〔註43〕曾布《曾公遺錄》，中華書局 2016 年版，第 33～34 頁。
〔註44〕曾布《曾公遺錄》，中華書局 2016 年版，第 33～34 頁。
〔註45〕曾布《曾公遺錄》，中華書局 2016 年版，第 33～34 頁。
〔註46〕曾布《曾公遺錄》，中華書局 2016 年版，第 33～34 頁。
〔註47〕曾布《曾公遺錄》，中華書局 2016 年版，第 33～34 頁。
〔註48〕曾布《曾公遺錄》，中華書局 2016 年版，第 33～34 頁。
〔註49〕曾布《曾公遺錄》，中華書局 2016 年版，第 33～34 頁。
〔註50〕曾布《曾公遺錄》，中華書局 2016 年版，第 33～34 頁。
〔註51〕曾布《曾公遺錄》，中華書局 2016 年版，第 110～111 頁。
〔註52〕曾布《曾公遺錄》，中華書局 2016 年版，第 111 頁。

盾轉嫁，一方面能表達自己的不滿，一方面能鞏固章惇行為不妥的事實，另一方面還能挑起蔡卞與章惇之間的矛盾，待坐山觀虎鬥。

　　黨群爭鬥，派系多立，便會產生臨時結盟的情況。政治場上沒有不變的盟友，只有永恆的利益，職官日記於此的記錄，亦呈現出複雜、多變的動態特徵。《曾公遺錄》記云：「退以語卞，卞殊以為不快也，乃云：『熙寧初，人未知保甲之法如何，今耳目已習熟，自不同矣。』余不答。」〔註53〕「余不答」表示了明確的拒絕溝通的態度，這是曾、蔡二人矛盾激化的一個明顯標誌。在此之前，曾布、蔡卞、章惇之間呈兩兩結合再對第三者進行攻訐的三角關係，因利害臨時結盟又伺時環擊，互相牽制從而保持著三方平衡。尤因章惇性情急暴，「多以語傷人」〔註54〕，故曾、蔡二人臨時結盟的次數更為頻繁，照此邏輯，曾、蔡聯盟應略為堅固一些。況且十五天前，蔡卞與章惇剛剛因常安民與路班的治罪問題發生矛盾，〔註55〕彼此皆指責對方有「立黨」之嫌，並「面相詆訐久之」，〔註56〕以至於蔡卞面聖辭官：「上云：卞云不可與惇共處，待過興龍節求去。」〔註57〕因此當日皇帝詢問曾布意見時，曾布雖稱「惇、卞亦各有黨」，〔註58〕但明顯傾向於蔡卞，稱「大黨必是惇」。〔註59〕然時隔一天，再議此事時，曾布改口稱「卞則陰巧，能窺伺其（章惇）所短」，〔註60〕故「卞多勝，惇多屈」，〔註61〕並稱「惇之黨衰，卞之黨盛，故眾皆畏之」，〔註62〕顯然，曾布利用章、蔡爭端，不僅獲取了兩方的實際利益，更藉此機會坐實他們共同的「立黨」之罪，予以一併的打壓。至於他自己，則在黨爭糾紛中摘除得異常乾淨：「臣嘗語人，以謂卞雖不樂臣，然與臣共事，必不敢於臣異，蓋惟理可以服人也。」〔註63〕

　　日記中的黨爭描述無所顧忌，往往也是因為群臣在互相的攻訐中早已不顧「體面」。「三省以體量孫傑事進呈，內有差與常安民船及庇贓吏路班等罪，

〔註53〕曾布《曾公遺錄》，中華書局 2016 年版，第 149 頁。
〔註54〕曾布《曾公遺錄》，中華書局 2016 年版，第 138 頁。
〔註55〕曾布《曾公遺錄》，中華書局 2016 年版，第 138 頁。
〔註56〕曾布《曾公遺錄》，中華書局 2016 年版，第 138 頁。
〔註57〕曾布《曾公遺錄》，中華書局 2016 年版，第 140 頁。
〔註58〕曾布《曾公遺錄》，中華書局 2016 年版，第 139 頁。
〔註59〕曾布《曾公遺錄》，中華書局 2016 年版，第 139 頁。
〔註60〕曾布《曾公遺錄》，中華書局 2016 年版，第 140 頁。
〔註61〕曾布《曾公遺錄》，中華書局 2016 年版，第 140 頁。
〔註62〕曾布《曾公遺錄》，中華書局 2016 年版，第 140 頁。
〔註63〕曾布《曾公遺錄》，中華書局 2016 年版，第 33～34 頁。

夔欲黜之，而左轄以為復呂溫卿之怨，夔亦以轄為立黨，面相詆訐久之。」〔註64〕蔡卞所謂「款曲商量」，曾布所謂「婉順」，盡皆是「最理想」狀態。反之，恰恰因為「聲色加人」的議政方式太過頻繁，方才催生了蔡卞、曾布等人對於「款曲商量」「婉順」的倡導。對於「得體」的追索，往往是是因為「失態」的存在。此事而後，上問：「傑擊溫卿，張商英以書稱之云：『排巨奸，破大黨。』巨奸、大黨為誰？」曾布云：「大黨必是惇。商英乃惇門下士，然亦每事諂奉蔡卞」，〔註65〕上又云：「章惇只聽賈種民言語，如何？」〔註66〕曾布云：「亦有之，然惇、卞亦各有黨，惇所悅即曾旼、周穜之類，卞所悅及鄭居中、鄧洵武、葉棣之徒，亦皆不協公議。」〔註67〕上問「巨奸、大黨」，直擊問題，曾布避重就輕，只言「大黨必是惇」，〔註68〕而刻意忽略「巨奸」不談；在確定章惇為「大黨」後，卻又立即引入章惇門下士「每事諂奉蔡卞」的話題，一方面用張商英「兩面派」作風淡化「大黨必是惇」的極端性，以此降低自身可能罹受的口舌風險；另一方面，借助一個正確的理由壓制商英，也等於卸掉政敵章惇的一條臂膀，並且促使「蔡卞有黨」的事實成立，可謂一石三鳥。

對於張商英，皇上本來存疑：「章惇以謂可做翰林學士，還做得否？」〔註69〕在曾布進言之後得出判斷：「既為惇門人，又卻如此，士人何可爾？」〔註70〕曾布既而「欲抑先揚」，稱「若文采及人望，亦可為之」〔註71〕列出優點以展示自己公正客觀的立場，再借皇帝之口確定其關鍵性缺點「然不能自立，亦誠如聖所諭。」〔註72〕最終上云：「如此人終不可在朝廷。兼不可以作藩，誥命亦不甚好。」〔註73〕曾布的回稟之言，體現了保守性攻擊的策略，率先營造客觀中立的立場，將自己置於安全境地在，再挑選皇帝言論中的相關意義加以贊同，從而曲線救國，達到自己原本的目的。

〔註64〕曾布《曾公遺錄》，中華書局 2016 年版，第 139 頁。
〔註65〕曾布《曾公遺錄》，中華書局 2016 年版，第 139 頁。
〔註66〕曾布《曾公遺錄》，中華書局 2016 年版，第 139 頁。
〔註67〕曾布《曾公遺錄》，中華書局 2016 年版，第 139 頁。
〔註68〕曾布《曾公遺錄》，中華書局 2016 年版，第 139 頁。
〔註69〕曾布《曾公遺錄》，中華書局 2016 年版，第 139 頁。
〔註70〕曾布《曾公遺錄》，中華書局 2016 年版，第 139 頁。
〔註71〕曾布《曾公遺錄》，中華書局 2016 年版，第 139 頁。
〔註72〕曾布《曾公遺錄》，中華書局 2016 年版，第 139 頁。
〔註73〕曾布《曾公遺錄》，中華書局 2016 年版，第 139 頁。

　　以黨爭為名向皇帝進言，往往能到相應的關注，畢竟臣子結黨在一定程度上削弱的是皇權的作用力。「上諭以『卞云不可與惇共事，待過興龍節求去。』余云：『……亦聞惇、卞面相毀訾甚峻，大臣不當如此。』上云：『失體。』」〔註74〕蔡卞所謂「大事且款曲商量」「不宜喧爭」，忌憚的正是如曾布一般借機生事者，在事實面前，皇帝自然易於得出臣子「失體」的判斷。曾布又言：「若朝堂得人，則亦不至每事煩聖聽。且如平日所進呈事，或論議未和，自不可將上，豈至於陛下前紛紛爭口舌也？有骨鯁之人在位，則廟堂不正之論已消之於下矣。」〔註75〕雖明為勸諫皇帝擇材，卻借擇材標準將蔡卞與章惇各自貶斥，暗示兩者皆不是「骨鯁之人」。而且將「內外上下闕人」歸咎於章、蔡黨爭，「以至內外上下闕人，若以公議差除，豈有不可之理？」當然，這僅僅是為政為官的一種策略，當曾布自己與他人「論議未和」時，卻高喧「若不盡陳於上，則無由定論也。」

　　在章惇與蔡卞互斥之際，曾布略為進言，便將二人置於貽誤國事之地：「惇、卞紛紛，固未足道。然三省、密院闕人，陛下不可不留意。宗廟社稷大計，天下安危，士民休戚，只係此三人者。惇、卞既暌，許將凜凜畏此兩人，不敢啟口。每有一事，惇以為可而卞未答，卞以為可而惇未然，則將莫敢對，直俟兩人者稍同，將乃敢應答。今兩人者又交惡，自此政事愈乖謬矣。故上下內外闕官鮮有差除，縱有差除，人必以為不當。蓋兩人好惡各有所偏，各有黨類，若有一人能執義理、持公論以自處，無不可勝人之理。古人云：'正己而物正。'未有枉己而能直人者也。」〔註76〕卻將自己從職官恩怨中摘除得乾乾淨淨，記云：「密院獨員，臣來日赴景靈行事，遂廢本院職事兩日，雖密院邊防事機動繫安危，然事有稍大者，必與三省同議，尚未足憂。」〔註77〕暗示只要自己仍在堅守職事，密院便不會受到三省不和的影響，而依然能夠為國事盡忠。意義在於，一方面標舉自我能力與品行，另一方面將密院事宜置於三省之外，可以摘除自己的嫌疑，建立忠臣人設，同時令所呈言語更為信服。

　　實際的政務施行中，官員們對政治資源的爭奪異常激烈，職官日記也如實反映了這一點。曾布與徽宗探討人才遴選，末尾補曰：「元豐末差除，亦嘗令密院同取旨。」皇帝指出：「只恐是三省職事。」曾布解釋稱：「臣非欲與事，

〔註74〕曾布《曾公遺錄》，中華書局 2016 年版，第 140 頁。辛巳日記事。
〔註75〕曾布《曾公遺錄》，中華書局 2016 年版，第 141 頁。
〔註76〕曾布《曾公遺錄》，中華書局 2016 年版，第 141 頁。
〔註77〕曾布《曾公遺錄》，中華書局 2016 年版，第 141 頁。

但恐三省又所蒙蔽，誤朝廷舉措。臣孤愚拙直，不敢顧惜人情，萬一恐有以少裨聖德爾。」〔註78〕可知密院與三省的職權並非涇渭分明，而是有重疊可協作之處，擢選人材意味著可以領先一步掌握更多的政治勢力，因此儘管是三省職事，但密院仍要趁新帝登基、規矩未定之際，參與其中。

官員們對奏事權的搶奪更為激烈，《曾公遺錄》之所以對此事直言不諱，是因為宰相章惇落敗，以其為首的黨群對密院發起的圍剿自然隨之消散，樞密使曾布方敢於直陳原委，塑造自身「被損害」的直臣形象。

> 夔遂呼尚書房省禮房出劄子，云：「內東門覆奏事，須同奏。」乃太常寺所定，三省、密院同得旨依。余初失於詳閱，今乃覺其為奸，蓋恐余獨於簾前奏事爾。〔註79〕

單獨奏事權意味著可以掌控更多的政治資源，甚至可以爭奪到更大的取旨權，這般嚴肅敏感的問題，曾布卻刻意將自己塑造為後知後覺的被害者形象，並不真實。密院與三省採取分班奏事的模式，順序為：第一班，密院和三省同奏；第二班，三省獨奏；第三班，密院獨奏。〔註80〕據此順序可知，密院獨班奏事時可以早很大程度上探聽並掌握三省的奏呈事項，而三省卻無法獲取密院獨奏事項。因此新帝初登基，執政模式大有改轉餘地，三省便極力想要消解密院的奏事優勢，只是三省併不能直接建議新上更改奏事順序，那樣意圖過於明顯，只能採取革除密院單獨奏事權的方法。整個北宋中後期，密院與三省之間始終因奏事順序而彼此敵對，因此曾布不可能真如其日錄中所言，在取旨權問題上無知無覺、任憑操縱，「余初失於詳閱，今乃覺其為奸，蓋恐余獨於簾前奏事爾」〔註81〕一句，使用了全篇日錄中罕見的直抒胸臆式寫法，根據曾布日錄慣常的表述習慣，敘述者總是儘量採取置身事外的史家筆法，真正的事實往往通過暗示、曲筆等弦外之音表達，目的在於通過敘述形式的客觀公正來表示事件的真實可信，一旦將客觀記述變為直抒胸臆，顯然是「無以」或「無須」再使用暗示類話術，此次對密院獨奏權的圍剿乃是在章惇操控下發起的，「夔遽呼尚書省禮房出劄子，云：『內東門覆奏事，須同奏。』」〔註82〕而章惇在徽

〔註78〕曾布《曾公遺錄》，中華書局 2016 年版，第 200～201 頁。
〔註79〕曾布《曾公遺錄》，中華書局 2016 年版，第 201 頁。
〔註80〕田志光《北宋中後期三省「取旨權」之演變》，《河南大學學報》，2018 年第 6 期。
〔註81〕曾布《曾公遺錄》，中華書局 2016 年版，第 201 頁。
〔註82〕曾布《曾公遺錄》，中華書局 2016 年版，第 201 頁。

宗登基後不久即被逐斥出核心權力圈，因此曾布可直言章惇此舉的真實目的，倘若章、曾二人仍然同處權力的核心區域，曾布顯然不能夠隨意指出真相，打破三省與密院之間的平衡，因此這句直抒胸臆極有可能是章惇遭貶之後，曾布重新修錄日錄之時補注進去的。

曾布既云：「三省、密院各有職事，無同奏之理。」〔註83〕又云「布自以謂獨班簾前奏事未安，若先商量不妨，豈有私竊諭太常寺，令如此定朝廷大事，既不與同列商量，又不稟旨？」〔註84〕「朝廷之上，處事當以大公至正如青天白日，何可如此用小數，卻被人看破，後莫惡模樣否。」〔註85〕既說「有理」又說「未安」，顯然是承認密院在奏事順序方面的優勢。即言，職官們並非如其日記所塑造的那樣一心為國、無暇慮己，真正的利益從來都盤算得清楚。

第三節　獻忠皇族與「以頌作貶」

既往的黨爭遺患猶如一面明鑒，令在朝官員們清楚地看到，他們必須緊緊依附統治階層，方可保得自身無虞。哲、徽兩朝政權交替的階段，新帝登基與太后垂簾並存，職官日記《曾公遺錄》對待皇太后的態度便頗為微妙。元符二年哲宗當政之際，曾布對太后一直持具應份的尊重，如當年九月皇子降生，皇帝欲封新後，曾布均進言稱「當稟兩宮」：

> 乙未，「以臣觀之，不若稟兩宮，降手詔以告中外，於義理順。」上云：「卿之言大是。」又云：「真廟當日無母后可稟。」余云：「臣亦嘗再三思之，非稟兩宮不可。」上云：「極是。」〔註86〕

> 癸卯，……余云：「此事當稟兩宮，從中降詔，乃為得體。」上云：「已稟兩宮，皇太后甚善。」

元符三年，徽宗登位，太后垂簾，曾布初期亦對太后尊崇有加，時時以太后之肯定為榮，其職官日記中多有太后的讚賞之語：

> 元符三年正月癸未日，……眾皆以謂如此。……上及太后深然之。〔註87〕

〔註83〕曾布《曾公遺錄》，中華書局 2016 年版，第 202 頁。
〔註84〕曾布《曾公遺錄》，中華書局 2016 年版，第 202 頁。
〔註85〕曾布《曾公遺錄》，中華書局 2016 年版，第 202 頁。
〔註86〕曾布《曾公遺錄》，中華書局 2016 年版，第 106 頁。
〔註87〕曾布《曾公遺錄》，中華書局 2016 年版，第 187 頁。

　　　　元符三年三月丙戌，……簾中亦深以為然。〔註88〕

　　　　太母深然之。〔註89〕

　　　　（太母）又云：「樞密忠孝，別人不肯如此開陳。」〔註90〕

　　　　（太母云）「樞密於國家事用心公正，福報亦豈可量。」

後期卻在行文之中暗設機關，不斷消減太后的正面形象及功業。例如一方面
將臣子的恭維作為介質，引出太后的「自誇」：余云：「皇帝踐阼，內外皆有
異議之人。上識慮高遠，以此堅請太后同聽政，不然，誰冀與為助者？」太
母云：「誠如此，非皇太后誰助之者？上拜卻無數，至淚下，以至勉從他所
請。」〔註91〕一方面則在日記的二次修錄中進行補寫，通過前後信息的矛盾，
呈示太后所言和所行之間的乖謬：

　　　　元符三年正月己卯，太后云：「官家年長聰明，自己那裏理會得
　　　他事。」……太后云：「只為官家再三要如此，只管拜。」〔註92〕

　　　　余云：「近降手詔，文理粲然，中外稱頌。」太后云：「瞎字也
　　　不識，怎生理會得他天下事？近因看邊奏，見瞎徵名，方識『瞎』
　　　字。」夔云：「太后聖明，但裁處事有理，何必識字？六祖亦不識字。」

　　　　余云：「太后謙挹，豈有不識字之理？」〔註93〕

關於聽政，太后始終欲表現出一種「被動而無為」的形態，例如頻稱「那裏
理會得他事」〔註94〕「怎生理會得他天下事」，〔註95〕「只為官家再三要如
此」，〔註96〕「只為勤請，不得已從之」，〔註97〕更聲稱自己不識字，「見瞎
徵名，方識『瞎』字」〔註98〕——如若真不識字，又哪裏能夠「覽邊奏」？
面對太后此語，直性的宰相章惇以「六祖亦不識字」的典故承贊太后「裁處
事有理，何必識字」，而後一任宰相曾布似乎更為清醒：「太后謙挹，豈有不
識字之理？」其日錄中也似有意戳破太后謊言，頻頻暗示其對政事的精通，

〔註88〕曾布《曾公遺錄》，中華書局 2016 年版，第 230 頁。
〔註89〕曾布《曾公遺錄》，中華書局 2016 年版，第 234 頁。
〔註90〕曾布《曾公遺錄》，中華書局 2016 年版，第 225 頁。
〔註91〕曾布《曾公遺錄》，中華書局 2016 年版，第 212 頁。元符三年二月己酉記事。
〔註92〕曾布《曾公遺錄》，中華書局 2016 年版，第 176 頁。
〔註93〕曾布《曾公遺錄》，中華書局 2016 年版，第 202 頁。
〔註94〕曾布《曾公遺錄》，中華書局 2016 年版，第 176 頁。
〔註95〕曾布《曾公遺錄》，中華書局 2016 年版，第 202 頁。
〔註96〕曾布《曾公遺錄》，中華書局 2016 年版，第 176 頁。
〔註97〕曾布《曾公遺錄》，中華書局 2016 年版，第 202 頁。
〔註98〕曾布《曾公遺錄》，中華書局 2016 年版，第 202 頁。

「手詔文辭甚美，雖外廷詞臣亦不能彷彿。」〔註99〕「近降手詔，文理粲然，中外稱頌。」〔註100〕

太后之語是種策略，後宮干政並非美事，太后謙語是為了既為保全皇室聲名，對外製造新帝總攬全局的印象，亦需安撫外廷、控制輿論、減少非議，「只恐天下人不知，必須罵不會事及取消，……欲令中外知本心非欲與政事也。」〔註101〕曾布以讚語暗示太后的「實權」，顯然是有意為之，無論是日記或是官史記載，曾布對太后歷來恭敬有加，而那不過是形勢所迫，畢竟其時的新帝都由太后一手扶持上位，且從日記可知，「自初奏事，垂簾不見，上只立於太后坐側，及言申王事，又於椅子後附耳語太后」，〔註102〕太后垂簾，皇帝亦在簾內，且立，足證此時政事主導乃是太后，皇帝僅有部分話語權，「癸未日，上云：皇太后有事指揮。余等唯唯。」〔註103〕因此元符三年初的這段時日，真正主理朝政的是皇太后向氏，故而曾布不得不趨近、獻媚於這位實際上的掌權者，而且這種趨近並不僅僅是語言層面的行為，更是具體政務施行之際的日日彙報與領命：同三省簾前覆奏如初。〔註104〕辛丑，退，詣簾前覆奏如初。〔註105〕

但到太母還政之時，「決以附廟後還政，可令中外聞知」，〔註106〕曾布卻在日錄中只贊「文詞尤精詳，非詞臣可及。」〔註107〕於「還政」一事則無任何評論，並不如其面諛太后所云：「此甚聖德，近古無所有也。」〔註108〕「此誠自古所無。」〔註109〕「臣非敢面諛，自昔母后臨朝，常悉遷延，不肯還政，誠未有此比。皇太后甚聖之德，中外之所歎誦。」〔註110〕更兼反覆強調「皇太后兩降手詔，不唯德意甚美，兼文詞粲然，非外廷詞臣所能及，中外莫不稱

〔註99〕曾布《曾公遺錄》，中華書局 2016 年版，第 181 頁。元符三年正月辛巳日記事。
〔註100〕曾布《曾公遺錄》，中華書局 2016 年版，第 202 頁。
〔註101〕曾布《曾公遺錄》，中華書局 2016 年版，第 202 頁。
〔註102〕曾布《曾公遺錄》，中華書局 2016 年版，第 180 頁。
〔註103〕曾布《曾公遺錄》，中華書局 2016 年版，第 185 頁。
〔註104〕曾布《曾公遺錄》，中華書局 2016 年版，第 203 頁。
〔註105〕曾布《曾公遺錄》，中華書局 2016 年版，第 204 頁。元符三年二月庚子記事。
〔註106〕曾布《曾公遺錄》，中華書局 2016 年版，第 205 頁。
〔註107〕曾布《曾公遺錄》，中華書局 2016 年版，第 205 頁。
〔註108〕曾布《曾公遺錄》，中華書局 2016 年版，第 206 頁。
〔註109〕曾布《曾公遺錄》，中華書局 2016 年版，第 207 頁。
〔註110〕曾布《曾公遺錄》，中華書局 2016 年版，第 212 頁。

頌。」〔註111〕「以至手書文采，外廷詞臣莫可彷彿，臣等不勝歎頌而已。」
〔註112〕當面稱頌還政之大義，私家日錄則只贊文詞，幾日之內，「文詞粲然」
出現了多次，說明士大夫心底，「還政」乃天經地義、義理之中，不值得私下
裏常頌，唯當面應對之時稱頌即可。顯然，對朝臣而言，皇帝才是永遠的第一
利益相關人。

太后也同樣精於此道，其曾云：「至十日著灸，初不知痛，至五十壯後痛
甚，呼太后及太妃云：『孃孃、姐姐，痛忍不得也。』」〔註113〕太后又云：「先
帝性極孝，事太后過於太妃。」〔註114〕太妃是哲宗生母欽成皇后，宋神宗的
德妃。人類痛極之時呼喚至親是本能，然據太后所云，哲宗痛不可忍時呼「孃
孃、姐姐〔註115〕」，竟是先喚太后後喚太妃，兼有「事太后過於太妃」之舉，
皇室宗族的親嗣關係自是不同百姓之家，然此語皆由太后口出，亦不排除太后
故意為此「一面之詞」，以鞏固與皇帝的親密關係，既利於自己在核心權力圈
中的地位穩固，也利於一手扶持的新帝能夠平穩度過政權交接期。畢竟，統治
階層內部的穩定才最有利於權力向外施加影響。曾布詳記此言，與太后的目的
異曲同工，私密與家常的話題，更令人信服雙方關係良好親密，曾布正是需要
通過與皇太后的這般「閒談」來暗示自己與核心權力圈的密切關係，而事實上，
太后此語乃是對二府同言，並非與曾布私談，曾布處心積慮暗示這種親近關
係，反倒證明政權交替間，老臣與新帝之間的生疏。

太母向氏於元符三年六月還政，次年仙逝。這意味著到元符四年，皇太后
在朝堂上的政治影響已然消失殆盡，因此宰相日記之中有關太母的部分記載，
出現了後期修寫的痕跡。尤在規訓皇太后權力範圍的這一段歷史敘事中，《曾
公遺錄》在事後「重構」了群臣如何以「余」為主導共同規約太后的經過：

> 余初問同列：「今日當如何處之？」夔以下皆云：『當具此兩次
> 故事稟旨。』余獨曰：「不然，此事乃吾輩所當任。若稟上旨，恐難
> 裁減；若稟長樂，亦難可否。今上長君，豈可垂簾聽政？正當吾輩
> 所請，如嘉祐故事施行，乃為得體。」眾皆從服，以為當。〔註116〕……

〔註111〕曾布《曾公遺錄》，中華書局 2016 年版，第 206 頁。元符三年二月甲辰記事。
〔註112〕曾布《曾公遺錄》，中華書局 2016 年版，第 207 頁。
〔註113〕曾布《曾公遺錄》，中華書局 2016 年版，第 201 至 202 頁。
〔註114〕曾布《曾公遺錄》，中華書局 2016 年版，第 202 頁。
〔註115〕聖瑞曾對哲宗云：「只十二哥是姐姐肚皮裏出來，你立取十二哥即穩便。」他
人亦將哲宗生母稱為哲宗「姐姐」。
〔註116〕曾布《曾公遺錄》，中華書局 2016 年版，第 178～179 頁。

遂出嘉祐、治平故事（天聖故事更不將上）進呈。

天聖故事中，垂簾太后具有相當的話語權，例如對朝臣「稱『吾』」，〔註117〕實際上是表明了一種直接對話的狀態，又如「臣僚上表，答云『覽表具知，所請宜不許』、『宜許』」，〔註118〕則是直接發號施令的實質性行為。若循此例，則向太后的垂簾聽政無疑會有更大的自由度和處置權，曾布隱天聖不報，一半是為了維護朝局，一半則是為了獻忠皇帝。但此舉異於其素常行為模式，兼與前後語境頗為矛盾，必是為表明擁君之功、後期修入所致。

〔註117〕曾布《曾公遺錄》，中華書局 2016 年版，第 178 頁。
〔註118〕曾布《曾公遺錄》，中華書局 2016 年版，第 178 頁。

第四章 心術與面具：宰相日記的事功書寫

　　宋代宰相日記是職官日記中最為重要的一個分支，存世數量占今見作品總數的大半。兩宋宰相多有日錄，如《錢惟演日記》《溫公日記》《熙寧日錄》《劉摯日記》《呂吉甫日記》《林文節元祐日記》《林文節紹聖日記》《曾公遺錄》《建炎筆錄》《丙辰筆錄》《丁巳筆錄》《奏事錄》《思陵錄》等，著述內容多為「榻前奏對語，及朝廷政事，所歷官簿，一時人才賢否」。〔註1〕本章現僅將宋代宰相為相其間所撰朝政日記〔註2〕圈定為研究對象。

　　宋代宰相日記的撰寫通常出於以下幾點原因。一、因帝王授意，記錄政見：熙寧元年四月，宋神宗言及王安石：「卿今所言已多，朕恐有遺忘，試錄今日所對以進。」安石唯唯而退。〔註3〕二、蓄積文獻以備修史：趙抃所著《日錄》被用於修撰《英宗實錄》〔註4〕，王安石《熙寧日錄》被用於重修

〔註1〕【宋】周煇《清波雜志》，「元祐諸公日記」條。
〔註2〕本章研究對象為「宋代宰相日記」，專指宋代宰相為相其間所撰朝政日記。「宰相」同時也包括相當於副相的參知政事，例如歐陽修等。「為相其間」同時包含拜相前後，例如《曾公遺錄》元符二年記事是曾布拜相前一年所著，但與其拜相後所著日記一脈相承，因此仍算在本文研究範圍內；至於《趙清獻御試日記》《北行日錄》等作品並非作者為相其間（或前後）所著，故並不列入研究範圍。「朝政日記」界定了日記敘述的題材，宰相所撰寫非朝政內容日記如歐陽修《于役志》、周必大《泛舟遊山錄》《閒居錄》等亦不列入本文研究範圍內。
〔註3〕楊仲良《資治通鑒長編紀事本末》第四冊卷五九《王安石事蹟（上）》「熙寧元年四月」條，北京圖書館出版社 2003 年版。
〔註4〕參見陳瓘《四明尊堯集》卷七，續修四庫全書本；並參考孔學輯校的《王安石日錄輯校·緒言》第 3 頁，四川大學出版社 2015 年版。

《神宗實錄》,《續資治通鑑長編》亦大量引用北宋諸公《日記》,如「天禧四年五月二日」條注文處標注為「引錢惟演日記」,「熙寧三年四月乙丑」條注文標明「據司馬光日記」。三、在政治鬥爭中尋得自保:熙寧九年,呂惠卿進呈《日錄》反擊政敵攻訐,並在其《進日錄劄子》中陳言:「臣私記策子皆有其事,其事多出於陛下德音與所親聞,宜不廢忘,而其文非一二日可以撰造者也。」〔註5〕而後「神宗察惠卿《日錄》果非臨時撰造之言,⋯⋯於是赫然威斷,發於聖批。」〔註6〕四、留著以備自省:《熙寧日錄》中,王安石自述:「上言開陳事,退輒錄以備自省」。〔註7〕可見,宰相日記書寫的核心驅動因素為事功之用。

宋代宰相日記因為具有較高的史學價值,「惟時政記、執政之所自錄,於一時政事,最為詳備」,〔註8〕往往以背景或佐證的性質進入研究視域。本章將宋代宰相日記作為獨立的研究對象,剝離其作為史學文獻的慣常印象,從敘事層面對宰相日記的事功書寫進行解讀。探究宰相如何利用「太極」話術將自身隔絕在語義風險之外,利用「幽靈」邏輯加劇政敵之間的矛盾,同時掩蓋與自身的利害關係;宰相日記的敘述心理為何從爭取帝王的「同理心」轉為「同情感」,注重邏輯論證的勸說式進言,為何被揣測帝王心理的新需求所分散,又如何生成以受話人(帝王)心理舒適為宜的說話節奏;借「主語消失」等敘述手段,宰相構築了冷靜、理性的人格面具,又通過導演文本層面的「獨角戲」,最大限度地存著利於自身的文獻書寫;甚至在腹痛、流淚等看似尋常的生理記錄中,暗藏著對朝堂局勢的監測與判斷。

第一節 「太極」話術的施用

太極拳法以「引化合發」為主要技擊過程,講求「順其勢而改其路」,即將來力化引掉,同時借力發力。宰相日記中的話術施用,亦得此番精髓。元符三年乙未日、丙申日、丁酉日、乙亥日,皇帝於朝中連問四次章惇為何「去意甚堅」?所得答覆皆敷衍、模糊不清,曾布與一眾職官的回覆,均採取了

〔註5〕 【宋】李燾《續資治通鑑長編》卷二七八「熙寧九年十月戊子條」,中華書局1992年版,第6794頁。
〔註6〕 【宋】李燾《續資治通鑑長編》卷二七八「熙寧九年十月戊子條」,中華書局1992年版,第6794頁。
〔註7〕 參見陳瓘《四明尊堯集》卷九,續四庫全書本。
〔註8〕 【宋】朱弁《曲洧舊聞》,中華書局2002年版,第216頁。

一致的「太極式」話術策略：避開正面體問，重複陳述已知的現象，既而將問題重新推還給設問方：「久有此言」「自言久有去意」渠云：『……道去便須去』。直至皇帝第五次問起，眾方云：「渠自言多面斥士人罪慝，故眾怨歸之。」其後曾布特意補充了一番言語，詳述當中緣由，更為清楚地展示了經過深思的語言策略：「士大夫無不罵惇者，惟是得差遣遲，及不見賓客，與眾執政不同而，其他亦何能為？」點明章惇罪狀，強調群臣積怨深重；「惇與同列，但有過於遜屈，事事隨順人，不敢與人違戾，以此稍稍有去意」，分析事件並歸因於章惇；「兼祖宗以來，以一相當國者有幾，事任不輕，不得不然而」，拋出公論，認為為相確實「不易」；「三省嘗云此地非久安之所，臣等待罪於此，歲已久，亦每不自安，非獨惇有去志也」，聲稱宰執等均曾有去意。這是一番看似全面客觀、兼有情有義的回答，然而語言的四重層面，環環相扣，將章惇「請去」事件淡化到最低限度。第一、二兩句分別討論了矛盾雙方，營造出公允的氛圍，實則通過強化眾怨、歸因於惇，將責任推向章惇一方；第三句拋出「為相不易」的公論，看似為章惇說情，實則服務的是第四句，以其他宰執均有的「去志」，徹底稀釋章惇一人「請去」帶來的影響，並同時暗示出更深一層的意義——「請去」是章惇自己的「脆弱」和「消極逃避」導致的，這意味著老相章惇因為私人委屈而放棄了繼續效忠皇帝。曾布的這一席話，造成了「其情可恕」但「其心可誅」的效果，將章惇的「委屈求去」轉化成「放棄盡忠」，從而將臣子之間的矛盾上升到君臣矛盾，其日記語言的暗妙之處，大抵於此。

　　哲宗與曾布兩次論及呂嘉問。第一次，曾布構思妥當後於次日進言，運用了聚焦敘述，輸出傾向的同時又不斷抹去自我的痕跡；第二次，皇帝臨時發問，而曾布只能及時應答。沒有了營構的時間，曾布的回應更直觀呈現出經過長期訓練後形成的本能：

> 　　上云：「此必為人所使。兩日前，呂嘉問曾往見之。」又云：「履是呂家門客。」余云：「履實出呂氏門下，然履蠢野，不識忌諱。」上云：「履純蠢野不曉事，必為人所使也。」又問：「嘉問幾壻？」余云：「不悉記。」上云：「蹇序辰、曾誠皆是。」又云：「曾誠如何人？聞多豫事。」余云：「章惇不喜誠，雲安燾傾惇，誠多豫謀，然未知虛實。」又知蔡卞兄弟不協，余云：「外議多言如此，然不知其實，大抵言爭先作執政爾。」上云：「妻亦不和，至不相見。」余云：

「臣與之瓜葛，亦粗聞之，誠不相得，然不至不相見也。」是日早，
夔留身甚久，疑所問皆夔之語也。〔註9〕

將上述記言層層剝開，呈現在讀者眼前的是數次語言意義的衝擊和迴環，分列
表格如下：

上　云	余　云	功能性質
此必為人所使。兩日前，呂嘉問曾往見之。		輸出判斷，有明顯傾向（貶呂）
履是呂家門客。		輸出事實，示意臣子補充證據。
	履實出呂氏門下，然履蠢野，不識忌諱。	重複、肯定皇帝已知的信息，通過轉折淡化事件傾向性
履純蠢野不曉事，必為人所使也。		篩出臣子提供的信息，強行佐證自己的判斷
嘉問幾壻？		示意對方繼續提供證據
	不悉記。	拒絕提供信息
蹇序辰、曾誠皆是。		自問自答
曾誠如何人？聞多豫事。		抛出問題，指明傾向
	章惇不喜誠，雲安燾傾惇，誠多豫謀，然未知虛實。	重複並肯定皇帝的已知信息，通過轉折淡化事件得傾向性
	外議多言如此，然不知其實，大抵言爭先作執政爾。	再次肯定皇帝的已知信息，將語義責任轉接於「外議」，撇清「自我」干係
妻亦不和，至不相見。		抛出尖銳事實，示意臣子補充證據。
	臣與之瓜葛，亦粗聞之，誠不相得，然不至不相見也。	承認並肯定皇帝的已知信息，通過轉折淡化事件的傾向性

上表可見，皇帝連續四次抛出敏感話題，示意曾布提供證據，而曾布以守
為攻，均以「先肯定再轉折」的對答機制，首先肯定皇帝陳述事件的真實性，
再通過「……實……，然……」「……誠……，然……」「……多……，然……」
的轉折句式，將相關敏感事件的傾向性拉回到接近中立的境地，如此一來，迎
面而來的語言攻勢被託住、迴環、再消解，猶如太極拳法，迎面接力，順勢拉
伸，再退而回還，借力打力，以柔克剛，最終重新將身位固定到對抗的中心位

〔註9〕曾布《曾公遺錄》，中華書局 2016 年版，第 120 頁。壬午日記事。

置，是為一種柔韌的防禦姿態。這一番語言交鋒中，儘管皇帝突然發問、頻頻誘導，但曾布並未提供任何有效信息，從而避免將自己貿然暴露在風險之中；同時卻也做到了有問有答、據實以報，應承住了整個對話架構，足以留下中正、仁厚的為官印象。

　　當日日記結尾處，曾布記下對自己遭詰的推斷：是日早，夔留身甚久，疑所問皆夔之語也。〔註10〕一方面標記對政敵的懷疑，待日後勘定；另一方面，可為章惇與呂嘉問小團體之間的矛盾埋下伏筆。

第二節　敘述心理的走向：從「同理心」到「同情感」

　　北宋中期，宰相往往通過論證、辯理，來喚起君王與臣僚的「同理心」，而到了北宋後期及南宋時，宰相則試圖依憑陳情、剖白而獲取「同情感」。

　　神宗朝，宰相與密院屢屢意見相左，其應對及敘述策略為據實以報、據理以爭：熙寧四年三月甲午，「樞密院言因置保甲有戕指斷腕者」，〔註11〕為反駁密院的言論，宰相王安石首先呈述了差役、公人的回稟：「保甲皆人情願，無不便者」；〔註12〕其次拿出了事實依據：「推究戕指者兩人，其一人遍問無有，一人蓋因斫桑誤傷，有三人為之證。」〔註13〕最後保證了證據來源的可靠：「臣所問乃初倡言者也。」〔註14〕有理有據，從根本上駁斥了密院之奏論。

　　熙寧五年正月，樞密院欲為李若愚子轉官，王安石因「未見條貫，不許」，〔註15〕並以密院所出劄子為定點依據進行假設與推演，「密院若已刪去此條，即合劄與中書云『本院已刪去此條』，即中書亦不管密院所刪當否，更但須理會」〔註16〕再將此邏輯關係作為已知前提，來對比密院的公文：「特依皇城司條貫，所有不許回授恩澤條貫令今後遵守施行」，則矛盾立現：「若愚既非勾當皇城司，如何用皇城司條貫？既是已刪條貫，如何卻令今後遵守施行？」〔註17〕

〔註10〕曾布《曾公遺錄》，中華書局 2016 年版，第 120 頁。
〔註11〕孔學輯校《王安石〈熙寧日錄〉輯校》，四川大學出版社 2015 年版，第 86 頁。
〔註12〕孔學輯校《王安石〈熙寧日錄〉輯校》，四川大學出版社 2015 年版，第 86 頁。
〔註13〕孔學輯校《王安石〈熙寧日錄〉輯校》，四川大學出版社 2015 年版，第 86 頁。
〔註14〕孔學輯校《王安石〈熙寧日錄〉輯校》，四川大學出版社 2015 年版，第 86 頁。
〔註15〕孔學輯校《王安石〈熙寧日錄〉輯校》，四川大學出版社 2015 年版，第 129 頁。
〔註16〕孔學輯校《王安石〈熙寧日錄〉輯校》，四川大學出版社 2015 年版，第 129 頁。
〔註17〕孔學輯校《王安石〈熙寧日錄〉輯校》，四川大學出版社 2015 年版，第 129 頁。

隨後表明態度「臣苟不言，是違法，阿近習，義所不能為。」〔註18〕有邏輯基礎，有事實依據，而且抓住事件的核心「事有違法」，可謂以理服人。

上述二例體現了王安石為相執政的特點，以事實為依據，據理分析，按邏輯行事，表現在日記敘述中，便是多判斷、多理論，而極少見情緒化的狀態描繪。究其原因，他曾這樣解釋：「臣於蕃輩，未嘗與之計校，緣臣所為盡是國事，蕃輩附下罔上，壞得陛下國事，臣有何喜慍？……臣所以但欲開導聖心，庶幾感悟，若聖心感悟，不為邪辭詖行所惑，則天下自定」。〔註19〕

至哲宗朝，宰相日錄中鮮明的家國立場，便漸漸被個體情緒所沾染。面對與三省的行政分歧，曾布選擇在皇帝面前陳情、剖白自我，並花費大段筆墨將自己描述為委屈求全的角色。首先剖示內心、貶低自我：「臣待罪西府……躬親斟酌草定，……臣雖愚短，不敢不自竭。然亦常懼思慮有所不至，但自度亦不至大段乖謬。」〔註20〕其次攻擊政敵：「近日以來，聞三省益不喜，每事掎摭窺伺，無所不至。」〔註21〕再次強化人際矛盾：「緣此三事，皆三省同進呈，誠令不審，非獨臣罪，況別無不當者。」〔註22〕最後反覆自責，從情感層面增飾其言論的合理性與正義性「此等事度亦不敢於陛下開陳，但倡之於下，以疑眾聽而。臣不敢不一奏知者，臣不言，即陛下無由知而。臣常以喋喋冒煩聖聽為戒，然事不得已，須至開陳，望陛下恕臣喋喋之罪。」〔註23〕

曾布的敘述重點始終固著在消極的情緒體驗和敵對的人際關係之上，而並未在事件本身或道理層面停留，為證清白便說自己「不敢」「常懼」「自度」，矛盾激化是因為對手「益不喜」，於君前陳情是「不敢」「不得已」。由是，政事分歧被抽象成了人情互斥。《曾公遺錄》的語言場域中，矛盾生發是因為對方情緒消極，證明自己就描述情緒，期待問題解決就必須先預判和處理皇帝的情緒。「喋喋」不休的表述，目的在於喚起受眾的「同情感」，從而獲取政治支持。神宗朝到哲宗朝，宰相日錄的風格急轉直下，從王安石式的文風峻切、條理分明，變成曾布式的陳情敷敘、喋喋不休。從歷史的角度而言，諸般變化說

〔註18〕孔學輯校《王安石〈熙寧日錄〉輯校》，四川大學出版社2015年版，第129頁。

〔註19〕孔學輯校《王安石〈熙寧日錄〉輯校》，四川大學出版社 2015 年版，第 108頁。（原注：按：林希《野史》載王安石納，上批不行，今附注在十三日丙寅錄繫因後。）

〔註20〕曾布《曾公遺錄》，中華書局 2016 年版，第 37 頁。

〔註21〕曾布《曾公遺錄》，中華書局 2016 年版，第 37 頁。

〔註22〕曾布《曾公遺錄》，中華書局 2016 年版，第 37 頁。

〔註23〕曾布《曾公遺錄》，中華書局 2016 年版，第 37 頁。

明宰相的晉身心術隨代際更迭而不斷式微，又恰恰是宋代相權與君權的角力中，相權逐漸沒落的表徵。

此外，宰相進言還須時刻揣測帝王的心理節奏，並作出相應的策略調整。八月丁丑，曾布力排眾議，反對孫路奏請邈川建軍，並最終獲取皇帝支持。隨後，曾布指出一直袒護孫路的章惇前後言語矛盾，並將其反覆之語一一奏上，幾番「再對」〔註24〕之語後，曾布這樣寫道：「余又對三省言：『臣向曾言西事，欲且畫河為界，章惇以臣為雜貨院子裏婦人之語。今日又自天都、會州遂收斂邊事，惇亦稱善。昨罵臣時，三省所共見。』眾皆默然。」〔註25〕字面明言是「對三省言」，然而說話間卻直云「三省所共見」，而未言「爾（你）等所共見」，說明真正的受話人並非三省，加之頻頻稱「臣」，可以斷定此番言辭依然是對「上」而奏。所以受話人的真實身份在語言表述過程中發生了一次遷移，由「三省」滑向了「上」。字面「三省」所承擔的，大抵是掩護、以及轉移注意力的角色，畢竟接連「再對」者，均是分辨、述理與論證，曾布謹慎而敏感地注意到了該類表述所攜帶的攻擊性，儘管這種攻擊針對的是章惇，然負面信息的傳播、和語勢所帶來的衝擊慣性，同樣會波及到受話人的情緒，使其受到一定影響，儘管這種影響往往發生在不異察覺的心理層間，曾布仍然借助三省之名，假立受話人，而實際仍然說與帝王聽。如此，在表述信息的同時，便已然儘量削弱了語言論爭可能帶給皇帝的負面情緒。

宰相日記對帝王心理的異常關注，來自於得君以自保的內在需求，而這種需求的背面，是宰相們因置身風雲變幻的政治場而生成的不安全感，和充滿警惕性的前瞻。由是，相關的日記書寫往往包裹著一層由各種隱晦策略所構成的保護屏障。仍以《曾公遺錄》為例，其內幾乎不見以正面姿態直接陳情者，觀點表述的過程往往夾雜著諸多事態鋪墊與傾向伏筆。元符二年九月庚子日，曾布「改比較諸將殿最法」〔註26〕後，特以大量筆墨記敘左轄用元豐舊例制約章惇一事，目的在於借章惇之口表述部分官員「藉先朝舊說，以拒眾論」的觀點，此前曾布曾向上進言：「元豐法未盡，恐不可不改。」〔註27〕由是可見，曾布的針砭時弊採取了曲線救國的方式，通過對他者的聲援，完成自己觀點的擴音。尤其是當該位「他者」是自己的政治宿敵，這份聲援更會顯得尤為有理、

〔註24〕曾布《曾公遺錄》，中華書局 2016 年版，第 93 頁。

〔註25〕曾布《曾公遺錄》，中華書局 2016 年版，第 93 至 94 頁。

〔註26〕曾布《曾公遺錄》，中華書局 2016 年版，第 107 頁。

〔註27〕曾布《曾公遺錄》，中華書局 2016 年版，第 108 頁。

信實，還能凸顯自身的氣度和公正。關鍵在於，此日記錄中，曾布罕見地使用了形式上的主觀記敘：「余知上睿明，理有可陳，若敷敘明白，無不從者，亦未嘗以元豐已行之法為不可改」，〔註28〕按照以往的敘述習慣，曾布會選用委婉含蓄的方式美譽帝王，以不致太過諂媚，從而保持較為「中正」的形象。此段內的直陳，顯然已經不再在意「諂媚」的消極影響，語言功能指向了一個更為重要的目的：為真正想表達的觀點「但怙權挾偏見者以此語劫持眾人爾」〔註29〕設立一道安全屏障。

曾布意圖修正不良的朝局風氣，但即便是在得到皇帝首肯的前提下，〔註30〕亦不肯與所謂「局勢」迎面相抗，而是選用迂迴策略，將自身觀點包裹在重重看似無關的事件敘述中，隱晦曲折、小心謹慎地輸出傾向，堅守著保全自身的前提絕不動搖——無論是對章惇的聲援，還是對皇帝的讚譽，都不是曾布的真正目的，其真實人格始終躲在語言的屏障之後，耐心、克制、警惕、謹慎地關注朝局，發揮作用。

如果說神宗朝宰相將語言視為溝通和作用事態的直接工具，那麼哲宗朝宰執則是依賴語言的發酵來隱晦、曲折地達到目的：通過孜孜不倦的細節言說與傾向暗示，在潛移默化之中暗誅人心，再予以足夠的耐心等待，佐以時機，前期的語言鋪墊經過漫長的時間發酵，自然會生發效果；這種措施的消極之處在於語言的部分功能會在發酵過程中流失，發生意義的時間、作用力和作用方向皆不可控，這也決定了此種措置永遠無法作為主導力量而存在，但妙處在於一旦功能生效，即便人們回溯過往，亦很難將當下發生的巨大裂變全部歸因於那些舊日裏模糊、曖昧的瑣言，儘管人們深知二者之間有千絲萬縷的聯繫，然而通常狀況下，追責於斯並非是一種高性價比的選擇，於此的判斷和認知只能作為意識領域中的警示牌，作用於其後。當然，任何一種能量的運用皆須考慮用量與用度，否則一味施行，勢必會為之反噬，一旦這種語言模式被人瞭解與掌握，其語言功能將不再具備任何參考價值。

因此宰相日記的敘述過程中，或以客觀中立的敘述形式包裹主觀意圖，或借助皇帝及輿情的趨向護持主張，或通過先朝舊例、先帝行為來增添政見的合理合法性。通過一系列的敘述策略，宰相將自己圈囿在一個由語言敘述建立起

〔註28〕曾布《曾公遺錄》，中華書局 2016 年版，第 108 頁。
〔註29〕曾布《曾公遺錄》，中華書局 2016 年版，第 108 頁。
〔註30〕曾布《曾公遺錄》，中華書局 2016 年版，第 108 頁。「因為上言：『元豐法未盡，恐不可不改。』上欣然從之。」

來的、相對安全的結界之內，這道結界削弱了主觀能動的發揮，卻也一定程度上屏蔽了引火燒身的苗頭。

第三節　消失的主語和獨角戲

宰相日記敘事之際多以「余」「予」自稱，如《曾公遺錄》中多有「余言」「余因言」「余云」「余謝」之語，然元符二年八月甲午條日記：是日，以宴罷謝宴，多一拜失儀。〔註31〕「多一拜失儀」前卻省略了主語，讀之驟覺突兀。細究起來，形式上的主語省略模糊的是負面行為的責任方向，暗示著書寫者本人並不想承認或復述當眾「失儀」的消極體驗，因此借助主語的消失來緩釋心理的不適。而後續補述的另一段對話則再次顯示了對此種不適心理的補救和修飾：「再對，奏事訖，曲謝，上旨不拜。又諭：『昨日所賜，皆是後苑所制作。』余謝曰：『慶賜優異，眷遇如此，何以報稱！』上甚悅。」〔註32〕「上旨不拜」暗示先前的「多一拜失儀」並未造成任何嚴重後果，反而已然獲取皇帝的諒解，故此「慶賜優異，眷遇如此，何以報稱」的回覆便從容有儀，字面「余」的出現再次變得直觀而無礙，恰是因為「上甚悅」的理想結果則徹底平復了「失儀」帶來的懊喪與不安。

《丁巳筆錄》中，宰相趙鼎始終以「某」「余」來指代自己：「余答之云」「余又曰」「余乃曰」「某奏曰」「某進曰」，然紹興六年間十二月，關於「出相」一事的記載中，「余」和「某」皆不見，作為當事者和寫作者的「我」，在日記的文本形式上徹底消失了：

> 初四日，同奏事，留身，面投札子乞出。再押到堂，復歸私第。晚，歸舟中。初五日，宣押同奏事。至漏舍，再入文字，以腳疾有妨拜跪，遂免起居。再押到堂，復歸舟中。右相、西樞見過。初十日，受告閣門。十一日，正謝。十二日，朝辭上殿。〔註33〕

當日記敘述必須直面消極體驗時，南宋宰相同樣選擇了從文本層面祛除自我。從紹興六年十二月初一日「懇告求去」始，至十二日「朝辭上殿」止，歷經一十二天，有關「辭相」的記錄中，竟未出現任何主語的痕跡，而主語

〔註31〕曾布《曾公遺錄》，中華書局 2016 年版，第 101 頁。
〔註32〕曾布《曾公遺錄》，中華書局 2016 年版，第 101 頁。
〔註33〕顧宏義、李文整理標校《宋代日記叢編》，上海書店出版社 2013 年版，第 704 頁。

本來的位置，既未使用人稱代詞指代，也沒有置換為具體名字，而是選擇直接、徹底地隱略。隱略的背後，除去文體客觀性的追求，實是心理層面上的別有隱情。日記文本一旦形成，不可避免地會成為寫作主體情緒傳達的媒介，「自我」「事件」「情緒」必然在文本層面三體合一。出於理性約束，宰相們不會傾向於過分顯露消極情緒，則「事件」與「情緒」就需要被人為斬斷，極簡的文本記錄，在客觀上保持了冷靜、理性的書寫制式；而出於自我保護，宰相又必須祛除自我在文本中的位置，意味著「自我」「事件」也被人為斬斷，此舉弱化了寫作過程中心理主體對事件參與的感知度，構成一種心照不宣的文本環境，呈現出客觀而疏離的敘事態度，祛除了寫作主體的存在痕跡，也即在主觀上令主體的感知遠離了事件引起的負面情緒，從而維護了冷靜、客觀、持守的人格面具。

　　作為日記書寫的主掌者，書寫者可以按照自己的意願塑造文本，以功能性見長的職官日記尤不例外，其間往往多有「一面之詞」。以《曾公遺錄》為例，當中記錄政敵章惇時，多狀其殷勤驚惶、備受嗤笑之貌：是日，右轄留身甚久，夔奏事退，乃見呼同坐。余亦造之，乃殷勤詔笑，顧語加勤，眾切笑之。〔註34〕爭吵過後，曾布特意記錄章惇對自己由針鋒相對到主動示好的態度轉變，並在「見呼同坐」〔註35〕後面著意用小字注曰：「密院幕次與三省相鄰，自來侍班則未聚也」，〔註36〕以示異常；且狀夔貌為「殷勤詔笑，顧語加勤」，〔註37〕還用「眾切笑之」〔註38〕來加持真實度。但事實上，曾布所「醜化」的章惇是當朝宰相，且不論事實真相如何，單就日記「殷勤詔笑，顧語加勤」的形容，實難令人信服。此外，章惇曾越級私書邊官，本不為大事，然曾布就此大作文章，在日記中著意記錄將此事說與皇帝與臣子兩方聽聞，以示光明磊落，但表述重點各有不同。對上言，重點在指控章惇以私書越級指揮、封鎖消息不欲同列以聞，「章惇近於邊事，凡有所欲為，知同列必不合，則必陰以書諭諸帥，令如其意指經營奏請」；〔註39〕但面對三省，尤其在直面章惇時，重點則變成指責對方私書的對象不夠理想，「公多以書與兵官，如折可適、王

〔註34〕曾布《曾公遺錄》，中華書局2016年版，第77頁。己巳日記事。
〔註35〕曾布《曾公遺錄》，中華書局2016年版，第77頁。
〔註36〕曾布《曾公遺錄》，中華書局2016年版，第77頁。
〔註37〕曾布《曾公遺錄》，中華書局2016年版，第77頁。
〔註38〕曾布《曾公遺錄》，中華書局2016年版，第77頁。
〔註39〕曾布《曾公遺錄》，中華書局2016年版，第77頁。

瞻輩，皆蕃夷之人，何可與書？」〔註40〕「兵官」有層級上的僭越，「蕃夷」則具有族別層面的風險：「一有敗事，恐未免為累。」〔註41〕顯然，在皇帝面前，曾布目標明確，罪在章惇；而在三省（包括章惇）面前，則模糊所指，將罪責焦點轉移至受書人，甚至於「恐未免為累」〔註42〕的說辭，已然站在了章惇的立場上。一事兩說，各有側重；皇帝面前打擊了對手，對手面前又極盡維護。宰相話術，雙向誅心；玲瓏款曲，盡諳人情。

值得注意的是，在曾布如此明確的指控之後，日記中卻並未記錄任何皇帝關於此事的態度，結合宰相日記熱衷記錄「得君」情狀的慣例，顯然曾布的指控並未得到來自於皇帝的理想回應。故而，對章惇的指責，在實際中很可能是一次近乎獨角的戲目，但在日記中，並不妨礙曾布通過這番情理俱在的敘述，將自己塑造為有理、有節並威嚴的忠臣形象。而這個經過修飾與演繹的形象，很有可能借助文獻的流傳，進一步擴大並夯實，甚至可能成為後世瞭解先朝先人的唯一信史。語言的欺騙性，構築了一個並不完全真實的敘述空間。關鍵在於，在其受眾眼中，這種「真實」具有壓倒性的意義；尤當時間汰洗了其他文獻，遺存下來的文本所傳達的意義，更只能是「唯一」的「真實」。宰相日記所看重的，正是這一層功能與可能。

第四節　腹痛與眼淚：藏在生理記錄中的朝局暗語

兩宋宰相日記中皆有對身體病痛的記錄，值得玩味的是，幾乎所有的疾病書寫都伴隨著程度不一的政事曠職，以至這種疾痛記錄儼然成為一份「不在場說明」。《曾公遺錄》中，這種疾病書寫的常見症狀表現為腹散與腹痛：

> 丙午，駕將出幸集禧，以新修奉神殿成，奉安五嶽。自中夜暴雨不止，遂擇別日。前、後殿不坐，三省宅引〔註43〕。余獨以腹散不入。〔註44〕

> 丁卯，宣祖忌。余以腹散不赴。〔註45〕

〔註40〕曾布《曾公遺錄》，中華書局 2016 年版，第 77 頁。
〔註41〕曾布《曾公遺錄》，中華書局 2016 年版，第 77 頁。
〔註42〕曾布《曾公遺錄》，中華書局 2016 年版，第 77 頁。
〔註43〕宋時，宰相於假日黎明赴中書省，有朱衣吏自私第前導，稱宅引。參見龐元英《文昌雜錄》卷三，趙昇《朝野類要・宅引》。
〔註44〕曾布《曾公遺錄》，中華書局 2016 年版，第 67 頁。
〔註45〕曾布《曾公遺錄》，中華書局 2016 年版，第 75 頁。

　　　　己酉，旬休。欲詣普照寺祭告，又以雨淖及腹痛，未果行。
〔註46〕

　　　　辛亥，駕幸芳林園，祭宗瑗環婦，以雨不果出。三省奏事崇政
殿，余以疾在告。〔註47〕

藉上述，曾布的腹痛、腹散總在祭祖、祭天或皇帝不造朝時發作，而發作結果必然是「不入」「不赴」「未果行」，頻繁的巧合令日錄書寫疑竇叢生，而在深入探究曠職環境之後，答案或可昭然若揭。丁卯日、己酉日的祭祖與祭天，意味著當日需要負責的對象是死去的祖先和虛無的上神，卻並非掌握人間生殺大權的帝王。在現實層面，宰執的政治之途是否可以平順坦蕩，祭祖、拜神當然遠不及謁帝有效。因此旬休日，並無皇帝在場的祭告便不是一次高性價比的職事活動，曾布以「腹痛」為由，替自己的「不果行」接種了一個完美的藉口。辛亥日，皇帝因雨滯留芳林園，而三省在崇政殿奏事，崇政殿為後殿，這代表若曾布選擇於此日奏事，便要經行比平時更遠的距離，而即便到達奏事地點，那也僅僅是一個皇帝並不在場的行政空間；丁卯日，「前後殿不坐」同樣意味著皇帝的不在場，「三省宅引」則說明該日當假，曾布的「不入」於理本無礙，但在三省持續當值的對比之下，仍然注明了一個可被諒解的緣由「腹散」，將自己置於萬無一失的零瑕疵境地，可見其敘述心態一直被某種充滿焦慮的「前瞻性」所支配，時刻居處在被指謫的警惕與憂患中。因此其日錄書寫總是預判可能出現的指責或不完美評價，並提前備好解決方案，將可能或不可能的消極判斷或攻訐統統消滅在萌芽狀態。

　　宰相日錄的疾病書寫，形式上是為自身的「不在場」進行開脫，而實質上是對皇帝的「不在場」進行標示，同時以身體抱恙的原因，提前杜絕旁人可能的指責。這種書寫策略貫穿著皇權本位意識和濃重的危機感，皇帝的注視是衡量一切行政行為是否有效、有益的核心準則，而預先解除可能的輿論指謫，保持「完美」的政治形象亦是宰相的必備功課。從這一點觀，彼時相權已然委附在皇權腳下，同時又被迫承受著來自其他僚屬的制約。

　　眼淚是人類情感表達的典型方式之一。元符三年初，哲宗薨而徽宗立。政權交替間，大宋朝廷彷彿時時浸浴著淚水。曾布敏感而詳盡地監測著朝上諸人

<hr>

〔註46〕曾布《曾公遺錄》，中華書局 2016 年版，第 111 頁。
〔註47〕曾布《曾公遺錄》，中華書局 2016 年版，第 112 頁。

的流淚狀況，「元符三年正月庚辰，赴福寧臨朝，不哭。〔註48〕元符三年正月乙酉日，……入福寧庭下舉哭」，〔註49〕將淚水的有無與多寡作判斷情緒乃至政治傾向的符號，「廷臣哭多哀，諸王唯簡王哭甚哀，睦王未嘗有淚，左轄等皆訝之」。〔註50〕利用眼淚描述替新帝塑造忠孝敦厚的形象：元符三年正月乙酉日，……慰皇帝，群臣皆哭慟，上亦掩面號泣。〔註51〕元符三年二月己亥，……上自初坐慟哭涕泗，至奏事時哭未已，余等進對以「宗社大計，願少抑聖情。」上復哭。〔註52〕元符三年二月乙巳，……上行酌獻禮訖，移班奉慰，皆舉哭。上見群臣，亦掩面發哭。〔註53〕

通過哭泣言說表達對先帝的哀思，「元符三年正月辛巳，……太后云：『神宗嘗以孝章事為未安，曾云：若使二哥為之，便是你樣子。』言訖，泣下。」〔註54〕「『原來病勢已重，尚未詳知。』（皇太后）又慟哭不已。」〔註55〕以太母的絮語和眼淚暗示自己與統治階層的密切關係：「元符三年正月壬辰，……（皇太后）又云：『……大行服藥，猶使氣性，（大行乳母竇氏）不會事，亦當削髮，且與一紅霞帔名目，令往守陵。』因慟哭，余等亦哭。」〔註56〕「元符三年二月己亥，皇太后初見二府，亦慟哭。……又云：『先帝性孝，亦常從容委屈婉順勸他，亦便不喜。』言訖復哭。」〔註57〕以及憑藉眼淚潤飾自身對皇族的忠誠與執守，「元符三年正月己卯，……遂呼班，班入慟哭。……方宣遺制時，止哭，然上下內外慟哭聲不可遏。……宰臣、親王、嗣王、執政皆升殿慟哭，上亦掩面號泣。……（余）又方號哭」。〔註58〕

宰相日記中的眼淚描述，並非對客觀事件的客觀記錄，而是藉此強烈的情緒表現，輸出種種帶有傾向性的意義。因此很難將這類日記稱之為絕對的紀實文本，在與公史幾乎無二的行文之下，是個體洶湧而隱蔽的意義輸送。

〔註48〕曾布《曾公遺錄》，中華書局 2016 年版，第 178 頁。

〔註49〕曾布《曾公遺錄》，中華書局 2016 年版，第 188～189 頁。

〔註50〕曾布《曾公遺錄》，中華書局 2016 年版，第 177 頁。

〔註51〕曾布《曾公遺錄》，中華書局 2016 年版，第 189 頁。

〔註52〕曾布《曾公遺錄》，中華書局 2016 年版，第 199 頁。

〔註53〕曾布《曾公遺錄》，中華書局 2016 年版，第 207 頁。

〔註54〕曾布《曾公遺錄》，中華書局 2016 年版，第 183 頁。

〔註55〕曾布《曾公遺錄》，中華書局 2016 年版，第 195 頁。

〔註56〕曾布《曾公遺錄》，中華書局 2016 年版，第 195 頁。

〔註57〕曾布《曾公遺錄》，中華書局 2016 年版，第 202 頁。

〔註58〕曾布《曾公遺錄》，中華書局 2016 年版，第 176 頁。

第五章　職官日記與「端王之立」

今存宋代文獻中存具「端王之立」記錄的共有 7 種，（詳見本章末尾《兩宋「徽宗議立」諸版本比較表》）分別為當時的樞密院《時政記》，當時的職官日記《曾公遺錄》，《辯誣》、《徽宗實錄》的新舊二錄，《續資治通鑑長編》，元代編《宋史》中的部分章節。

今存宋後史籍中存具「端王之立」記錄的共有 11 種，（詳見本章末尾《元明清「徽宗議立」諸版本比較表》）分別為《通鑑續編》、《經濟類編》、《宋史紀事本末》、《通鑑綱目續編》、《宋元資治通鑑》、《寰宇分合志》、《續資治通鑑》、《通鑑輯覽》、《續通志》、《資治通鑑後編》、《綱鑑會編》。

諸上文獻所描述的「端王之立」存在明確的版本差異，釐為以下四點：第一、太后召群臣商討議立人選的表述方式；第二，章惇是否提出立申王為帝；第三，曾布最後表態之際的受話人；第四，章惇是否當眾詆毀端王。

第一節　兩宋文獻的時序勘定及詳情

1	樞密院時政記
2	《曾公遺錄》
3	《辨誣》，「蔡惇直筆」
4	《徽宗實錄》舊錄
5	《長編》
6	（《徽宗實錄》新錄）〔註1〕

〔註 1〕新、舊錄均已佚，舊錄有關「徽宗議立」部分由《長編》中鈔出，而新錄相關內容無由得見，概與《長編》一致，故未謄錄以辯誣之類。

7	《宋史‧徽宗本紀》,《宋史‧章惇傳》,《宋史‧曾布傳》,《宋史‧后妃‧神宗欽聖憲肅向皇后》
8	《續資治通鑑》

一、樞密院時政記為元符三年（1100 年）四月成錄。宋制，中書、樞密院各有時政記以記載國家軍政大事及君臣奏對語等。徽宗即位之後，對其議立過程的記載，中書與密院所出時政記差別甚大，於是當年四月間，曾布、許將、蔡卞與皇太后反覆商討修改，〔註2〕最後曾布所主樞密院時政記以「是日倉促之際，賴皇太后聖意先定，神器有歸，臣等但奉行而已。蓋此意盡皇太后聖旨，當歸功太母」〔註3〕之語得太后、徽宗首肯，被指定為標準文案，中書省時政記等均據此修改。

二、《曾公遺錄》有關議立徽宗的部分寫於元符三年（1100 年）初，史稱曾布「又輒增損，以成此著」，〔註4〕從行文觀，亦語多出入、前後矛盾，可知日錄既成後仍不斷刪修，曾布死於 1107 年 8 月 21 日，所以該部日錄的定稿期限至遲應敲定在公元 1107 年。

三、邵伯溫《辨誣》中有關「徽宗議立」的部分由《長編》中鈔出，《辨誣》無具體修撰年限，然邵氏於 1134 年去世，則該書至少應在 1134 年之前寫畢。〔註5〕

蔡惇其人生卒年不詳，字元道，東萊（今山東）人。蔡延慶之子，官龍圖閣直學士。著作《祖宗官制舊典》，凡三卷，以宋神宗元豐年間（1078～1085）用官階寄祿，雖號正名，而流品混淆，爵位輕濫，故撰成此書，以「祖宗」舊典與新制參稽並考而論其得失。該書舊列史部職官類，現佚。本文所引涉《直筆》部分由《長編》中鈔出，固相關論述必然早於《長編》；又其父蔡延慶約生於 1028 年，死於 1090，時年 62 歲，則大致推算蔡惇生年的上限早可至 1053 年左右（按其父 25 歲生子計算），至遲亦須早於 1090 年；依此類推，其文學活動年限上可至 1083 年（以而立之年計算），下則基本可延遲至 1090 年之後，固其《直筆》論述應在《徽宗實錄》舊錄成書之前，而大約與邵伯溫《辨誣》同期。

〔註 2〕顧宏義、李文整理標校《宋代日記叢編》，上海書店出版社 2013 年版，第 6 頁。
〔註 3〕曾布《曾公遺錄》，中華書局 2016 年版，第 239 頁。
〔註 4〕馬端臨《文獻通考》，經籍考二十四，中華書局 2011 年版，第 5683 頁。
〔註 5〕邵博溫（1037～1134），也有文獻稱其為 1056 年生人。

四、《徽宗實錄》舊錄修纂時限應在 1137 年至 1158 年間，但相關內容的書寫時間仍可上溯至 1131 年。南宋，《直齋書錄解題》載「《徽宗實錄》一百五十卷，監修宰相湯思退等上。紹興七年（1137）詔修，十一（1141）年先上六十卷，至二十八年（1158）書成。」〔註6〕元代，《文獻通考》有「至九年（1139），修《徽宗實錄》，乃即史館開實錄院」〔註7〕的說辭。清代，《廿二史劄記》則云「徽宗實錄，則紹興八年（1138）始修，十一（1141）年書成，秦檜上之。」〔註8〕由南宋至清，《徽宗實錄》的修撰起始年限記錄在 1137 年、1138 年或 1139 年，而成書年限則在 1158 年無疑。

本文所引涉的有關「徽宗議立」部分，屬於實錄內容的早期階段，那麼該部分的書寫時間仍可進一步上溯，因為南宋《郡齋讀書志》有載「皇朝程俱撰。先是汪藻編《庚辰以來詔旨》，頗繁雜，俱刪輯成此書，且附以靖康、建炎時事。」意味著《徽宗實錄》的底本來源於汪藻所編《庚辰以來詔旨》。汪藻「紹興元年（1131），除龍圖閣學士、知湖州」，〔註9〕在任期間曾上書請求「纂集元符庚辰以來詔旨」，即《庚辰以來詔旨》，並獲得朝廷首肯：「『古者國必有史，古書楬前議論之辭，則有時政記，錄柱下見聞之實，則有起居注，類而次之，謂之日曆，修而成之，謂之實錄。今逾三十年，無復日曆，何以示來世？乞即臣所領州，許臣訪尋故家文書，纂集元符庚辰以來詔旨，為日曆之備。』制可。」〔註10〕兼由上述文獻可知，《庚辰以來詔旨》的編修目的在於「為日曆之備」，而根據「謂之日曆，修而成之，謂之實錄」的說辭，可推斷纂集《庚辰以來詔旨》的最終目的在於著成「實錄」。又按《宋史》「（高登）授靜江古縣令，道湖州，守汪藻館之。藻留與修《徽宗實錄》」，〔註11〕可提煉出相關信息：高登趨任靜江古縣令、取道湖州之際，湖州太守汪藻在修撰《徽宗實錄》。從側面證明，汪藻「守湖州」之際所修《庚辰以來詔旨》正是後來的《徽宗實錄》，或更精確言是《徽宗實錄》的主要內容。

〔註6〕馬端臨《文獻通考》，經籍考二十一，中華書局 2011 年版，第 5625 頁。「修撰官曆年既久，前後非一人。」

〔註7〕馬端臨《文獻通考》，職官考五，中華書局 2011 年版，第 1455 頁。

〔註8〕趙翼著，王樹民校正《廿二史劄記》，中華書局 2001 年版，第 494 頁。

〔註9〕脫脫《宋史》，中華書局 1985 年版，第 1329 頁。

〔註10〕脫脫《宋史》，中華書局 1985 年版，第 1329 頁。

〔註11〕脫脫《宋史》，中華書局 1985 年版，第 12121 頁。「（高登）授靜江古縣令，道湖州，守汪藻館之。藻留與修《徽宗實錄》，固辭，或曰：『是可以階改秩。』登曰：『但意未欲爾。』遂行。」

　　汪藻於 1131 年始任湖州太守，《庚辰以來詔旨》的修纂就應在 1131 年之後。「八年，上所修書，自元符庚辰至宣和乙巳詔旨，凡六百六十五卷。」〔註12〕則《庚辰以來詔旨》在 1138 年全部修撰完畢。那麼無論是《直齋》所云「紹興七年（1137）詔修」，或是《廿二史劄記》所云「紹興八年（1138）始修」，又或是《文獻通考》所云「至九年（1139），修《徽宗實錄》，乃即史館開實錄院」，便都有了事實依據與時間邏輯。又汪藻任太守之湖州，是今天浙江省下轄地級市，南接杭州，被譽為「環杭州灣大灣區核心城市」。在宋代，這裡屬「兩浙路十二州之一」，地理位置非常靠近當時的都城臨安。因此「乞即臣所領州，許臣訪尋故家文書，纂集元符庚辰以來詔旨」的計劃與部署具備相當的可行性，其文獻質量也足以備徽宗朝日曆之著述。

　　綜以計之，《徽宗實錄》舊錄有關「議立徽宗」的書寫，時間最早可上溯至 1131 年。

　　五、《續資治通鑒長編》於 1163 年始修，1177 年成書。其起始修撰時間較《徽宗實錄》舊錄成書僅僅晚了 25 年，而與新錄同時同局進行修撰。清人譚鍾麟評價其編修方式為「上據國典，下採私記」，〔註13〕李燾自己也稱《長編》「寧失於繁，勿失於略」，那麼《長編》相關內容的記錄應該亦是參照了當時的「國典」類文獻一百五十卷本的《徽宗實錄》舊錄。

　　六、《徽宗實錄》新錄的修錄時間在 1169 年至 1177 年間。據《文獻通考》載：「《徽宗實錄》二百卷……陳氏曰：至乾道五年（1169），秘書少監李燾言此書疏舛特甚，請重修。淳熙四年（1177）成。凡二百卷，《考異》百五十卷，《目錄》二十五卷。今百五十卷者，前本也。」〔註14〕可知《徽宗實錄》於 1169年至 1177 年重修，凡二百卷，是為新錄，而紹興二十八年（1158）所成之一百五十卷為舊錄。

　　又據《長編》記載：

　　　　甲辰，秘書監兼史院編修李燾言：「……神宗、哲宗兩朝所以屢修，則與太祖、太宗異，蓋不獨於事實有所漏略，而又輒以私意變亂是非，故紹興初不得不為辨白也。其誣謗雖辨白，而漏略固在，

〔註12〕脫脫《宋史》，中華書局 1985 年版，第 1329 頁。

〔註13〕譚鍾麟為《續資治通鑒長編》作序稱其「上據國典，下採私記，參考異同，折衷一是，使北宋一代事實粲然明備，實為《通鑒》後不可不讀之書。」《續資治通鑒長編》，中華書局 2004 年版，第 4 頁。

〔註14〕馬端臨《文獻通考》，經籍考二十一，中華書局 2011 年版，第 5625 頁。

然猶愈乎近所修《徽宗實錄》，蓋《徽宗實錄》疏舛特甚。近詔修《四
朝正史》，夫修《正史》當據《實錄》，《實錄》倘差誤不可據，則史
官無以準憑下筆。請用太祖、太宗故事，將《徽宗實錄》重加刊修，
並不別置私局，只委史院官取前所修《實錄》仔細看詳，是則存之，
非則去之，闕則補之，誤則改之。《實錄》先具，《正史》便當趣成。」
〔註15〕

　　　　臣近進《續資治通鑑長編》，自建隆迄治平，自合依詔旨接續修
進。乞許臣專意討論徽宗一朝事蹟纂述。《長編》既具，即可助成《正
史》。〔註16〕

可知李燾在編纂《續資治通鑑長編》的同時上書請求重修《徽宗實錄》，原因
是舊錄「疏舛特甚」，方法為「並不別置私局，只委史院官取前所修《實錄》
仔細看詳，是則存之，非則去之，闕則補之，誤則改之」，目的在於《實錄》
先具，《正史》便當趣成。」最終，《徽宗實錄》新錄與李燾所修《長編》同於
1177年完成。

　　由於李燾請求《徽宗實錄》的重修「並不別置私局」，且新錄與《長編》
同年進呈，可推知新錄內容與《長編》應在極大程度上保持著一致。另，呂祖
謙也有參與《徽宗實錄》的二次修撰，長編有載「除呂祖謙秘書郎、國史院編
修官，以修撰李燾薦重修《徽宗實錄》也。」〔註17〕

　　七、《宋史·徽宗本紀》，《宋史·章惇傳》，《宋史·曾布傳》，《宋史·后
妃·神宗欽聖憲肅向皇后》成書於元代，由脫脫主任編纂。

　　八、《續資治通鑑》成書於清代，畢沅著。

第二節　「徽宗議立」諸版本考異

　　關於「徽宗議立」，從宋至清的各類文獻中有著不盡相同的記錄，具體釐
為以下四點：太后與宰執間的溝通方式，申王的登位資格，曾布言語的最終
受話人，以及章惇對端王的詆毀。宋代文獻的細節差異體現了官方史著書寫
在「直」與「訓」之間的平衡，職官日記憑藉其特殊的文體性質，相對真實

〔註15〕李燾《續資治通鑑長編》，中華書局2004年版，第3754頁。
〔註16〕李燾《續資治通鑑長編》，中華書局2004年版，第3754頁。
〔註17〕李燾《續資治通鑑長編》，卷第一百四十五，中華書局2004年版，第3864頁。

地保留了更多的歷史細節；宋代以後的文獻差異，則體現了後世史書撰寫者綜合前代文獻、以全為宜的撰史原則，以及對相關「史實」進行的後視性重構。

一、太后的「問詢」與「命令」

早期的私人著史中，太后召集群臣議立新帝，所用皆為詢問之語，如曾布記為「當如何？」邵伯溫記為「當誰立者？」蔡惇記為「當立誰？」但到了官方正史階段，太后用語全然變為祈使或命令句式，如宋代成書的《徽宗實錄》云「天下事，須早定。」《長編》亦云「天下事須早定」，而元代纂集的《宋史·徽宗本紀》和清代成書的《續資治通鑑》均承襲此般說辭，載之「天下事須早定」「事須早定」。從「當如何」到「須早定」，是因為向太后在徽宗即位後堅決否認說過「如何」二字，云「若道『如何』，卻去與章惇商量也。」〔註18〕這是相持異議的太后與宰相之間的一次對抗，而最終太后勝出。因此元符三年整個四月間，太后與宰執們幾經商議如何修訂議立過程，最終曾布時任的樞密院時政記以「賴皇太后聖意先定，神器有歸，臣等但奉行而已。蓋此意盡皇太后聖旨，當歸功太母」之語獲得皇帝與太后青睞，成為官方認定的標準文案，同期中書省等時政記亦被迫以此為範本進行統一修錄。其後，最早得見的官方史書《徽宗實錄》（舊錄）中便有了「天下事，須早定」的描述，而這一說法一直被後來歷代的官方史籍所承繼。（詳見本章後附表）《徽宗實錄》底本來源於汪藻《庚辰以來詔旨》（其下簡稱《詔旨》），而汪藻在編纂《詔旨》時曾明確說過此書目的在於為「日曆之備」，又言日曆「修而成之，謂之實錄」，可推測，據《詔旨》所成之日曆中必然也案籍著「天下事須早定」的說法。另一方面，為纂集《詔旨》，汪藻曾上書「許臣訪尋故家文書」，這些「故家文書」中極有可能包含《曾公遺錄》或各省時政記等的公私史著，但據後來所修《實錄》觀，汪藻《詔旨》顯然摒棄了私家記載而選擇了官方敘述，畢竟從名目看，《詔旨》本身即是自帶官方立場的文獻纂集，所以延用官方說辭更為合理，如此也就不難理解為何《實錄》中匿去了向太后的「問詢」語氣而保留了「命令」口吻。

從問詢語氣的刪汰，到命令口吻的存留，一方面呈示了后權在官史書寫時的干預效用，另一方面則體現了宋朝士大夫修史的自覺性原則。儘管太后意志

〔註18〕曾布《曾公遺錄》，中華書局 2016 年版，第 7 頁。

影響了國史敘述，但從某種角度而言，向太后不僅保持了「在場」與「親臨」，其本身更是這段歷史的締造者，因此其囑意更改的國史文本在大方向上仍然具有真實的意義。從文獻觀，有關議立徽宗的國史修訂是皇權、后權與相權三方角力與抗衡的結果，曾布在需要即時呈送的時政記中「功歸太母」，卻在私家日記中保留了並不傾向太后的原始細節，顯然是在官家顏面與私人意志之間選取了折衷路徑，其核心終究是自覺維護皇族之典範。《實錄》與《長編》等公史的修纂更是秉持了同樣的原則，尤其是李燾編纂《長編》之際已然取用了大量《曾公遺錄》，但在該問題上仍果斷棄日記所錄「當如何」，而言之鑿鑿地寫下「天下事須早定」，說明宋朝士大夫編修史籍更傾向於採納既訂的官方文獻，自覺地選擇官方立場，從流於官方意志，但這種自覺的從屬並非針對某位權貴本身（例如向太后），而是傚忠於士人所身處的政治倫理，即以皇權為核心的一整套行政體系及其運作規律。就這一層面而言，官方史籍之所以比私家記言更具公信力，並不在於其細節記錄如何逼近真相，而在於其書寫是否做到聆顧後世、垂範百代，即作為一名公史修著者，不僅需要考慮如何呈述真實，更需要考量文史既成後對百姓與後世的訓導效能，因此從這個維度來講，細節真實在某些時刻需要讓位於體統，而這個「體統」也並非單純指涉皇族顏面，更是對國體、政體運作軌範的支持與擁衛。

綜以言之，國家公史的最終修訂，凝聚著皇權、后權、相權的博弈與制衡，制度層面之上，官史反倒不如私家史撰更具獨立意志，如《曾公遺錄》中明顯保存了更為真實的現場細節；功能層面，公史成文須具備「垂訓後世」的典範之用，因此官方史著的「直」與「訓」勢必需要相互妥協和平衡，而私家史著往往無須過分考慮這一因素，所以私人意志、個體視角往往得以主控書寫；文本層面，受書寫者視角與立場所限，任何文本一旦落筆，必然存在一定傾向，因此「問詢」與「命令」的口吻描述，就不僅僅事關現場細節還原，而是皇權、后權與相權的三方角力中，代表皇權的后權取得勝利的姿態定性。

二、申王的優待與尷尬

各個版本的記錄中，章惇皆首推哲宗同母親弟簡王為帝，在遭到太后反對後才又宣稱當立申王，唯獨《曾公遺錄》中抹去了章惇欲立申王的說辭，而將申王當立與否之語歸諸太后名下。

　　據文獻記載，元符三年新帝議立之際，太后主推端王（徽宗），章惇支持簡王（哲宗親弟），雙方交鋒之中又牽涉出另一名候選人——申王。章惇認為簡王首當立，其次申王優於端王；而太后認為端王當立，其次申王優於簡王。

章惇排序：簡王＞申王＞端王
太后排序：端王＞申王＞簡王

　　申王之所以成為太后與宰相用以攻訐對方擁立人選的關鍵，是因為哲宗膝下並無子嗣可以承繼皇位，「大行皇帝無子」，而神宗的皇后向氏也未曾誕育皇子，「老身無子」，因此當時的皇位繼承人只能在哲宗的諸位庶出皇弟中挑選，而根據「先立嫡長」的繼承順序，神宗第九子申王趙佖「於諸弟為最長」，理論上有承繼大統的資格，就連徽宗登基之前也曾「固辭」：「申王居長，不敢當。」〔註19〕然申王「有目疾」「病眼」，無法承繼皇位，所以無論是對太后所推舉的端王還是章惇所支持的簡王而言，都不具備實際的威脅。因此太后與宰相雙方均將其排除在新帝候選的首發陣容之外，同時又利用其名義上的候選資格來壓制對手，故申王當時所處，實是一個敏感而尷尬的位置。徽宗即位後，這種狀況旋即改觀：「以帝兄拜太傅，加殊禮，旋拜太師，歷京兆、真定尹，荊、揚、太原、興元牧，徙國陳。」因為此時的申王，已經變成了打造新帝「知孝悌、親手足」形象的一張王牌，越是對其禮遇有加，越能在百官面前彰顯一代明君的氣度與胸懷；越是大張旗鼓地將兄長推至顯貴之位，越能提醒世人：健康的端王從才是更為理想的繼承人。換言之，在新的政治形勢下，申王以其年長的先天條件和明顯的生理短板，成為襯托新帝形象的一個符碼，他的存在證明徽宗稱帝的資格名正言順，他所獲得的恩寵則能注釋皇帝的仁慈與寬容。至此，申王與徽宗的正面形象捆綁在了一起，成為與皇帝休戚與共的利益同盟。

　　與此同時，奪嫡之路上的另一強勢候選人簡王卻沒有這般幸運，徽宗定位後，簡王雖也「加司徒，改鎮武昌、武成，徙封蔡，拜太保，移鎮保平、鎮安，又改鳳翔、雄武。」但旋即因「王府史語言指斥」，便「送大理寺驗治，似上表待罪。」〔註20〕此事震動朝野，左司諫江公望上疏勸誡：「陛下之得天下也，章惇嘗持異議，已有隙跡矣。蔡王出於無心，年尚幼小，未達禍亂之萌，恬不

〔註19〕曾布《曾公遺錄》，中華書局 2016 年版，第 175 頁。
〔註20〕脫脫《宋史》，卷第二百四十六，列傳第五宗室三，中華書局 1985 年版，第
　　　　8719 頁。

以為恤。……若以曖昧無根之語，加諸至親骨肉之間，則有魏文『相煎太急』之譏，而忘大舜親愛之道，豈治世之美事邪。」〔註21〕結果竟是「疏入，公望罷知淮陽軍。」〔註22〕可見徽宗對簡王有著深刻的忌憚，因為這位身為先皇胞弟、且已獲取宰相支持的競爭對手才是徽宗即位的真正威脅。申王與簡王同於崇寧五年（1106）去世，申王「輟視朝七日。贈尚書令兼中書令、徐州牧、燕王，諡榮穆。又加贈侍中，改封吳王。」簡王「贈太師、尚書令兼中書令、冀州牧、韓王，改封楚王，諡榮憲。」二人的追封看似齊平，細究起來卻有天壤之別，為將差異清晰化，列表如下：

申王	崇寧五年薨，	輟視朝七日		贈尚書令兼中書令、徐州牧、燕王	諡榮穆。	又加贈侍中，	改封吳王
簡王	崇寧五年薨，		贈太師	（贈）尚書令兼中書令、冀州牧、韓王	諡榮憲。		改封楚王

上表可見，申王去身之後，禮遇比簡王多出兩項，一為「輟視朝七日」，即全體官員停議國事，專為申王行喪；一為「加贈侍中」，「侍中」即同宰相，〔註23〕以謂極榮。而簡王這邊僅比申王多出一項「贈太師」之譽，實則是因為徽宗即位不久，便對申王「旋拜太師」，即申王生前已有「太師」之銜，死後自然不用追封，所以這一方面，簡王仍然落後於申王。

　　綜上，徽宗即位後，採取了禮遇申王而遏制簡王的策略，作為高階近臣的曾布自然不會忤逆帝王心術，當時的所有相關記錄中，無論是邵伯溫、蔡惇等人的私家筆錄，還是《長編》《實錄》等官方著史，皆載章惇「當立長（申王）」之語，唯獨《曾公遺錄》盡刪此節，這並非是為宿敵章惇減輕罪過，而是在為皇帝掃清障礙。因為章惇所言是將申王置於皇帝的對立面，試圖利用申王的年

〔註21〕脫脫《宋史》，卷第二百四十六，列傳第五宗室三，中華書局 1985 年版，第8719 頁。

〔註22〕脫脫《宋史》，卷第二百四十六，列傳第五宗室三，中華書局 1985 年版，第8719 頁。

〔註23〕參閱《文獻通考・職官四》：古代職官名。秦始置，是列侯以下至郎中的加官，沒有定員，為丞相之史，以其往來東廂奏事，故謂之侍中。兩漢沿置，為正規官職外的加官之一。因侍從皇帝左右，出入宮廷，與聞朝政，逐漸變為親信貴重之職。晉後，曾相當於宰相。隋因避諱改稱納言，又稱侍內。唐復稱，為門下省長官，乃宰相之職。北宋猶存其名，南宋廢。《新唐書・百官志一》：「唐因隋制，以三省之長中書令、侍中、尚書令共議國政，此宰相職也。」清代袁枚《隨園隨筆・古官尊卑不一》言：「秦漢侍中本丞相史，不過掌虎子、捧唾壺等事。而晉以後之侍中，乃宰相也。」

長優勢來遏止端王（徽宗）的即位，這與徽宗登基後通過施恩申王來建立仁君形象的意圖嚴重相悖，因此探得皇帝脈門的曾布，便在私出的日錄中精確摘除了這番可能會對皇帝造成影響的言論。儘管在議儲過程中，太后與章惇均對申王的即位資格給予過一定程度的認同，如「申王病眼，次當立端王」，「當立長」，但太后之語是將申王置於端王的輔助面，「申王雖長，緣有目疾。次即端王當立」，與徽宗即位後的政治大方向無異，因此得以存著。此外，申王薨於崇寧五年，而曾布死於崇寧六年，二人去世相差僅僅一年，這意味著徽宗朝兩者的活動時間與在朝軌跡基本重合，即言，曾布與申王一直保持著同朝為官的狀態，那麼面對皇帝如此優待的申王，曾布同樣沒有必要在私家日錄中一再強調令其尷尬的事實；而對於已遭貶斥、淪於劣勢的簡王，則無需抱有太多顧慮，因此《曾公遺錄》關於簡王奪嫡失敗的記載，較之後世文獻，可謂絲毫未刪。

理論上，曾布在去世之前一直具備修改、增刪日錄的可能，有關向太后的諸多記載中，能夠清晰地看到種種二次補敘造成的情緒矛盾與邏輯疏漏，同時也能在這種再次的修錄行為中，察覺到曾布試圖還原並呈現「親見」的歷史場景的意圖。但在有關申王的記錄中，這種「二次曝光」的手段卻並未施行，所見僅有一次事實上的「裁剪」。〔註24〕這種操作除了有政治利益方面的考慮，還應存在時間差的限制與被錄者的地位影響。曾布能夠對太后記載做到二次刪修，主觀上當然是為了效忠新帝。而客觀條件方面，向太后「才六月，即還政，明年正月崩」，〔註25〕即在徽宗即位一年後，太后勢力便已全然瓦解，如

〔註24〕 在迄今所見的有關議立徽宗的記載中，除《曾公遺錄》外，所有文獻皆有章惇「立長」「申王當立」之語，包括較為信實的公史《長編》亦有此說辭，說明章惇言語並非空穴來風，但唯獨最早成文的《曾公遺錄》對此隻字未提。著者曾布與章惇為宿敵，按其以往的敘事習慣，章惇但凡有失體言論，曾布必於日記中詳細記錄，彼時章惇已經在繼承人問題上鑄下「大錯」，曾布恐無理由為其粉飾言行，更無顧慮放大其差錯。兼《長編》修錄亦大量參考了由親歷者曾布所撰《曾公遺錄》，卻仍確鑿寫下章惇有「立長」之語。所以本文更傾向於《曾公遺錄》初稿中有章惇「立申王」之語，或者其他宰執日記、執政記初本中亦有相關記錄，再經過文、口相傳，該細節才擴散到當朝官員群體之間，因此邵氏《辯証》、「蔡惇直筆」乃至日曆、《徽宗實錄》等文獻中才有了相應的記載。只是後期徽宗當政，形勢更變，申王與新帝的利益密切正相關，曾布才於日記中裁除了章惇的「立長」言論。

〔註25〕 脫脫《宋史》，卷第二百四十三列傳二后妃下，中華書局 1985 年版，第 8629 頁。

此一來，身居相位的曾布便再無顧慮，且此時距曾布所隕之崇寧六年，尚有充裕時日，因此可以放手修錄日記，重構自己擁護皇權的主導姿態；而申王於崇寧五年方才去世，次年曾布便也逝身，儘管對曾布而言尚有一年左右的時間差，但死亡顯然不是戛然而止的生命終結，肉身與精力的雙重衰朽極有可能令當時的曾布已無暇去還原「親見」的歷史。再者，相對於太后勢力，申王的存在感並不強，儘管皇帝對其極為優待，但他始終只是徽宗王朝中錦上添花的修飾符號，而非舉重若輕的政治力量，因此有關申王的記錄，實無必要為其進行修改，曾有的裁除也完全是以徽宗為利益重心進行的。

　　如是觀之，私家筆錄的「信」讓位於書寫個體的切實利益，而官方著史的「信」則需要讓位於「訓」。太后召群臣議立新帝，其口吻由問詢變成命令是因為這個原因；徽宗初即位詔太后輔政，群臣異議被壓制亦是因為同樣的原因：《徽宗實錄》舊錄載「時所命中使□靖方謂蔡京曰：『元祐禍亂，前事未遠，豈可更為？且長君不當如此。』京以語輔臣，而惇等不果諫。」〔註26〕新錄則辨曰「自『時所命中使』至『惇等不果諫』四十二字，豈有新帝即位，初出命令，而中官與翰林學士毀讟如此？不可以訓。今盡刪去。」〔註27〕

三、公私文獻中的不同受話人

　　曾布最後表態之際，受話人有「太后」與「章惇」兩個版本。北宋史料中，曾布言語所向幾乎全是「章惇」，如《辯誣》記云：「樞密使曾布厲聲曰：『章惇聽太后處分。』」〔註28〕《直筆》〔註29〕記云：「知樞密院曾布喝曰：『章惇不得辭說，一聽太后聖旨。』」〔註30〕南宋史料中，曾布言語所向卻變成「太后」，從《徽宗實錄》《續資治通鑑長編》到《徽宗本紀》〔註31〕，曾布皆曰：「章惇未嘗與【　】（臣等）商量，（如）皇太后聖諭極當。」〔註32〕受話人從「章

〔註26〕 李燾《續資治通鑑長編》，卷第五百二十，中華書局 2004 年版，第 12354 頁。
〔註27〕 李燾《續資治通鑑長編》，卷第五百二十，中華書局 2004 年版，第 12354 頁。
〔註28〕 李燾《續資治通鑑長編》，卷第五百二十，中華書局 2004 年版，第 12357 頁。
〔註29〕 《長編》中引用的蔡惇著文獻，文中稱為《直筆》，原名為《燮州直筆》。
〔註30〕 李燾《續資治通鑑長編》，卷第五百二十，中華書局 2004 年版，第 12357 頁。
〔註31〕 《宋史·徽宗本紀》為元代成文，但《宋史》作為二十四史中最為龐大的一部作品，僅於兩年零七個月內便全部完成，顯然不可能是修撰者們的重新創作，而只能是大量照搬既有文獻。文本層面，《徽宗本紀》有關議立新帝的敘述與《徽宗實錄》《續資治通鑑長編》幾乎完全一致。從這個角度而言，《徽宗本紀》也可視為南宋成文。
〔註32〕 曾布《曾公遺錄》，中華書局 2016 年版，第 175 頁。

惇」到「太后」的轉變，體現的是語言重心的遷移，語言重心則指明了政治導向與利益取捨。

欲述明受話人在兩宋之間為何不同，首先需釐清文獻的來源與性質。北宋史料幾乎均係私出，如邵伯溫的《辯誣》、蔡惇的《直筆》；南宋史料則盡為公史，如《庚辰以來詔旨》《徽宗實錄》和《續資治通鑒長編》。那麼，時間性差別就僅僅是表象，問題的實質還在於「公私」之別。次之，應參考公私本文的著時順序，私出筆錄在前，公著史書在後，且公史明確將相關私錄作為信息源以供參考，卻仍然修訂了不同的受話人，說明公史修著時對該問題進行過專門的取捨。

（一）私錄：語向章惇

私人記錄中除了《曾公遺錄》將太后列為受話人，《辯誣》《直筆》等書皆記載著曾布語向章惇的場景——「樞密使曾布厲聲曰：『章惇聽太后處分。』」〔註33〕「知樞密院曾布喝曰：『章惇不得辭說，一聽太后聖旨。』」〔註34〕何方記錄更貼近歷史真相，應從以下四方面加以考量：

1. 時間契點

元符三年，邵伯溫（1055～1134）45 歲，「從外臺辟環慶路帥幕」，〔註35〕謂在朝之人；「徽宗即位……宣仁太后之謗，伯溫既辨之，又著書名《辯誣》。」〔註36〕可知《辯誣》一書著於 1100 年之後不久，謂即時之錄。蔡惇生卒年不詳，然其子蔡興宗於宣和三年（1119）任桐柏郡（今河南南陽）從事，兼《夔州直筆》中有錄元符三年事，可推算蔡惇其人亦可謂之「在朝」，則《直筆》也可謂之「即時」。如此，在時間方面，邵伯溫、蔡惇與曾布皆為當朝之人，所錄皆為即時之事。

2. 空間距離

哲宗駕崩時，曾布時掌樞密院，作為核心宰輔參與議政。而邵伯溫的人生

〔註33〕脫脫《宋史》，卷第四百七十一列傳第二百三十姦臣一，中華書局 1985 年版，第 13713 頁。

〔註34〕李燾《續資治通鑒長編》，卷第五百二十，中華書局 2004 年版，第 12357 頁。

〔註35〕脫脫《宋史》，卷第四百三十三列傳第一百九十二儒林三，中華書局 1985 年版，第 12852 頁。

〔註36〕脫脫《宋史》，卷第四百三十三列傳第一百九十二儒林三，中華書局 1985 年版，第 12853 頁。

軌跡則始終逡巡在核心權力圈之外,「紹聖初,章惇為相,……欲用伯溫,伯溫不往」,徽宗即位後又遭「出監華州西嶽廟」,再「知陝州靈寶縣,徙芮城縣」,〔註37〕因此議立新帝這種重大場合,邵伯溫不可能在場,《辯誣》所錄只能得諸「聞見」而非親歷。蔡惇為官品階最高時為直龍圖閣學士,從三品,但此官「無吏守、無職掌,惟出入侍從備顧問」,〔註38〕並無實權。據史料記載,徽宗議立時,僅太后、宰相併三省等權臣在場,因此蔡惇亦無可能「親歷」,加之其《直筆》又名《夔州直筆》,可知該書著錄於夔州,遠離都城汴梁,因此其信息來源亦只可能是「聞見」。從這一點觀,親歷者曾布的私家日錄似乎應該更為真實。

3. 利益關涉

論理而言,親見者曾布的私家日錄應更為真實,但恰因為是「親歷」,個體利益必然深涉其中,加之其日錄中諸多的反覆修寫,《曾公遺錄》之「信」在很大程度上已然讓位於「利」。從「利益」角度觀之,曾布將言語所向定位為太后,即將太后視為該語境中的權力核心,而太后所主者正是後來的徽宗,故而尊奉該場域中的太后,即是尊奉皇帝的正統,因此曾布語向太后比語向章惇要獲利更多。另外,對章惇意見進行「無視」而直接語向太后,是從語言渠道上切斷了與章惇的溝通,這種行為除了能在文本層面將章惇孤立在語言架構之外,更是在現實層面將章惇排除在權力體系之外,面對宿敵,如此處置文獻當然更勝一籌。

邵伯溫與蔡惇等人遠離核心權力圈,僅能作為「聞見」者而存在,說明利益關涉較之曾布大打折扣。既然牽涉微弱,那麼他們的記載就應是忠誠地還原著「聞見」,《辯誣》《直筆》等作品本也具備著私人信史的意味。如此,若邵、蔡等人「聞見」的便是曾布語向章惇,文本層面自然因之落筆。所以更為可能的情況是,曾布於現場確曾呵斥章惇,隨後這一細節由核心權力圈擴散至其他階層的官員群體中,又陸續出現在由他們撰寫的私家筆錄裏,而曾布本人雖於當場語向章惇,但為獲取利益最大化,輒在私出的日錄中將語言所向的對象修定為太后。

〔註37〕脫脫《宋史》,卷第四百三十三列傳第一百九十二儒林三,中華書局 1985 年版,第 12853 頁。

〔註38〕脫脫《宋史》,卷一百六十二志第一百一十五職官二,中華書局 1985 年版,第 3811 頁。

4. 語境語勢

哲宗去世時膝下並無子嗣，繼承人的擇定注定是一場重大而複雜的角力。據諸多史料記載，皇太后向氏主推端王，宰相章惇則支持簡王，雙方在朝堂之上辯爭不休，最後有賴曾布言語一出，遏止了章惇，促成了爭論的關鍵轉折，從而令太后徹底占於上峰，而徽宗得以順利即位。可以想見，在章惇與太后針鋒相對的激烈語境下，曾布若僅僅如其日錄所述對太后作「應聲云」，恐難以震懾正處於情緒巔峰處的章惇；若如《辯誣》《直筆》等載對章惇作「厲聲曰」「喝曰」，恐才足以遏止章惇氣勢，令之「默然」。曾布之所以在私出的日錄中作「應聲云」，除了有趨奉太后和徽宗的利益使然，也是出於自覺維護朝堂體統的心理，畢竟宋臣們公認：「大事不需紛爭，且款曲商量，恐觀聽不便。」言語的情緒化傾向與士大夫們所恪守的「理性」相悖，激烈的爭端往往暗喻著巨大的分歧，而分歧的表徵一旦擴散，勢必會對決策者們的公信力造成影響，這是身為權臣的曾布等人絕不樂見的。因此為了維護決策者們的共同利益，曾布的日錄在不違背基本事實的基礎上，將對章惇的「厲聲曰」改為對太后的「應聲曰」，保持了相對冷靜的書寫制式，製造出一個應然且必然的決策過程。

宰相日錄雖為私錄，但亦有自覺而「訓」的意味，不過此「訓」的底色是「利」，包括個體私利與其所處小團體之利。公史修著之「訓」，當然也是為了統治之「利」，然這種「利」因為關乎天下，已不僅僅是皇帝個人形象或利益的問題，而是國家能否維持穩定、長治久安的重要一環。另外，情緒迸發往往是當事人的真實情態，過多地暴露情緒，一方面會被貼上「衝動」與「失智」的標籤，與理想決策者的基本素質背道而馳；另一方面也將自身的情緒節奏與行為模式悉數提供給政治敵手，這絕非成熟的政治家所為，所以合格的政治家們如王安石、曾布等，從來不具蘇軾任情率性、倒斛傾珠的文風。

綜上，在私錄信實與否的問題上，「親歷」是一把雙刃劍，一方面它確實能保證最真實的見聞，另一方面它又往往伴隨著深入的利益牽涉，從而導致書寫者可能對細節進行修改，以滿足個體獲取更大利益的動機。故，「語向章惇」應該更為真實地還原了歷史現場。

（二）公史：語向太后

所有議立徽宗的公史敘述，都將「太后」定為曾布最後表態之際的受話人。（詳見本章後附表）詭奇之處在於，垂簾聽政是皇權旁落的徵兆，歷來為朝堂

大忌，宋著史籍對此似乎並無諱避，反而間接流露出一種「尊太后」的傾向。
原因有二：一是文獻因襲形成，一是政治利益導致。

　　所謂文獻因襲，是因為章惇在「嗣位」問題上忤逆了徽宗，所以徽宗即
位後便下令，將章惇為相期間主持修撰的《時政記》《日曆》等盡皆焚毀，導
致李燾在修著《續資治通鑑長編》時「至於哲宗朝事蹟載在《時政記》《日曆》
者，皆為蔡京取旨焚毀滅跡」，〔註39〕只能大量取用曾布《日錄》，因此「語
向太后」的細節得以進入國史，從此流散開去。宋以後，幾乎所有的官方文
獻都因襲著相似的陳述，如《宋史‧徽宗本紀》有關徽宗議立的詳情，與《長
編》所述幾乎完全一致。此是因為，《宋史》全書凡四百九十六卷，是二十四
史中最龐大的一部官修史書，於至正三年（1343年）三月開始修撰，至正五
年（1345年）十月即成書，並與次年（1346年）刊刻，全部編修過程僅僅歷
時兩年零七個月。在如此短暫的時間內完成一部卷帙浩繁的史類著作，顯然
不可能依賴於修撰者們的重新創作，何況脫脫卸任之後的繼任主編阿魯圖並
不能諳識漢文，因此《宋史》的編修幾乎只能是大量照搬既有文獻。從文獻
維度上觀，「語向太后」是文獻傳承的客觀結果。

　　所謂政治利益導向，是指史官著述需要維護其所處的國體與政體。「后權
干政」的內蘊其實是「皇權獨大」，徽宗才是真正的利益中心。儘管政權交替
之際，各方勢力彼此纏鬥，立場紛雜，太后左右嗣位之舉難於定性。但史書永
遠是勝負既定之後由勝方執筆，因此站在已然當政的徽宗這一方回顧從前，后
權自然是在為皇權保駕護航，所以元符三年初的太后與皇帝是利益共同體，此
時的后權是皇權的輔佑與支撐，自然獲取《時政記》《詔旨》《長編》等官方文
獻的一致傾偏。

　　與諸多官方史料相比，曾布《日錄》中卻保留有大量對太后的暗中貶斥。
文體層面，說明宋代政史類日記儘管多作為公著史書的預備役而存在，卻仍然
具備著別於官方意志的自主書寫原則。即不論出於利益抑或它種驅動因素，日
記終究是一類具備明確文體特色的獨立文本。現實層面，曾布之所以敢於在日
錄中對太后婉語「遏」之，本質上還是站在擁護皇權的立場上，對已經執掌天
下的皇權和早已泯於歷史的后權，所進行的一次精確「剝離」。曾布的政治層
級遠遠高於史館職屬，因此能在更為微妙的層面上，體味到皇權與后權之間隱

〔註39〕李心傳《建炎以來繫年要錄》，卷七六紹興四年五月庚申條，上海古籍出版社
　　　　1992年版，第72頁。

蔽的氣場「相沖」，並加以利用，其《日錄》對后權的暗貶實是為了向皇帝「邀寵」。至於史館官員們，他們所著之公史是為面向國家與後世的，「僅在」且「必須在」宏觀層面發生意義，所以元符三年的后權與皇權從屬於同一戰線，是家國維穩的必要保障。從利益角度探討，「語向太后」是國家利益驅動下，士大夫們的主動抉擇。

綜上，官方公史的「語向太后」，既是文獻承襲的客觀結果，亦是利益驅動下的主觀抉擇。

（三）宋後史籍：語向章惇並太后

經宋以後，各代史學文獻在敘述相關問題時，統一取法了綜合路徑，即將「語向章惇」與「語向太后」結合起來，形成受話人雙立的「兩全」模式——「曾布叱之曰：『章惇未嘗與臣商議，如皇太后聖諭極當。』」〔註40〕具體舉措是在南宋文獻「語向太后」的說辭前，將「曰」改為「叱之曰」，從而將前半句「章惇未嘗與臣（等）商議」自動化歸為「語向章惇」。（詳見本章後附表）

最早採用如上策略者為元末明初〔註41〕陳桱著《通鑑續編》，其綰合前代文獻信息點的書寫策略於文本層面體現得較為明確，如曾布言辭悉數取自《曾公遺錄》《徽宗實錄》《續資治通鑑長編》《宋史‧徽宗本紀》，而「叱之曰」則來源於《宋史‧章惇傳》。如此編訂，有幾分「以全為宗」的味道，但一段言說之內語向雙人，無形中模糊了言語傳遞的方向，造成文本層面的敘事不清。《四庫全書總目提要》評價《通鑑綱目》時，曾云其有「輾轉相牽」〔註42〕「輕信傳述」〔註43〕之病，恰合此段歷史「取而不捨」的編寫方式。但《通鑑綱目》編修於明代，不僅距宋已逾百年，更兼改朝換代，故後世的修史者於此已無利益關涉，只能是更注重史實與理訓的傳承，曾布語向章惇或是太后，在遙遠的後世層面上已不構成意義，因此即便會產生語焉不清的敘述，《通鑑綱目》也依然堅持存留全面的信息點。「《通鑑綱目》以後，繼而作者，實始於桱。」〔註44〕從此而後，但凡有涉及此段歷史的文本，如明代馮

〔註40〕陳桱《通鑑續編》卷十，《文淵閣四庫全書》史部90冊，臺灣商務印書館1986年版，第651頁。
〔註41〕舊本題元陳桱撰。桱，字子經，奉化人，流寓長洲，後入明為翰林編修，以附楊憲，遷待制，見《明史》憲本傳。題元人者誤也。
〔註42〕紀昀《四庫全書總目提要》，河北人民出版社2000年版，第2291頁。
〔註43〕紀昀《四庫全書總目提要》，河北人民出版社2000年版，第2291頁。
〔註44〕紀昀《四庫全書總目提要》，河北人民出版社2000年版，第2291頁。

琦《經濟類編》、陳邦瞻《宋史紀事本末》、商輅《通鑑綱目續編》、薛應旗《宋元資治通鑑》，清代《通鑑輯覽》、嵇璜與劉墉《續通志》等，文本敘事皆與之一般無二；清代畢沅《續資治通鑑》、徐乾學《資治通鑑後編》、葉澐《綱鑑彙編》等相關書寫，雖不完全一致，然不過是在其基礎上簡單裁剪而成，依然可謂出自於此。

綜上，宋後的史本敘事呈現出縐合兩方受話人的狀態，首先是因為逾時已久，語向誰方均不存在利益差別，所以遙世而生的修史人傾向於保存更全面的信息；其次則是因為《通鑑綱目》示範在前，元明清三代文獻取法在後，文獻相襲形成的自然結果。

四、章惇是否當眾詆毀端王

哲、徽兩朝交替之際，關於新帝議立的過程，諸多史籍均有記載。宋代史料中，章惇雖明確反對端王（徽宗）即位，但未曾當眾詆毀端王，僅僅是強調簡王襲位的合理。自元代之後，相關記載卻均有章惇「端王輕佻，不可以君天下」的說辭，《通鑑續編》《經濟類編》《宋史紀事本末》《通鑑綱目續編》《宋元資治通鑑》《寰宇分合志》《續資治通鑑》《通鑑輯覽》《續通志》《資治通鑑後編》《綱鑑會編》等對此的記錄如出一轍。（詳見本章後附表）如此，宋代史料中俱不見載的「端王輕佻，不可以君天下」，卻偏偏大量出現在了元、明、清三代間所編纂的各類史籍中，個中原委，必得從頭溯源。

此語最早見諸《宋史·徽宗紀》，其文末「贊曰」：然哲宗之崩，徽宗未立，惇謂其輕佻不可以君天下。〔註45〕「贊」既為史官所著，則有學者認為其「或為宋朝史官原作，但也不能完全排除經過元代史官修訂」，〔註46〕《宋史》修著距此事發逾百年有餘，實難述清此「贊」到底出自誰手。況且，此「贊」之前，無論公私，存世文獻中都未有「端王輕佻」語；此「贊」之後，至元末明初陳桱著《通鑑續編》中方才出現相同的記載：「惇曰：『端王輕佻，不可以君天下』。」還成為後世史本摹寫範本，直至清末都幾乎原樣傳襲：

　　「惇曰：『端王輕佻，不可以君天下。』」（《經濟類編》）

　　「惇曰：『端王輕佻，不可以君天下。』」（《宋史紀事本末》）

　　「惇曰：『端王輕佻，不可以君天下。』」（《通鑑綱目續編》）

〔註45〕脫脫《宋史》，中華書局 1977 年版，第 417～418 頁。
〔註46〕黃日初《「端王輕佻，不可以君天下」辨疑》，《北京社會科學》，2015 年第 6 期。

「惇曰：『端王輕佻，不可以君天下。』」（《宋元資治通鑑》）

「惇曰：『端王輕佻，不可以君天下。』」（《寰宇分合志》）

「惇又曰：『端王輕佻，不可以君天下。』」（《續資治通鑑》）
〔註47〕

「惇曰：『端王輕佻，不可以君天下。』」（《通鑑輯覽》）

「惇曰：『端王輕佻，不可以君天下。』」（《續通志》）

「惇又曰：『端王輕佻，不可以君天下。』」（《資治通鑑後編》）

「惇曰：『端王輕佻，不可以君天下。』」（《綱鑑會編》）

考察「端王輕佻」的見載軌跡，可以得到一個初步的判斷：此語更似宋代之後憑空而出。至於具體情形，無非兩種。一，此語本來即有，為避皇帝之諱，故未能在宋本正史中留下這等「大逆不道」之言；二、並無此語，乃後世據史料附會而成，經予漫長的時間發酵和他朝重構，成為眼下的版本。

（一）「本有此語」辨

史書方面，若云為避諱，於正史中刪除臣子對皇帝的貶斥之言，確實有這種可能，只是綜合梳理整個宋代的存世史籍，私錄野史中亦無此般「不可君天下」之言，例如邵伯溫《辯誣》中，章惇稱「簡王當立」「當立長」；蔡確《直筆》中，章惇稱「當立嫡」「當立親」，語言重心均係簡王，而非端王，更無當面詆毀之語。公史修著者往往須存「大公至正」之心，因此自覺擁護所處體系、服從官方意志以對文本進行取捨是常態，但私錄野史往往無須嚴格奉行官方意志，章惇若真有此驚世之語，有宋一代的私錄野史中沒有理由對此毫無記載。兼邵伯溫本人對章惇「作惡」太過持具著非常明朗的否定態度，〔註48〕如果章惇真發此忤逆之言，邵氏豈能置之不理？

公文方面，徽宗即位後不久即將章惇罷相，諸位官員為向新帝進忠，對章惇展開了一場聲勢浩大的「圍剿」，如右正言任伯雨稱「自古姦邪，未有不先犯名分而能為亂者也。」〔註49〕「左僕射章惇罪惡顯著，久稽天討。」「章惇身為上宰，久擅國柄，迷國罔上，毒流搢紳。」「逆天咈人，輕亂名分，睥睨萬乘，不復有臣子之恭。」左司諫陳瓘云「欲搖大策，久稽天討，公論沸

〔註47〕畢沅《續資治通鑑》，中華書局1979年版，第2193頁。

〔註48〕顧宏義《宋徽宗即位日記事發覆》，《首都師範大學學報》，2017年第5期。

〔註49〕《九朝編年備要》卷二六「建中靖國元年二月」，參見《文淵閣四庫全書》史部86，臺灣商務印書館1986年版，第692頁。

騰。」〔註50〕章惇制貶官制詞曰「屬時艱難，而包藏奸謀。規撓大計，公肆橫議，無所忌憚。」〔註51〕儘管這些指控言之鑿鑿，極盡苛厲，但細究之下卻不過是些籠統之辭，因為撥開重重言語構築的迷障，支持「罪惡顯著」「逆天咈人」「規撓大計」等觀點的論據僅有一項，即是章惇的「簾前異議」。〔註52〕如任伯雨指責章惇「意語乖倒」，「首發異議，一語乖倒」，「尚敢簾前公肆異議」；陳瓘數論章惇「罪大」，是因其「初唱異議」；〔註53〕中書舍人鄒浩有「惇之所以異意者」等言；〔註54〕曾布曰其「陰懷異志，獨倡奸言」，〔註55〕這意味著朝臣指斥章惇的重點是他在議立新帝時發表過不同意見，而非「面詆」端王。甚至在一些更為嚴厲且堂皇的批判中，「自哲宗疾勢彌留，中外洶懼，惇為宰相，自當引天下大義，乞立陛下為皇太弟，以繫人心，以安國勢，持危扶顛，輔弼之任。惇懷異意，謾不恤此」，也只是言其未能盡到宰相的職責，沒有體恤持危扶顛、安邦輔弼的時局需求，卻未能指出任何具體的罪行。因此，以群臣鋪張揚厲式的「討伐」而觀，若章惇真於簾前宣稱「端王輕佻」，言事官們上書時焉能一字不著、以為彈劾？

　　政敵方面，曾布在私出日錄中曾毫無避諱地奚落章惇，「嗣位」一事的相關記載中亦多鄙斥之語，至於惇言則僅載：「依典禮、律令，簡王乃母弟之親，當立。」〔註56〕如若章惇真有「不可君天下」之語，曾布沒有理由為其諱釋。畢竟，章惇一句「雜賃院子裏婦人語」都曾被曾布反覆咀嚼，「面詆」聖上這等逆天罪行，如何能夠略過？而章惇遭貶之際，曾布對此的評價就更加耐人尋味，其云：「惇罪狀不可不明，又不可指明。」倘章惇真有反逆之言，其罪狀

〔註50〕 《論章惇罪大責輕乞行流竄狀》，見楊士奇《歷代名臣奏議》卷一八一，《文淵閣四庫全書》史部196冊，臺灣商務印書館1986年版，第227～228頁。

〔註51〕 徐自明《宋宰輔編年錄校補》，中華書局1986年版，第672～674頁。

〔註52〕 《九朝編年備要》卷二六「建中靖國元年二月」，參見《文淵閣四庫全書》史部86，臺灣商務印書館1986年版，第692頁。

〔註53〕 楊士奇《歷代名臣奏議》卷一八一，《文淵閣四庫全書》史部196冊，臺灣商務印書館1986年版，第227頁。

〔註54〕 鄒浩《道鄉集》卷十五，《入內都押梁從政降官制》，「方哲宗昇遐之始，皇太后深念大計，召爾詢焉。爾乃佐佑章惇，請聽其語。向非聖慮先定，牢不可移，則惇之所以異意者，將因爾而售也。」

〔註55〕 徐自明《宋宰輔編年錄校補》卷十一，中華書局，1986年12月，第672～674頁。「方先帝奄棄天下，中外震驚。乃復於定策之際，陰懷異志，獨倡奸言。賴母后聖明，睿意先定。克正名分，神器有歸。」

〔註56〕 曾布《曾公遺錄》，中華書局2016年版，第175頁。

．

當然是必須「指明」，何來「不可指明」之語？事實是，章惇僅僅是在議立新
君時沒有支持端王，而並非堅決反對已經登基的徽宗，「夔遂默然」即是其態
度軟化的證明，更兼新帝即位後，章惇已然表現出了相當合作的態度。所以政
治宿敵「不可不明」又「不可指明」的判語，恰是對章惇身上這種曖昧局面的
寫照。

　　刑責方面，章惇從位極人臣貶落至武昌節度副使，雖謂一落千丈，但貶謫
實際發生在徽宗即位半年之後，而在此之前，君臣雙方均維持了友好合作的表
象。如端王即位後實施第一項政治舉措時，便首將章惇喚至身邊，耳語商議後
方才宣布；〔註57〕其後章惇又受封為申國公，還出任了哲宗的山陵使。〔註58〕
元符三年九月出相之際，徽宗也充分顧及了這位老相的顏面：「章惇求去乞越
州，當與之。朕不以定策貶惇，只緣奉哲宗靈駕不職，累有彈章，朕不敢已。」
〔註59〕種種跡象表明，章惇雖在嗣位問題上提出過反對意見，並由此失去了新
帝的信任，但其行為顯然不至大謬，否則皇帝也不會特意強調「朕不以定策貶
惇」。〔註60〕如若章惇確曾宣稱「端王輕佻，不可以君天下」，則此等「非君」
大罪又豈能是出離京城、遠置潭州便可抵消的？

　　史書、公文、政敵、刑責四個層面，均未見章惇有或「應有」詆毀端王之
語，則可大致判定，「端王輕佻，不可以君天下」之語並非出自章惇，更何況，
在大勢已定之際仍口出狂言、詆毀潛在新帝，這種可能性相對其在朝數十年的
政治經驗而言，確實太過微茫。

（二）「本無此語」析

　　如果章惇未嘗有言「端王輕佻，不可以君天下」，則此語必為後世史家添
入。前文已述，該段言辭最早見於《宋史‧徽宗紀》，《宋史》為元人所著，則
大致應為元人附會。清代學者曾云：「宋代國史，亡國時皆入於元，修史時，
大概祗就宋舊本稍微排次，今其跡有可推見者。」〔註61〕說明《宋史》是在「宋
舊本」的基礎上「排次」而成。

　　至於為何添加這樣一句言辭，目前學界有兩種觀點，一種觀點認為後來

〔註57〕曾布《曾公遺錄》，中華書局 2016 年版，第 176 頁。
〔註58〕曾布《曾公遺錄》，中華書局 2016 年版，第 224 頁。
〔註59〕陳鈞《皇朝綱目編年備要》，中華書局 2006 年版，第 8934 頁。
〔註60〕陳鈞《皇朝綱目編年備要》，中華書局 2006 年版，第 8934 頁。
〔註61〕趙翼撰，王樹民校正《廿二史劄記校正》，中華書局 1984 年版，第 498 頁。

（宋或元）的史籍修撰者為追究徽宗亡國之責，「又要為尊者諱」，〔註62〕才通過新黨中人章惇所謂「徽宗未立，惇謂其輕佻不可以君天下」來抨擊任用新黨的徽宗，〔註63〕且將此過程解釋為「從結構歷史文本敘述到重構歷史場景觀念不斷演繹的過程」。〔註64〕另一種觀點認為如是元人修史，則無理由為宋帝「尊者諱」；〔註65〕如是宋人修史，則根本不會著入如此大逆不道之言，所謂「不可君天下」應出自元人，既而為《宋史‧徽宗紀》「贊」、陳桱《通鑑續編》所引錄，再被抄入《宋史紀事本末》，從而廣為世人所熟知，成為「信史」。〔註66〕二者取其綜合，概更為合理。「不可君天下」句本身帶著「未卜先知」的性質，從內容角度而言，更似後人根據已知結果，逆時重審當時的歷史場景，加以全知濾鏡重構歷史文本而成；從為「尊者諱」而言，此語確實不可能為宋人自撰，而應為元人修入；修撰新的歷史文本之際，由於已全然脫離當時的朝局、立場限制，因此重構的文獻中帶有更多修史者個人的傾向與認知痕跡，並且呈現出明顯的「祛尊」化特徵。

　　南渡以降，對偏安一隅的宋廷而言，歷史反思與避開窠臼是一道必選題。徽宗的亡國之訓需要有一個明確的責任溯源與經驗反省，才能為南宋君臣提供繼往開來的心理保障與正確方向。就徽宗的藝文造詣而論，歷代宋帝無出其右，而這一點顯然吸引了正在進行經驗總結、歸溯亡國之因的南宋士人的注意力，「國朝諸王弟多嗜富貴，獨佑陵（徽宗）在藩時玩好不凡，所事者惟筆研、丹青、圖史、射御而已。當紹聖、元符間，年始十六七，於是盛名聖譽布在人間，識者已疑其當璧矣。」〔註67〕藩王趙佶可以因熱衷「筆研、丹青、圖史、射御」而「盛名聖譽布在人間」，但徽宗趙佶卻無法繼續憑藉此等風雅、逸致獲取士人的讚譽與支持。君王在藝文領域投放的過多精力，已經阻礙了大宋的帝業永祚，儘管其「博聞」與「好學」確也曾獲得宋人肯定，「即位之初，知南京曾肇上所奉敕撰《東嶽碑》，得旨送京東立石。上稱其文，且云：『兄弟皆有文名，又一人尤著。』左相韓師樸云：『鞏也。』子宣云：『臣兄遭遇神宗，擢中書舍人，修《五朝史》不幸早世。其文章與歐陽修、王安石皆名重一時。』

〔註62〕黃日初《「端王輕佻，不可以君天下」辨疑》，《北京社會科學》，2015 年第 6 期。
〔註63〕黃日初《「端王輕佻，不可以君天下」辨疑》，《北京社會科學》，2015 年第 6 期。
〔註64〕黃日初《「端王輕佻，不可以君天下」辨疑》，《北京社會科學》，2015 年第 6 期。
〔註65〕顧宏義《宋徽宗即位日記事發覆》，《首都師範大學學報》，2017 年第 5 期。
〔註66〕顧宏義《宋徽宗即位日記事發覆》，《首都師範大學學報》，2017 年第 5 期。
〔註67〕陳均《皇朝綱目編年備要》，中華書局 2006 年版，第 13 頁。

上領之。繇是而知上之好學問，非一日也。」〔註68〕但作為一位事實上的亡國之君，徽宗超越尋常的藝文成就，在歷史反思者的眼中反而被蒙上一層「原罪」的濾鏡，在「是否能為帝業續航」的硬性衡量標準下，他的風雅就像一柄雙刃劍，帶來了世人的頌美，卻也成為飽受爭議與詬病的目標。既成文獻的陳述傾向與價值判斷，往往會潛移默化地影響後代修史者，南宋人對亡國君主的「雅好」多執激烈之辭，元人接受這一觀點，在追溯徽宗的青年軌跡時，借章惇之口稱一句「輕佻」，自可首尾呼應、邏輯完滿，而實際上這不過是在既知結果之上，反溯前塵時所插入的「後見之明」。史本重構的過程中，元人將自體傾向與判斷注入其間，通過細節的想像與疊加，形成看似更為可信但實為「異態」的文本。

又以清代《續資治通鑒》（以下簡稱《續通鑒》）為例，其記載章惇當眾詆毀端王：「惇又言：端王輕佻，不可以君天下。」〔註69〕《續通鑒》〔註70〕凡二百二十卷，畢沅（1730～1797，乾隆二十五年〔註71〕進士）撰，〔註72〕敘事時間起自宋太祖建隆元年（960），下至元順帝至正二十八年（1368），共錄事四百一十四年。史稱其「大量引用舊史原文，敘事詳而不蕪」，又言其修撰較前代史籍「僅有取捨剪裁」，說明《續資治通鑒》的內容基本取自既成舊史，並無司馬光式的重新鎔鑄，那麼所述應皆有明案可查。又該書以徐乾學《資治通鑒後編》為基礎，參以李燾《續資治通鑒長編》、李心傳《建炎以來繫年要錄》，「積二十餘年之力，四易其稿」乃成，其修錄也謂審慎篤實，否則難獲梁啟超「有畢《鑒》則各家續《鑒》皆可廢也」的評價。如此，《續通鑒》中章惇所言應非憑空附會，而是據典而成，所以《續通鑒》記錄章惇詆毀端王，其實是照之收述此前已有的史籍記錄。

這種傳播特徵與傾向，在域外文獻的撰述中同樣可以看到。《劍橋中國五代宋朝史》（2009年版）在論及此事時這樣表述：

〔註68〕王明清《揮麈後錄》，上海書店出版社2001年版，第48頁。
〔註69〕畢沅《續資治通鑒》，中華書局1979年版，第2193頁。
〔註70〕畢沅《續資治通鑒》，中華書局1979年版，第2193頁。
〔註71〕公元1760年。
〔註72〕畢沅生前僅刊刻初一百零三卷，畢家因貪污獲罪遭籍沒而止，書稿散軼，桐鄉馮集梧買得全稿補刻成二百二十卷。《續資治通鑒》作編修者雖名為畢沅，但錢大昕、邵晉涵、章學誠等均有參與，因此該書實成於眾人之手。這大體上意味著書中所述之語，基本為眾人所認同。

　　章惇嚴守王朝禮法，視血親為兄終弟及之原則，他支持由哲宗同母弟、簡王趙似登基。欽聖太后堅決反對章惇在皇位定策上的努力，聲稱 19 歲的端王趙佶年長成熟，比趙似更勝一籌。在隨後的辯論中，她否決了章惇愈益迫切的抗議，章惇暗示「端王輕佻不可以君天下」。宰相的判斷或會被往後之事所證實，但當時他誹謗趙佶卻是魯莽之舉。最終，垂簾太后堅決主張趙佶登基的意見佔了上風，她斷言趙佶「有福壽，且仁孝」，不同於諸王。〔註73〕

　　「端王輕佻不可以君天下」〔註74〕一句的英譯原文為：「the Prince of Tuan was too frivolous to be an acceptable choice as ruler」，其中形容詞「frivolous」的意思是「無聊的，不嚴肅的，愚蠢的，可笑的」。《劍橋史》對該問題的記錄，基本承續了明清觀點，認定章惇曾有詆毀之語，並對該判斷給予了正面肯定。這種承續是文獻跨境、跨語種傳播的應然結果，當然也是誕生在文獻源歷代疊加的基礎之上。

〔註73〕史樂民《劍橋中國五代宋朝史》（上冊）〔The Cambridge History of China（Volume 5），The Sung Dynasty and Its Precursors，907～1279〕，劍橋大學出版社，2009 年，第 562 頁。參見黃日初《「端王輕佻，不可以君天下」辨疑》，《北京社會科學》，2015 年第 6 期。
〔註74〕陳邦瞻撰《宋史紀事本末》，卷第四十八，中華書局 2015 年版，第 467 頁。

附表一：宋元文獻中的「端王之立」諸版本

樞密院時政記	是日倉促之際，賴皇太后聖意先定，神器有歸，臣等俱奉行而已。蓋此意盡是皇太后聖旨，當歸功太母。					
《曾公遺錄》曾布	太后坐簾下，發聲哭，云：「皇帝已棄天下，未有皇子，當如何？」	眾未及對，章惇厲聲對云：「依禮典、律令，當如王母弟之親，當立。」	余愕然未及對。章惇聲云：「申王以下，俱神宗之子，莫難更分別。申王母病眼，次當立端王。先皇帝曾言：『端王生得有福壽。』兼先皇帝曾言『官家方偶不快，有甚事。』」			余即應聲云：「章惇並不曾與眾商量，皇太后聖旨允當。」
《辯誣》邵伯溫	明日垂簾問章惇曰：「先帝無子，神宗諸子，先帝兄也，當誰立者？」	惇曰：「以禮律推之，同母弟簡王當立。」	欽聖後曰：「身皆神宗庶子。」	惇復曰：「當立長。」	欽聖後曰：「公豈不知申王病眼，不可以臨天下？申王目有疾。」	惇尚欲有言，樞密使曾布厲聲曰：「章惇聽皇太后聖旨！」
《夔州直筆》蔡惇	欽聖遂發哭，曰：「天下不幸，官家忽然上仙。官家無子，誰當立？」	惇對曰：「臣按禮與律，當立嫡。」	欽聖曰：「老身無子，先帝諸子皆庶，誰是嫡？」	惇對曰：「當議。」曰：「誰？」惇對曰：「同母為親。」	曰：「相公既要立簡王，今申王親，以病不可。慶長，以病不可。老身已得大行言，當立端王。」	知樞密院曾布唱曰：「章惇不得大聲！」惇辭說，一聽皇太后聖旨。
《徽宗實錄》	皇太后坐殿東，垂	莘臣章惇厲	皇太后曰：「須	惇又曰：「論長	太后曰：「俱是	於是知樞密院曾布曰：「章惇

出處						
舊錄	簾、宰臣、執政至簾前，皇太后哭謂大行皇帝等宣諭，惇等皆哭。皇太后曰：「邦國不幸，大行皇帝久望有子，今卻無子，天下事，須早定。」	聲曰：「在禮律，當立同母弟簡王。」	立端王。神宗皇帝諸子，帝諸子，申王雖緣有目疾，是長，次即端王，當立。」	幼之序，則申王為長，論禮律，則同母弟之弟簡王當立。」	神宗之子，莫難於次。如此分別，端王當立。」	未嘗與樞臣商量，皇太后宣聖諭極當。」
《續資治通鑑長編》	皇太后坐殿東，垂簾，宰臣、執政至簾前，哲宗崩，皇太后哭謂宰相章惇等、惇等皆哭。皇太后曰：「邦家不幸，大行皇帝無子，天下事須早定。」	惇厲聲曰：「在禮律，當立同母弟簡王。」	皇太后曰：「神宗皇帝諸子，申王雖長，緣有目疾，次即端王當立。」	惇又曰：「論長幼之序，則申王為長，論禮律，則同母弟之弟簡王當立。」	答如此分別？皇太后曰：「俱是神宗之子，莫難於次。於次即端王當立。兼先帝嘗言端王有福壽，又仁孝，不同諸王。」	於是知樞密院事曾布曰：「章惇未嘗與樞臣商量，皇太后宣諭極當。」
《宋史·徽宗本紀》	元符三年正月己卯，哲宗崩，皇太后垂簾，哭謂宰臣曰：「家國不幸，大行皇帝無子，天下事須早定。」	章惇厲聲對曰：「在禮律，當立母弟簡王。」	皇太后曰：「神宗諸子，申王長而有目疾，次則端王當立。」	惇又曰：「以年則申王長，以禮律則同母之弟簡王當立。」	皇太后曰：「皆神宗之子，莫難如此分別，於次則端王當立。」	知樞密院曾布曰：「章惇未曾與臣等商議，如皇太后聖諭極當。」（註75）
《宋史·宗室三》	哲宗崩，皇太后議所立，	宰相章惇以似對。	後曰：「均是神宗子，何必然。」			乃立端王。

（註75）脫脫《宋史》，本紀第十九，中華書局1985年版，第357頁。

「慈榮慶王似」段

《宋史・章惇傳》	哲宗崩，皇太后議所立，	惇厲聲曰：「以禮律言之，母弟簡王當立。」	惇復曰：「以長則申王當立。」	皇太后曰：「老身無子，諸王皆是神宗庶子。」	皇太后曰：「申王病，不可立。」	惇尚欲言，知樞密院事曾布叱之曰：「章惇，聽太后處分。」[註76]
《宋史・曾布傳》	會哲宗崩，皇太后召宰執問誰可立，惇有異議，布叱惇以使從太后命。[註77]					
《宋史・神宗欽聖憲肅向皇后》	帝倉促晏駕，獨決策迎端王。章惇異議，不能泪。[註78]					
《續資治通鑑》[註79]	皇太后向氏哭謂宰臣曰：「國家不幸，大行皇帝無嗣。」	章惇厲聲曰：「當立母弟簡王似。」	惇復曰：「以長則申王當立。」	太后曰：「老身無子，諸王皆神宗庶子。」	太后曰：「申王病，不可立；先帝嘗言，端王有福壽，且仁孝，當立。」	惇又言：「端王輕佻，不可以君天下。」 惇言未單，曾布叱之曰：「章惇，聽太后處分！」

[註76] 脫脫《宋史》，列傳第二百三十，中華書局 1985 年版，第 13713 頁。

[註77] 脫脫《宋史》，列傳第二百三十，中華書局 1985 年版，第 13716 頁。

[註78] 脫脫《宋史》，列傳第二，中華書局 1985 年版，第 8630 頁。

[註79] 畢沅《續資治通鑑》，線裝書局 2009 年版。

附表二：明清文獻中的「端王之立」諸版本

	書名	作者							版本
1	《通鑑纂編》	【明】陳經	皇太后向氏哭謂宰臣曰：家國不幸，大行皇帝無嗣。	章惇抗聲曰：在禮律，當立母弟簡王似。	太后曰：老身無子，諸王皆是神宗庶子，莫難如此分別。	惇復曰：以長則申王必當立。	太后曰：申王有目疾，不可，於次則端王佶當立。	惇曰：端王輕佻，不可以君天下。	言未畢，曾布叱之曰：章惇未嘗與臣商議，如皇太后聖諭極當。	清文淵閣四庫全書本，24卷，卷十
2	《經濟類編》	【明】馮琦	哲宗崩，無子，皇太后向氏哭謂宰臣曰：國家不幸，大行皇帝無嗣，事須早定。	章惇抗聲曰：在禮律，當立母弟簡王似。	太后曰：老身無子，諸王皆是神宗庶子，莫難如此分別。	惇復曰：以長則申王必當立。	太后曰：申王有目疾，不可，於次則端王佶當立。	惇曰：端王輕佻，不可以君天下。	言未畢，曾布叱之曰：章惇未嘗與臣商議，如皇太后聖諭極當。	清文淵閣四庫全書本，100卷，卷十六
3	《宋史紀事本末》	【明】陳邦瞻	哲宗元符三年春，正月，帝崩，皇太后向氏哭謂宰臣曰：國家不幸，大行皇帝無嗣，事須早定。	章惇抗聲曰：在禮律，當立母弟簡王似。	太后曰：老身無子，諸王皆是神宗庶子，莫難如此分別。	惇復曰：以長則申王必當立。	太后曰：申王有目疾，不可，於次則端王佶當立。	惇曰：端王輕佻，不可以君天下。	言未畢，曾布叱之曰：章惇未嘗與臣商議，如皇太后聖諭極當。	明萬曆刻本，28卷，卷十一
4	《通鑑綱目續編》	【明】商輅等撰‧【清】宋犖等校刊	帝崩，無子，皇太后向氏哭謂宰臣曰：國家不幸，大行皇帝無嗣，事須早定。	章惇抗聲曰：在禮律，當立母弟簡王似。	太后曰：老身無子，諸王皆是神宗庶子，莫難如此分別。	惇復曰：以長則申王必當立。	太后曰：申王有目疾，不可，於次則端王佶當立。	惇曰：端王輕佻，不可以君天下。	言未畢，曾布叱之曰：章惇未嘗與臣商議，如皇太后聖諭極當。	清文淵閣四庫全書本，27卷，卷八

序號	書名	作者	文一	文二	文三	文四	文五	文六	文七	版本
5	《宋元資治通鑒》	【明】薛應旂	帝崩，無子，皇太后向氏哭謂宰臣曰：國家不幸，大行皇帝無嗣，事須早定。	章惇抗聲曰：在禮律，母弟簡王當立。	太后曰：老身無子，諸王皆神宗庶子，莫難如此分別。	惇復曰：以長則申王當立。	太后曰：申王有目疾，不可，於次則端王當立。	惇曰：端王輕佻，不可以君天下。	言未畢，曾布叱之曰：章惇未嘗與臣商議，如皇太后聖諭極當。	明吳中珩刻本，64卷，卷二十末紀二十
6	《寰宇分合志》	【明】徐栻	哲宗無子，	章惇此立母弟簡王，	太后不可，	請立申王，	太后以申王有目疾，意在端王。	惇曰：端王輕佻，不可以君天下。	言未畢，曾布所叱當。	明末刻本，8卷，卷七
7	《續資治通鑒》	【清】畢沅	皇太后向氏哭謂宰臣曰：國家不幸，大行皇帝無嗣，事須早定。	章惇厲聲曰：當立簡王母弟簡王似。	太后曰：老身無子，諸王皆神宗庶子。	惇復曰：以長則申王當立。	太后曰：申王病，不可，先帝嘗言端王有福壽，且仁孝，當立。	惇又言：端王輕佻，不可以君天下。	言未畢，曾布叱之曰：章惇未嘗聽太后處分。	清嘉慶六年遞刻本，220卷，卷八十六
8	《通鑒輯覽》	乾隆朝官方史館	帝崩，無子，皇太后向氏哭謂宰臣曰：國家不幸，大行皇帝無嗣，事須早定。	章惇抗聲曰：在禮律，母弟簡王當立。	太后曰：老身無子，諸王皆神宗庶子，莫難如此分別。	惇復曰：以長則申王必神宗第九子當立。	太后曰：申王有目疾，不可，於次則端王當立。	惇曰：端王輕佻，不可以君天下。	言未畢，曾布叱之曰：章惇未嘗與臣商議，如皇太后聖諭極當。	清文淵閣四庫全書本，120卷，卷七十九
9	《續通志》	【清】劉墉	元符三年正月己卯，哲宗崩，皇太后垂簾，哭謂宰臣曰：家國不幸，大行皇帝無子，天下事須早定。	章惇抗聲曰：在禮律，母弟簡王。	皇太后曰：老身無子，諸王皆神宗庶子，申王長而有目疾，其次端王當立。			惇曰：端王輕佻，不可以君天下	知樞密院之事曾布叱之曰：惇未嘗與臣等商議，如聖諭當。	清文淵閣四庫全書本，640卷，卷三十一末紀三十一

10	《資治通鑑後編》	【清】徐乾學	己卯，帝崩於福寧殿，皇太后向氏哭謂宰臣：家國不幸，大行皇帝無嗣，事須早定。	章惇厲聲曰：當立母弟簡王似。	太后曰：老身無子，諸王皆神宗庶子。	惇復曰：以長則申王當立。	太后曰：申王病，不可立。	惇又言：端王輕佻，不可以君天下。	言未畢，曾布叱之曰：章惇聽太后處分。	清文淵閣四庫全書本，184卷，卷九十三末紀九十三
11	《綱鑑會編》	【清】葉澐	帝崩，無子，皇太后向氏哭謂宰臣曰：國家不幸，大行皇帝無嗣，事須早定。	章惇抗聲曰：在禮律當立母弟簡王似。	太后曰：老身無子，諸王皆神宗庶子，莫難如此分別。	惇復曰：以長則申王似。	太后曰：申王有目疾，於次則端王佶當立。	惇曰：端王輕佻，不可以君天下。	言未畢，曾布叱之曰：皇太后聖諭極當。	清康熙劉德芳刻本，98卷，卷八十

參考文獻

一、古籍文獻

1. （東漢）趙岐著，（宋）孫奭疏：《孟子》，上海：上海古籍出版社，1990年。

2. （梁）蕭統編，（唐）李善注：《文選》，北京：中華書局，1977年。

3. （唐）劉知幾撰，（清）浦起龍通釋，呂思勉評：《史通》，上海：上海古籍出版社，2008年。

4. （唐）玄奘、辯機原著，季羨林等校注：《大唐西域記》，北京：中華書局，2000年。

5. 〔日〕圓仁撰，顧承甫、何泉達點校：《入唐求法巡禮行記》，上海：上海古籍出版社，1986年。

6. 〔日〕真人元開著，汪向榮校注：《唐大和上東征傳》，北京：中華書局，2000年。

7. （後晉）劉昫等撰：《舊唐書》，北京：中華書局，1957年。

8. （宋）歐陽修、宋祁：《新唐書》，北京：中華書局，1975年。

9. （宋）司馬光：《資治通鑒》，北京：中華書局，1956年。

10. （宋）司馬光著，李之亮箋注：《司馬溫公集編年箋注》，成都：巴蜀書社，2008年。

11. （宋）李燾：《資治通鑒長編》，北京：中華書局，1985年。

12. （宋）石介著，陳植鍔注解：《徂徠石先生文集》，北京：中華書局，2009年。

13. （宋）王安石：《王安石全集》，上海：上海古籍出版社，1999 年。

14. 〔日〕成尋著，王麗萍校點：《新校參天台五臺山記》，上海：上海古籍出版社，2009 年。

15. （宋）歐陽修著，李逸安點校：《歐陽修全集》，北京：中華書局，2001 年。

16. （宋）蘇軾著，孔凡禮注解：《蘇軾文集》，北京：中華書局，1986 年。

17. （宋）秦觀著，徐培均注解：《淮海集箋注》，上海：上海古籍出版社，2000 年。

18. （宋）劉克莊著，辛更儒箋校：《劉克莊集校箋》，北京：中華書局，2011 年。

19. （宋）陳與義著，吳書蔭校點：《陳與義集》，北京：中華書局，2007 年。

20. 〔宋〕葉適著，劉公純、王孝魚、李哲夫點校：《葉適集》，北京：中華書局，2010 年。

21. （宋）楊萬里著，辛更儒箋校：《楊萬里集箋注》，北京：中華書局，2007 年。

22. （宋）辛棄疾著，徐漢明編：《辛棄疾全集》，武漢：湖北人民出版社，2007 年。

23. 〔宋〕陳師道：《後山居士文集》，上海：上海古籍出版社，1984 年。

24. （宋）陸九淵著，鍾哲點校：《陸九淵集》，北京：中華書局，2008 年。

25. （宋）程顥、程頤撰，朱熹編，潘富恩導讀：《二程遺書》，上海：上海古籍出版社，2000 年。

26. （宋）黎靖德編，王星賢注解：《朱子語類》，北京：中華書局，1986 年。

27. 〔宋〕朱熹、李幼武纂集，李國偉校點：《宋名臣言行錄》，《儒藏》精華編一五一，北京：北京大學出版社，2016 年。

28. （宋）吳子良：《荊溪林下偶談》，北京：中華書局，1985 年。

29. 〔宋〕曾布：《曾公遺錄》，北京：中華書局，2016 年。

30. （宋）王安石著，羅家湘輯：《王安石老子注輯佚會鈔》，上海：華東師範大學出版社，2013 年。

31. （宋）羅大經著，王瑞來注解：《鶴林玉露》，《唐宋史料筆記叢刊》，北京：中華書局，1997 年。

32. （宋）邵雍：《皇極經世書》，北京：九州出版社，2012 年。

33. （宋）李昉等編：《文苑英華》，北京：中華書局，1966 年。

34. （宋）王欽若等編：《冊府元龜》，北京：中華書局，2003 年。

35. （宋）鄭樵編纂：《通志》，北京：中華書局，1987 年。

36. （宋）呂祖謙編，齊志平點校：《宋文鑑》，中華書局，2018 年。

37. （宋）呂祖謙輯：《皇朝文鑑》，北京：北京圖書館出版社，2006 年。

38. （宋）徐自明撰，王瑞來校點：《宋宰輔編年錄》，北京：中華書局，1986 年。

39. （宋）洪邁著，孔凡禮點校：《容齋隨筆》，北京：中華書局，2015 年。

40. （元）脫脫等著：《宋史》，北京：中華書局，1977 年版。

41. （明）馮夢禎著，丁曉明點校：《快雪堂日記》，南京：鳳凰出版社，2015 年。

42. （明）祁彪佳著，張天傑點校：《祁彪佳日記》，杭州：浙江古籍出版社，2016 年。

43. （明）葉紹袁：《甲行日注》，長沙：嶽麓書社出版社，2016 年。

44. （清）章學誠著，葉瑛注解：《文史通義校注》，北京：中華書局，2004 年。

45. （清）姚鼐著，胡士明、李祚唐校：《古文辭類纂》，上海：上海古籍出版社，2016 年。

46. （明）馬巒、（清）顧棟高著：《司馬光年譜》，北京：中華書局，1990 年。

47. （清）徐松：《宋會要輯稿》，北京：中華書局，1957 年。

48. （清）黃宗羲：《宋元學案》，北京：中華書局，1986 年。

49. （清）永瑢等著：《四庫全書總目》，北京：中華書局，1965 年。

50. （清）焦循：《孟子正義》，北京：中華書局，1987 年。

51. （清）董誥等編：《全唐文》，上海：上海古籍出版社，1990 年。

二、研究著述

1. 王雲五主編：《御試備官日記及其他三種》，上海：商務印書館，1936 年。

2. 錢謙吾：《語體日記文做法》，上海：上海南強書局，1937 年。

3. 汪馥泉選注：《古今名人日記選》，上海：商務印書館，1938 年。

4. 漆俠：《王安石變法》，上海：上海人民出版社，1979 年。

5. 郭紹虞：《中國歷代文論選》，上海古籍出版社，1980 年。

6. 陳左高選注：《古代日記選注》，上海：上海古籍出版社，1982 年。

7. 馬振鐸:《政治改革家王安石的哲學思想》,武漢:湖北人民出版社,1984年。

8. 北大古文獻研究所編:《全宋詩》,北京:北京大學出版社,1988年。

9. 陳左高:《中國日記史略》,上海:上海翻譯出版公司,1990年。

11. 沈治宏:《現存宋人別集版本目錄》,成都:巴蜀書社,1990年。

12. 褚斌傑:《中國古代文體概論》,北京:北京大學出版社,1990年。

13. 祝穆主編,祝洙補訂:《宋本方輿勝覽》,上海:上海古籍出版社,1991年。

14. 林邦均選注:《歷代遊記選》,北京:中國青年出版社,1992年。

15. 蔡崇榜:《宋代修史制度研究》,臺北:文津出版社,1993年。

16. 李裕民:《司馬光日記校注》,北京:中國社會科學出版社,1994年。

17. 陶東風:《文體演變及其文化意味》,昆明:雲南人民出版社,1994年。

18. 童慶炳:《文體與文體的創造》,昆明:雲南人民出版社,1994年。

19. 洪本建編:《歐陽修資料彙編》,北京:中華書局,1995年。

20. 劉琳、沈治宏:《現存宋人著述總錄》,成都:巴蜀書社,1995年。

21. 曾棗莊、李凱、彭君華等編:《宋文紀事》,成都:四川大學出版社,1995年。

22. 蔣原倫、潘凱雄著:《歷史描述與邏輯演繹——文學批評文體論》,昆明:雲南人民出版社,1995年。

23. 王水照:《宋代文學通論》,開封:河南大學出版社,1997年。

24. 程民生:《宋代地域文化》,開封:河南大學出版社,1997年。

25. 刁忠民:《宋代臺諫制度研究》,成都:巴蜀書社,1999年。

26. 馬茂軍:《北宋儒學與文學》,廣州:暨南大學出版社,1999年。

27. 祝尚書:《宋人別集敘錄》,北京:中華書局,1999年。

28. 李祥俊:《王安石學術思想研究》,北京:北京師範大學出版社,2000年。

29. 劉文忠:《中古文學與文論研究》,北京:學苑出版社,2000年。

30. 虞雲國:《宋代臺諫制度研究》,上海:上海社會科學出版社,2001年。

31. 曾棗莊、舒大剛等編:《三蘇全書》,北京:語文出版社,2001年。

32. 蕭慶偉:《北宋新舊黨爭與文學》,北京:人民文學出版社,2001年。

33. 張海鷗:《宋代文化與文學研究》,北京:中國社會科學出版社,2002年。

34. 錢穆:《宋代理學三書隨劄》,北京:三聯書店,2002年。

35. 諸葛憶兵：《宋代文史考論》，北京：中華書局，2002 年。

36. 陳文新譯注：《日記四種》，武漢：武漢崇文書局，2004 年。

37. 陳左高：《歷代日記叢談》，上海：上海畫報出版社，2004 年。

38. 劉方：《宋型文化與宋代美學精神》，成都：巴蜀書社，2004 年。

39. 梅新林主編：《中國遊記文學史》，上海：學林出版社，2004 年。

40. 余英時：《朱熹的歷史世界——宋代士大夫政治文化的研究》，北京：三聯書店，2004 年。

41. 張毅：《宋代文學思想史》，北京：中華書局，2004 年。

42. 祝尚書：《宋人總集敘錄》，北京：中華書局，2004 年。

43. 鄔國平：《中國古代接受文學與理論》，哈爾濱：黑龍江人民出版社，2005 年。

44. 郭英德：《中國古代文體學論稿》，北京：北京大學出版社，2005 年。

45. 賈奮然：《六朝文體批評研究》，北京：北京大學出版社，2005 年。

46. 查屏球：《從遊士到儒士》，上海：復旦大學出版社，2005 年。

47. 章必功：《文體史話》，上海：同濟大學出版，2006 年。

48. 蔣原倫、潘凱雄著：《文體批評與文體》，北京：北京師範大學出版社，2006 年。

49. 匡亞明主編，張祥浩、魏福明著：《王安石評傳》，南京：南京大學出版社，2006 年。

50. 鄧小南：《祖宗之法——北宋前期政治述略》，北京：三聯書店，2006 年。

51. 劉成國：《荊公新學研究》，上海：上海古籍出版社，2006 年。

52. 曾棗莊：《宋代文學與宋代文化》，上海：上海人民出版社，2006 年。

53. 曾棗莊、劉琳等編：《全宋文》，上海：上海辭書出版社，2006 年。

54. 祝尚書：《宋代科舉與文學考論》，鄭州：大象出版社，2006 年。

55. 周振甫：《中國文章學史》，南京：江蘇教育出版社，2006 年。

56. 朱易安、傅璇琮等編：《全宋筆記》（第二編），河南：大象出版社出版，2006 年。

57. 楊慶存：《宋代文學論稿》，上海：復旦大學出版社，2007 年。

58. 鄧廣銘：《北宋政治改革家——王安石》，北京：三聯書店，2007 年。

59. 王水照：《歷代文話》，上海：復旦大學出版社，2007 年。

60. 張立平：《司馬溫公通鑑「臣光曰」研究》，《古典文獻研究輯刊》第四編 15 冊，臺北：花木蘭文化出版社，2007 年。

61. 朱易安、傅璇琮等編：《全宋筆記》（第三編），鄭州：大象出版社，2008 年。

62. 王盛恩：《宋代官方史學研究》，北京：人民出版社，2008 年。

63. 謝正強：《北宋禪宗思想及其淵源》，成都：巴蜀書社，2008 年。

64. 楊天保著：《金陵王學研究——王安石早期學術思想的歷史考察》，上海：上海人民出版社，2008 年。

65. 黃復山：《王安石〈字說〉之研究》，《古典文獻研究輯刊》第七編 13 冊，臺北：花木蘭文化出版社，2008 年。

66. 李建軍：《宋代〈春秋〉學與宋型文化》，北京：中國社會科學出版社，2008 年。

67. 陶晉生：《宋遼關係史研究》，北京：中華書局，2008 年。

68. 李秀花：《陸機的文學創作與理論》，濟南：齊魯書社，2008 年。

69. 馬茂軍：《宋代散文史論》，北京：中華書局，2008 年。

70. 麼峻洲：《孟子索引》，濟南：齊魯書社，2009 年。

71. 鞏本棟：《宋集傳播考論》，北京：中華書局，2009 年。

72. 龔延明：《宋史職官志補正》，北京：中華書局，2009 年。

73. 郭預衡：《歷代散文史話》，北京：中國文聯出版社，2009 年。

74. 漆俠：《漆俠全集》，保定：河北大學出版社，2009 年。

75. 阮忠：《先唐文化與散文風格的嬗變》，武漢：湖北人民出版社，2009 年。

76. 朱良志：《真水無香》，北京：北京大學出版社，2009 年。

77. 張劍、呂肖奐、周揚波著：《宋代家族與文學》，北京：中國社會科學出版社，2009 年。

78. 張興武：《宋初百年文學復興的歷程》，北京：中華書局，2009 年。

79. 祝尚書：《宋人序跋彙編》，北京：中華書局，2010 年。

80. 霍松林：《霍松林選集》，西安：陝西師範大學出版社，2010 年。

81. 曾棗莊、吳洪澤著：《宋代文學編年史》，南京：鳳凰出版社，2010 年。

82. 王曾瑜：《宋朝階級結構》，北京：中國人民大學出版社，2010 年。

83. 張興武：《兩宋望族與文學》，北京：人民文學出版社，2010 年。

84. 徐習文：《理學影響下的宋代繪畫觀念》，南京：東南大學出版社，2010年。

85. 楊慶存：《宋代散文研究》，北京：人民出版社，2011年。

86. 吳承學：《中國古典文學風格學》，北京：北京大學出版社，2011年。

87. 吳承學：《中國古代文體學研究》，北京：人民出版社，2011年。

88. 吳承學、何詩海著：《中國文體學與文體史研究》，南京：鳳凰出版社，2011年。

89. 陳清茂：《宋元海洋文學研究》，《古典文學研究輯刊》第二編11冊，新北市：花木蘭文化出版社，2011年。

90. 何詩海：《漢魏六朝文體與文化研究》，北京：北京大學出版社，2011年。

91. 李強：《北宋慶曆士風與文學研究》，上海：上海世紀出版集團，2011年。

92. 曾棗莊：《中國古代文體學》，上海：上海人民出版社，2012年。

93. 呂思勉：《理學綱要》，上海：東方出版中心，2012年。

94. 彭玉平：《詩文評的體性》，北京：北京大學出版社，2012年。

95. 上海師範大學古籍整理研究所著：《全宋筆記》（第五編），鄭州：大象出版社，2012年。

96. 沈秀榮：《王安石文風轉變特色之研究——以王安石晚年文章為討論中心》，《古典文學研究輯刊》第四編28冊，新北：花木蘭文化出版社，2012年。

97. 鄒賀：《宋代政治文化舉隅：經筵、文獻及其他》，西安：陝西人民出版社，2012年。

98. 周振甫：《文心雕龍今譯》，北京：中華書局，2012年。

99. 姚愛斌：《中國古代文體論思辨》，北京：北京大學出版社，2012年。

100. 王兆鵬：《宋代文學傳播探原》，武漢：武漢大學出版社，2013年。

101. 顧宏義、李文整理標校：《宋代日記叢編》，上海：上海書店出版社，2013年。

102. 顧宏義、李文整理標校：《金元日記叢編》，上海：上海書店出版社，2013年。

103. 郭預衡、郭英德著：《中國散文通史宋金元卷》，合肥：安徽教育出版社，2013年。

104. 姜鵬：《北宋經筵與宋學的興起》，上海：上海古籍出版社，2013年。

105. 劉永濟：《十四朝文學要略》，武漢：武漢大學出版社，2013 年。

106. 馬自力：《中古文學論叢及其他》，北京：商務印書館，2013 年。

107. 上海師範大學古籍整理研究所著：《全宋筆記》（第六編），鄭州：大象出版社，2013 年。

108. 吳承學：《中國古代文體形態研究（第三版）》，北京：北京大學出版社，2013 年。

109. 徐習文：《宋代敘事畫研究》，南京：東南大學出版社，2014 年。

110. 白金：《北宋目錄學研究》，北京：人民出版社，2014 年。

111. 鄒志勇：《宋代筆記詩學思想研究》，北京：中國社會科學出版社，2014 年。

112. 丁放、武道房等選注：《宋文選》，北京：人民文學出版社，2014 年。

113. 閔澤平：《南宋「浙學」與傳統散文的因革流變》，杭州：浙江大學出版社，2014 年。

114. 上海辭書出版社文學鑒賞辭典編纂中心：《王安石詩文鑒賞辭典》，上海：上海辭書出版社，2014 年。

115. 沈津、卞東波編著：《日本漢籍圖錄》，桂林：廣西師範大學出版社，2014 年。

116. 夏靜：《文氣話語形態研究》，北京：商務印書館，2014 年。

117. 羅敏：《北宋亭記研究》，長沙：湖南人民出版社，2015 年。

118. 馬靜：《唐代遊記》，北京：商務印書館，2015 年。

119. 李中華編：《中國近現代思想家文庫·馮友蘭卷》，北京：中國人民大學出版社，2015 年。

120. 吳淑玲：《唐代驛傳與唐詩發展之關係》，北京：人民出版社，2015 年。

121. 吳衛選譯：《明代遊記選譯》，北京：商務印書館，2015 年。

122. 谷曙光：《貫通與駕馭——宋代文體學述論》，北京：人民文學出版社，2016 年。

123. 姜生：《漢帝國的遺產：漢鬼考》，北京：科學出版社，2016 年。

124. 上海師範大學古籍整理研究所編：《全宋筆記》（第八編），鄭州：大象出版社出版，2017 年。

125. 張海鷗：《宋代隱士居士文化與文學》，北京：社會科學文獻出版社，2017 年。

三、國外研究著述

1. 〔日〕宋代史研究會:《宋代的社會文化》,東京:汲古書院,1982 年。

2. 〔美〕包弼德著,劉寧譯:《斯文:唐宋思想的轉型》,南京:江蘇人民出版社,2001 年。

3. 〔日〕東英壽:《復古與創新——歐陽修散文與古文復興》,上海:上海古籍出版社,2005 年。

4. 〔法〕保羅·里爾克著,公車譯:《惡的象徵》,上海:上海人民出版社,2005 年。

5. 〔德〕馬丁·海德格爾著,歐東明譯:《時間概念史導論》,北京:商務印書館,2009 年。

6. 〔日〕平田茂樹著,林松濤、朱剛等譯:《宋代政治結構研究》,上海:上海古籍出版社,2010 年。

7. 〔法〕菲利普·勒熱納著,楊國政譯:《自傳契約》,北京:北京大學出版社,2013 年。

8. 〔美〕巫鴻著,梅玫、肖鐵、施傑等譯:《時空中的美術》,北京:生活·讀書·新知三聯書店,2016 年。

四、論文集

1. 張高評主編:《宋代文學之匯通流變——近世文學國際學術研討會論文集之一》,香港:新文化出版有限公司,2007 年。

2. 王利民、武海軍主編:《第八屆宋代文學國際研討會論文集》,廣州:中山大學出版社,2015 年。

3. 王水照:《第三屆中國古代文章學學術研討會論文集》,上海:復旦大學出版社,2015 年。

4. 王水照、侯本建主編:《中國古代文章學的衍化和異形——中國古代文章學二集》,上海:復旦大學出版社,2014 年。

5. 鄧小南主編:《過程·空間:宋代政治史再探研》,北京:北京大學出版社,2017 年。

五、期刊論文

1. 陳左高:《日記之濫觴》,《永安月刊》1948 年總第 105 期。

2. 陳左高:《兩宋日記作家》,《永安月刊》1948 年總第 112 期。

3. 陳左高:《兩宋日記作家（續）》,《永安月刊》1948 年總第 113 期。

4. 王瑞來:《論宋代相權》,《歷史研究》1985 年第 2 期。

5. 倪士毅:《宋代宰相出身和任期的研究》,《杭州大學學報》1986 年第 4 期。

6. 王立群:《〈入蜀記〉:向文化認同意識的傾斜》,《河南大學學報》1987 年第 5 期。

7. 楊慶存:《中國古代傳世的第一部私人日記——論黃庭堅〈宜州乙酉家乘〉》,《理論學刊》1991 年第 6 期。

8. 陳左高:《中國日記源流概述（上）——宋明日記》,《語文知識》1991 年第 11 期。

9. 陳左高:《中國日記源流概述（中）——清代前、中期日記述略》,《語文學習》1991 年第 12 期。

10. 陳左高:《中國日記源流概述（下）——清代後期日記簡述》,《語文學習》1992 年第 1 期。

11. 楊慶存:《宋代散文體裁樣式的開拓與創新》,《中國社會科學》1995 年第 6 期。

12. 陳一梅:《漢魏六朝起居注考略》,《中國史研究》1996 年第 4 期。

13. 馬茂軍:《「荊公新學」與王安石散文的風格》,《華南師範大學學報》1996 年第 6 期。

14. 鮮于煌:《杜甫日記體詩歌和日本圓仁〈入唐求法巡禮行記〉比較研究》,《貴州文史叢刊》1999 年第 1 期。

15. 諸葛憶兵:《宋代參知政事與宰相之關係初探》,《北京師範大學學報》1999 年第 1 期。

16. 諸葛憶兵:《宋代宰相制度、職權述略》,《文史知識》1999 年第 2 期。

17. 程紹榮:《中國日記研究百年》,《人文匯要》2000 年第 2 期。

18. 鮮于煌:《論日本圓仁〈入唐求法巡禮行記〉對歷史細節的描寫》,《貴州文史叢刊》2000 年第 2 期。

19. 傅禮白:《北宋審官院與宰相的人事權》,《山東大學學報》2001 年第 5 期。

20. 錢念孫:《論日記和日記體文學》,《學術界》2002 年第 3 期。

21. 孔學:《王安石〈日錄〉與〈神宗實錄〉》,《史學史研究》2002 年第 4 期。

22. 郭萬平：《日本僧戒覺及其渡宋日記——〈渡宋記〉》，《佛學研究》2004年。

23. 劉峰燾：《宋代散文與文學傳統》，《忻州師範學院學報》2004年第1期。

24. 傅禮白：《宋代樞密院的失勢與軍事決策權的轉移》，《史學月刊》2004年第2期。

25. 吳曉萍：《宋代「私覿」問題研究》，《安徽師範大學學報》2004年第6期。

26. 吳承學、沙紅兵：《中國古代文體學學科論綱》，《文學遺產》2005年第1期。

27. 吳承學、沙紅兵：《中國古代文體學研究展望》，《中山大學學報》2005年第3期。

28. 趙憲章：《日記的私語言說與解構》，《文藝理論研究》2005年第3期。

29. 王盛恩：《試論宋代的史學政策及其實質》，《南開學報》2005年第6期。

30. 孔學：《宋代書籍文章出版和傳播禁令述論》，《河南大學學報》2005年第6期。

31. 趙憲章：《日記的形式誘惑及其第一人稱權威》，《江漢論壇》2006年第3期。

32. 姜海軍：《宋代國史修撰考略》，《文獻天地》2006年第3期。

33. 王雨容：《論〈吳船錄〉對日記體遊記的拓展》，《瓊州大學學報》2006年第4期。

34. 曾棗莊：《論宋啟》，《文學遺產》2007年第1期。

35. 王明建：《劉克莊美政「記」體文及其文學史意義》，《文學遺產》2007年第2期。

36. 鍾濤：《試論晉唐啟文的體式嬗變》，《文學遺產》2007年第4期。

37. 朱迎平：《宋文文體演變論略》，《中山大學學報》2007年第5期。

38. 蔣寅：《中國古代文體互參中「以高行卑」的體位定勢》，《中國社會科學》，2008年第5期。

39. 鄧喬彬、夏令偉：《宋代滑稽戲與宰相》，《齊魯學刊》2008年第6期。

40. 梁復明、費振剛：《論漢代頌讚銘箴與漢賦的同體異用》，《學術論壇》2008年第7期。

41. 吳承學、劉湘蘭：《序跋類文體》，《古典文學知識》2009年第1期。

42. 吳承學、劉湘蘭：《傳狀類文體》，《古典文學知識》2009年第2期。

43. 谷曙光：《經緯交織與文體的多元並存格局——宋代文體關係新論》,《中國人民大學學報》2009 年第 2 期。

44. 王雨容：《宋代日記體遊記的文體特徵》,《貴州師範大學學報》2009 年第 3 期。

45. 宋馥香：《宋代史家對信史傳統的繼承和發展》,《南開學報》2009 年第 6 期。

46. 楊理論：《論楊萬里的記體散文》,《文學遺產》2009 年第 6 期。

47. 張海明：《歐陽修〈六一詩話〉與〈雜書〉、〈歸田錄〉之關係》,《文學遺產》2009 年第 6 期。

48. 張哲俊：《詩歌為史的模式：日記化就是歷史化》,《文化與詩學》2010 年第 2 期。

49. 吳承學、劉湘蘭：《雜記類文體》,《古典文學知識》2010 年第 2 期。

50. 喬治忠、劉文英：《中國古代「起居注」記史體制的形成》,《史學史研究》2010 年第 2 期。

51. 歐明俊：《古代文體學的學理構成》,《學術研究》2010 年就 9 期。

52. 程國賦：《論中國古代小說命名的文體意義》,《明清小說研究》2011 年第 2 期。

53. 胡大雷：《論中古時期文體命名與文體釋名》,《中山大學學報》2011 年第 4 期。

54. 金文凱：《論張孝祥的記體散文》,《清華大學學報》2011 年第 6 期。

55. 孫守朋：《君權在樞密使與皇帝、宰相之間——權力視野下中國古代樞密院沿革》,《前沿》2011 年第 7 期。

56. 程國賦：《中國古代小說命名芻議》,《文藝研究》2011 年第 11 期。

57. 王梅：《宋人筆記中的黨爭及其士風》,《首都師範大學學報》2011 年增刊。

58. 胡大雷：《論「語體」及文體的前「文體」狀態》,《文學遺產》2012 年第 1 期。

59. 于德賢：《日記文本類型的文學特性與審美意蘊》,《華南師範大學學報》2012 年第 2 期。

60. 劉珺珺：《范成大紀行三錄文體論》,《文學遺產》2012 年第 6 期。

61. 吳承學：《中國文章學成立與古文之學的興起》,《中國社會科學》2012 年第 12 期。

62. 王盛恩:《宋代「私史之禁」起源獻疑》,《歷史文獻研究》2013 年第 1 輯。

63. 張海鷗、羅嬋媛:《宋人自編集的文體分類編次意義》,《河北師範大學學報》2013 年第 2 期。

64. 田建平:《北宋前期中書宰輔在政令頒行中的權力運作》,《河南大學學報》2013 年第 3 期。

65. 吳承學、何詩海:《淺談中國古代文體價值譜系》,《古典文學知識》2013 年第 6 期。

66. 高豔秋:《從「劄子」的盛行探究宋代皇權與相權的消長》,《文史博覽（理論）》2013 年第 8 期。

67. 葉煒:《信息與權力:從〈陸宣公奏議〉看唐後期皇帝、宰相與翰林學士的政治角色》,《中國史研究》2014 年第 1 期。

68. 鄧建:《從日曆到日記——對一種非典型文章的文體學考察》,《中山大學學報》2014 年第 3 期。

69. 李貴:《地方書寫中的空間、地方與互文性》,《學術月刊》2014 年第 3 期。

70. 張海鷗:《宋代銘文的文體形態和文化蘊含》,《暨南學報》2014 年第 3 期。

71. 燕永成:《宋代帝王歷史意識探究》,《江西社會科學》2014 年第 4 期。

72. 張海鷗:《宋代謝表文化與謝表文體形態研究》,《學術研究》2014 年第 5 期。

73. 劉秋彬:《宋人別集制名考述》,《四川大學學報》2014 年第 6 期。

74. 宋坤:《宋代「雙書」書儀式研究》,《山西檔案》2015 年第 1 期。

75. 梅華:《古代政治文化與奏議文體變遷》,《南昌大學學報》2015 年第 3 期。

76. 胡大雷:《「左史記言,右史記事」與文體生成——關於敘事諸文體錄入總集的討論》,《中山大學學報》,2015 年第 4 期。

77. 顧寶林、陳淑紅:《文學地理學視域下的周必大〈歸廬陵日記〉》,《江西社會科學》2015 年第 7 期。

78. 褚永娟:《中國古代日記在日本的變容——從日記到日記文學》,《山東社會科學》2016 年第 2 期。

79. 成瑋:《百代之中:宋代行記的文體自覺與定型》,《文學遺產》2016 年第 4 期。

80. 李德輝:《論宋代行記的新特點》,《文學遺產》2016 年第 4 期。

81. 李貴:《〈北行日錄〉的文體、空間與記憶》,《文學遺產》2016 年第 4 期。

82. 黃顯功：《彙刊秘籍，嘉惠學林——〈上海圖書館藏稿抄本日記叢刊〉編選原則和內容特色》，《圖書館研究與工作》2017 年第 5 期。

83. 馬東瑤：《論宋代日記體詩》，《文學遺產》2018 年第 3 期。

84. 任競澤：《中國古代文體學思想論綱》，《中國社會科學院研究生院學報》2018 年 5 月。

六、學位論文

1. 崔英超：《南宋孝宗朝宰相群體研究》，張其凡指導，暨南大學中國古代史專業博士學位論文，2004 年。

2. 母忠華：《宋代日記研究》，呂肖奐指導，四川大學中國古代文學專業碩士學位論文，2006 年。

3. 李文以：《宋代公文傳達與公布制度研究》，安國樓指導，鄭州大學歷史學專業碩士學位論文，2006 年。

4. 梁盼：《北宋臺諫官對宰相的制約》，王延武指導，中南民族大學專門史專業碩士學位論文，2007 年。

5. 王雨容：《宋代日記體遊記文體研究》，沈家莊指導，廣西師範大學中國古代文學專業碩士學位論文，2007 年。

6. 潘晟：《宋代地理學的觀念、體系與知識興趣》，唐曉峰指導，北京大學地理學史專業博士學位論文，2008 年。

7. 顧靜：《周必大日記文研究》，尹占華指導，西北師範大學中國古代文學專業碩士學位論文，2010 年。

8. 方瑾毅：《北宋前中期私家修史述略》，賈二強指導，陝西師範大學歷史文獻學專業碩士學位論文，2011 年。

9. 韓虹：《宋徽宗朝宰相群體研究》，王德忠指導，東北師範大學中國古代史專業碩士學位論文，2012 年。

10. 田建平：《宋代書籍出版史研究》，汪聖鐸、姜錫東指導，河北大學中國古代史專業博士學位論文，2012 年。

11. 王皓：《宋代外交行記與語錄研究》，王小盾指導，四川師範大學中國古代文學專業博士學位論文，2012 年。

12. 唐豔：《宋人序宋別集研究》，孫先英指導，廣西大學中國古代文學專業碩士學位論文，2013 年。

13. 柴瑞娟：《北宋史官制度研究》，董文武指導，河北師範大學中國古代史專業碩士學位論文，2014 年。

14. 錢蕾：《北宋記體文研究》，鞏本棟指導，南京大學中國古代文學專業碩士學位論文，2014 年。

附錄：宋代日記研究綜述

　　宋代職官日記占宋代日記存世總量的七成以上，因此對職官日記的學術探索，應在已有的宋代日記研究背景之下展開。宋代日記是中國古代日記文體定型之際的代表，著述宏富，蘊藉豐厚，是當下學術研究的一個焦點，具備獨立探討的價值與意義。本章以時間與關鍵事件為線索，梳理宋代日記研究的緣起、發展與現狀，從大數據總覽、研究內容、研究方法、研究重心的地理遷移、國外研究狀況、當前研究中存在的問題、宋代日記選本及研究專著的現當代出版等七個方面，呈示、分析宋代日記的研究狀態。

第一節　大數據綜覽

　　依據中國知網（CNKI）數據庫提供的樣本檢索（分別以「宋代日記」、「日記」為關鍵詞），生成如下諸表，分別統計了「宋代日記」和「日記」在「學術關注度」「學術傳播度」「用戶關注度」以及「媒體關注度」四個維度上的數據情況，分析如下：

　　「學術關注度」（表1、2）是針對研究成果發文量的統計，反映的是相關著述的創作情況。表1可見，「日記」的「學術關注度」統計始於1731年，止於2016年，即有案可查的、已發文的日記著述已有285年的歷史。據中國知網（CNKI）數據庫提供的統計結果，近三百年間的日記研究在大部分時間內保持著平穩的發展態勢（逼近基準值），從1980年開始持續走高，至2012年抵達峰頂，這一年有關「日記」的中文發文量為1758篇（環比增長6%），外文發文量為328篇（環比增長11%）。從1980年至2016年這36年間，「日記」研究的整體趨勢一路上升，可謂漲勢喜人。這意味著相關研究的熱度越來越

高，正在形成一個漸具規模、亟待發掘的學術領域。「宋代日記」的研究，就依託於這樣的學術大背景之下。

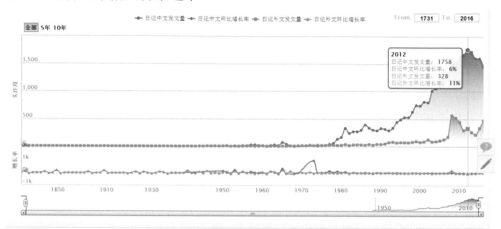

表 1 日記研究·學術關注度〔註1〕

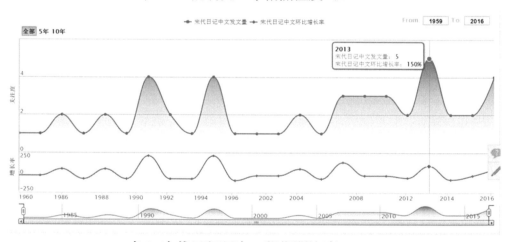

表 2 宋代日記研究·學術關注度〔註2〕

表2可見，宋代日記的「學術關注度」統計始於 1959 年，終於 2016 年，即已發文的、可查的宋代日記研究已經持續了 57 年。中國知網（CNKI）數據庫現存可見最早的關於宋代日記的研究，是 1980 年王立群《入蜀記：向文化認同意識的傾斜》，對日記體長篇遊記的《入蜀記》展開內容方面的分析。〔註3〕

〔註1〕該數據由中國知網（CNKI）數據庫提供。

〔註2〕該數據由中國知網（CNKI）數據庫提供。

〔註3〕王立群《入蜀記：向文化認同意識的傾斜》，《河南社會科學》，1987 年第 5 期，第 59～62 頁。

　　宋代日記的中文發文量自上世紀九十年代以來開始進入高峰期，迄今共出現過三次高潮，分別發生在 1991 年、1995 年以及 2013 年。1991 年，〔註4〕楊慶存發表論文《中國古代傳世的第一部私人日記——論黃庭堅〈宜州乙酉家乘〉》，舉證《宜州乙酉家乘》自創格範，有明確的書寫主調，補史正誤，沾溉來人。〔註5〕1995 年，〔註6〕楊慶存發表《宋代散文體裁樣式的開拓與創新》，將宋代日記視為具有重要開拓性的散文體式，認為日記的創製開啟了文化大眾的新路子。〔註7〕2013 年，〔註8〕李嫻《唐宋時期來華日僧之比較研究》、胡麗蓉《〈入唐求法巡禮行記〉與〈參天台五臺山記〉對比研究——以五臺山為中心》，均係宋代域外日記研究。這一年是宋代日記研究發文量的最高峰（環比增長 150%），這個結果恰恰出現在「日記」研究發文量巔峰（2012 年）之後，可見宋代日記的研究成果依託於日記研究的整體發展。

　　值得一提的是，「學術關注度」的統計結果提供的是大體趨勢，因為當以「日記」（包括「宋代日記」）為關鍵詞進行檢索時，數據庫篩選出來的文章主題中包含著古代日記、近代日記以及現、當代日記；除了純然的日記文本之外，還包括相當一部分的日記文學；以及部分以含有「日記」二字的其他文獻，例如日記帳簿和蒙學日記；還有部分含有「日記」詞句的非學術類文章。而且，檢索結果所囊括的學科領域也非常多樣，據中國知網（CNKI）數據庫提供的檢索結果統計如下：

〔註4〕據中國知網（CNKI）平臺提供的數據顯示，1991 年以「宋代日記」為主題的論文共 4 篇，除楊慶存所著確係宋代日記研究，其餘一為宋代日記帳簿研究，另二為當代日記文學研究，與本文主題無關，故不贅述。

〔註5〕楊慶存《中國古代第一部私人日記——論黃庭堅〈宜州乙酉家乘〉》，《理論學刊》，1991 年第 6 期。

〔註6〕據中國知網（CNKI）平臺提供的數據顯示，1995 年以「宋代日記」為主題的論文共為 4 篇，除楊慶存所著確關涉宋代日記研究，其餘為晚近、現當代日記研究，與本文主題無關，故不贅述。

〔註7〕楊慶存《宋代散文體裁樣式的開拓與創新》，《中國社會科學》，1995 年第 6 期。

〔註8〕據中國知網（CNKI）平臺提供的數據顯示，2013 年主題關涉「宋代日記」的論文共 5 篇，李嫻、胡麗蓉著述確係宋代日記研究論文，其餘為俞梓燁《中國古代書院中的日記教學》、黃純豔《宋代官員公務旅行幹什麼》、臧麗娟《韓淲詩歌研究》，均非以宋代日記研究為主的學術性論文。另，以「宋代日記」為主題關鍵詞的檢索頁面上，實際篩選出了 13 篇文章，除上述 5 篇之外，其餘作品僅個別部分言及宋代日記、或非學術論文，與本文主題無關，皆不贅述。

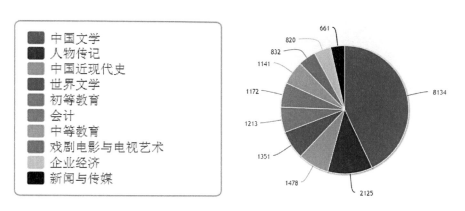

上兩圖分別為「日記」檢索結果所涉獵的學科列表、學科分配比例餅狀圖。兩圖可見，以「日記」為主題進行檢索，所涉學科按數量由多到少排列，分別為中國文學、人物傳記、中國近現代史、世界文學、初等教育、會計、中等教育、喜劇電影與電視藝術、企業經濟、新聞與傳媒。因此，通過關鍵詞進行的數據檢索，內容駁雜，學科多樣，檢索最後呈現出來的趨勢也必定是一個複雜的涵容，與本文主題——宋代日記及其所從屬的古代日記，並不能精確切合。換言之，它所提供的關於日記文本的研究狀態僅從整體上發生意義，而具體細節則有賴於更為深層的學術關照。

「學術傳播度」（表3、4）統計，可以彌補上述檢索結果帶來的缺憾，它針對的是文獻被引量的統計，反映的是相關論題在學術領域的傳播與發展狀況。因為「文獻被引」基本發生在學術領域之內，故基於此的計算、分析而得出的結論，可以保證相關數據在學術性質上的精純度。

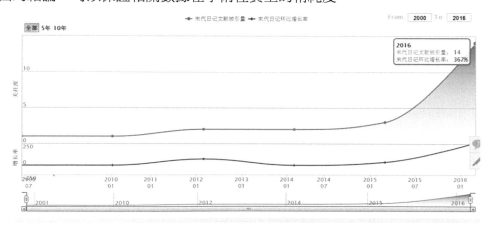

表3 宋代日記研究・學術傳播度〔註9〕

〔註 9〕該數據由中國知網（CNKI）數據庫提供。

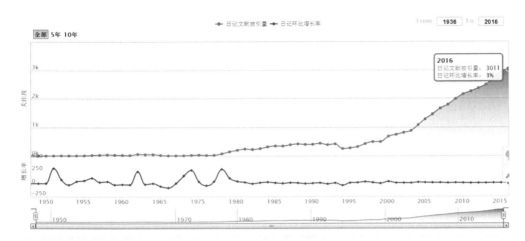

表 4　日記研究・學術傳播度〔註 10〕

　　表 3、表 4 可見，「宋代日記」和「日記」的文獻被引量皆呈低開高走之
勢，並且直至當下，都保持著一路遞陞的趨勢，說明在學術領域，宋代日記
（及其所從屬的古代日記）研究正在逐漸成為關注焦點，且該趨勢將有望持
續走高。不同的是，「宋代日記」的學術傳播度大約從 2015 年開始提升，而
「日記」的學術傳播度則從 1995 年便出現了飆升的苗頭，足足提前了 20 年。
上述統計結果證明，宋代日記的研究是承托於日記研究發展的整體繁榮之
上，「文獻被引」量不斷上漲的前提必然是存在足夠的「文獻發文」量（如表
1、表 2 所示）。

　　細節方面，2016 年，「宋代日記」文獻被引量抵達峰值 14 篇次（環比增
長 367%），而其巔峰時期的文獻發文量（5 篇）的 2.8 倍；同樣，「日記」文獻
被引量的最高值 3011 篇次（環比增長 3%），是其巔峰時期文獻發文量（1758
篇）的 1.7 倍。被引量遠遠超過發文量，證明相關論題一經發表，便開始廣泛
傳播。這種來自學術領域的關注熱度和引用頻率，說明宋代日記（及其所從屬
的古代日記）研究的學術成果正在為本領域、或它領域的學術研究提供佐證和
路徑，例如其所記載的歷史事件可以補充歷史細節、糾正訛誤，所涉及的天氣、
物候、民俗、地理等信息亦能益佑相關學科的研究。下兩圖為「宋代日記」檢
索結果所涉獵的學科列表、學科分配比例餅狀圖。

〔註 10〕該數據由中國知網（CNKI）數據庫提供。

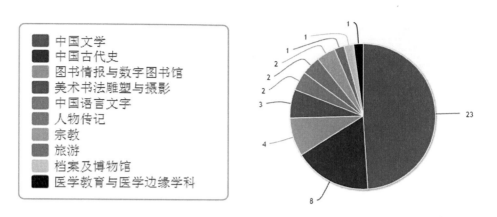

■	中国文学
■	中国古代史
■	图书情报与数字图书馆
■	美术书法雕塑与摄影
■	中国语言文字
■	人物传记
■	宗教
■	旅游
■	档案及博物馆
■	医学教育与医学边缘学科

　　兩圖可見，以「宋代日記」為主題進行檢索，所涉學科按數量由大到小排列，分別為中國文學、中國古代史、圖書情報與數字圖書館、美術書法雕塑與攝影、中國語言文字、人物傳記、宗教、旅遊、檔案及博物館、醫學教育與醫學邊緣學科。宋代日記（以及所從屬的古代日記）研究所涉獵的領域可謂廣泛，相關著述不僅為文學、歷史、美術等人文學科提供佐證與背景，亦能為情報學、醫學等社會科學、自然科學學科領域提供材料依據和訊息支持。總而言之，學術傳播度的不斷增長，是宋代日記研究學術價值擴大化的具體呈現。

　　「用戶關注度」（表5、6）針對的是用戶下載量的統計，反映的是更大範圍內（包含學術領域）學術成果的傳播、使用狀態。

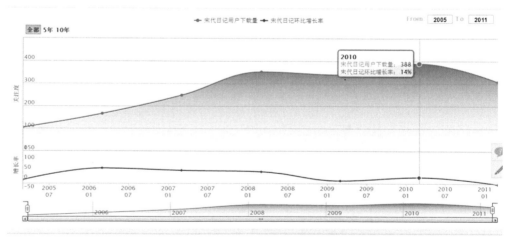

表5　宋代記日研究・用戶關注度〔註11〕

〔註11〕該數據由中國知網（CNKI）數據庫提供。

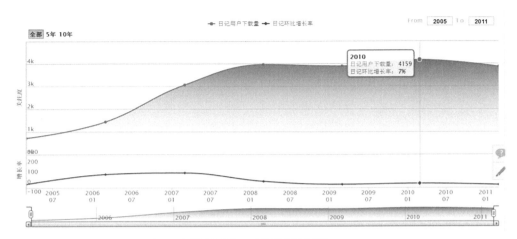

表 6 日記研究・用戶關注度〔註12〕

　　表5、表6可見，「宋代日記」及「日記」文獻的用戶下載量統計均始於2005年，終於2011年，且高峰值均出現在2010年。拋開尚不明確的技術因素，〔註13〕單就上述兩表所呈示的信息，可以確認，「宋代日記」和「日記」文獻的大規模下載行為發生在近十年間，而這個十年，恰恰是宋代日記研究在全國呈井噴式增長的十年，其間誕生了多部以之為主題的期刊論文及碩士、博士學位論文，細目參見文後注釋「宋代日記期刊論文與學位論文」。這個繁榮的十年並非一蹴而就，我們亦應注意到其高度活躍的基礎，來自於上世紀九十年開始的文獻創作高發期(見表1)，而這個高發週期大約也是十年。對比兩個十年的發文曲線圖，可以發現，1990年至2000年間的發文量在圖域上顯示出來的形狀是兩個尖峰，分別代表1991年和1995年兩年的發文情況；而2001年至2013年間的發文量則呈示出平頂峰和尖峰的形狀，分別代表2005年至2012年間持平的發文量和2013年達到巔峰值的發文量。後十年發文曲線圖的峰面積總和大於前十年，意味著後一個十年的發文總量超過了前一個十年。

　　所以，上一個十年的持續研究，不僅帶來了下一個十年的科研高產，也帶來了用戶參與的高度活躍。換言之，正是前輩學人的躬耕開拓，為後輩學人奠定了基礎，托舉著後來人的研究更上層樓；也恰恰是此種前後相繼的學術探

〔註12〕 該數據由中國知網（CNKI）數據庫提供。
〔註13〕 據現有趨勢，2011年後至今的用戶下載量極有可能更為巨大，然由於未知因素，中國知網（CNKI）數據庫並未提供這一階段的統計指數，因此本文暫未將其列入考察範圍。

索，促使相關論題不斷深入、擴展，漸得普及、為人所知，以致成為引人矚目的學術研發領域。

細節方面，2010 年，「宋代日記」研究文獻的用戶下載量到達頂峰值，388篇次（環比增長 14%），是其文獻發文量巔峰時期的 77.6 倍；「日記」研究文獻的用戶下載量也在同年迎來最高值，4159 篇次（環比增長 7%），是其文獻發文量巔峰時期的 2.37 倍。用戶下載量遠超文獻發文量，證明「宋代日記」（及其所從屬的古代日記）在一般範圍內的傳播遠比學術領域內的傳播更為廣泛和迅捷，其所產生的影響力更大更強。尤其是針對「宋代日記」的研究，平均每篇發文至少有 77.6 篇次的下載量，傳播率相當可觀。且據中國知網（CNKI）平臺所提供的檢索數據來看，「宋代日記」研究所涉獵的學科遠比「日記」豐富。這說明細化的學術研究不僅更有利於本學科建設，還能益佑跨學科研究，也從一個側面映現出相關論題的研究熱度，及其在人文、科技領域中受歡迎的程度。

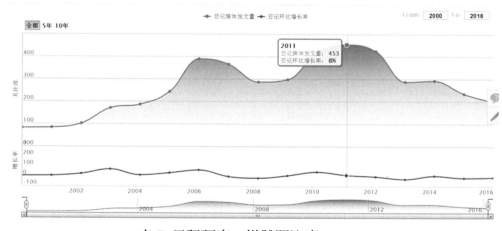

表 7　日記研究・媒體關注度〔註14〕

「媒體關注度」（表 7）是針對媒體發文量的統計，反映的是媒體所代表的公眾關注態勢。上表可見，針對日記研究的媒體發文，從本世紀起方興未艾。目前在案可查的媒體發文始於 2000 年，止於 2016 年。即言，日記研究的影響力是從新世紀起拓出學術領域、引起媒體關注的。

十六年間共出現了兩次高峰，分別在 2006 年、2011 年發生。2006 年，《歷代日記叢鈔》由北京學苑出版社出版，括書 201 冊，輯錄並整理宋、元、

〔註14〕該數據由中國知網（CNKI）數據庫提供。

明、清及民國所撰各類日記五百多種，文獻均自國家圖書館館藏中搜撿而來，被譽為「我國圖書館界集中整理出版館藏日記文獻的示範項目。」〔註15〕是該年度學術領域內關注度極高的事件。2011年，《蔣介石家書：日記文墨選錄》由團結出版社出版，引起多方關注。此作屬於現、當代文學領域，不在本文考察範圍內，故不多作論述。上述二例僅從學術角度篩選了相關年度的熱門事件，事實上，絕大部分的媒體發文針對的都是「學術外」領域，例如對扶貧日記、醫療日記、司法日記、教育日記等的大量報導。媒體報導的偏好說明，在傳播維度上，學術性質的日記研究因其專業性而受到了一定程度的限制；但亦需承認，日記作為一種實用型文體，從古舊的歷史中破光而來，至今仍在各行各業煥發活力。這一種兼具歷史與新生的文體，蘊藏著巨大的生命能量，正等待當代學人傾心探索、培植繁育。

不得不提的是，中國知網（CNKI）數據庫中並未提供有關「宋代日記」的媒體關注統計，而超星發現平臺提供了一份關於「宋代日記」的報紙關注熱點趨勢圖：

表8 宋代日記·報紙關注熱點趨勢〔註16〕

表8中2013年、2016年均檢索出相關媒體報導，〔註17〕數量為1篇和3篇，可謂稀見。兩個數據庫所提供的該項統計的大趨勢基本持同，可說宋代日記的媒體影響力迄今為止，仍圈圄於學術領域，尚未能溢出本體系，波及它域。

〔註15〕黃顯功《彙刊秘籍，嘉惠學林——〈上海圖書館藏稿抄本日記叢刊〉編選原則和內容特色》，《圖書館研究與工作》，2017年第5期。

〔註16〕該數據由超星發現平臺提供。

〔註17〕2013年，《文匯讀書週報》發表文章《提供歷史細節的〈宋代日記叢編〉》；2016年，《華興時報》《北京日報》分別刊發了文章《宋代官員日記中的公務旅行》。

讓人略感尷尬的是，即便在本學科領域，「宋代日記」研究發文量的單年最高值依然停留在個位數（見表 1）。但是，從某種意義來說，這恰恰意味著宋代日記（及其所從屬的古代日記）研究仍有著巨大的發展空間，其學術價值、學術潛力皆有待進一步挖掘，而這正是時局賦予時人的機遇。

總體而言，上述統計綜合反映了「宋代日記」（及其所從屬的古代日記）研究的學術生態，然而這種統計無法完美，存在部分缺憾。因為，儘管本文數據的主要來源——中國知網（CNKI）數據庫可算是當下中國科研文獻檢索的權威平臺，然其中收錄的多為期刊文獻，少有專著，這在一定程度上減損了檢索結果的專業性質。更為精確的檢索結果或有待於單體數據庫檢索功能的進化，或者整合不同數據庫的檢索平臺的深度研發。

目前，能夠做到整合數據庫的是超星發現平臺，可以一站式搜索所購買的數據資源，故而可提供更多維度上的統計，例如對相關知識點、相關作者、相關機構的引涉，對圖書、期刊、學位論文、會議論文、報紙等各類出版文獻的統計。在一定程度上，補益了中國知網（CNKI）數據庫針對本文主題的檢索結果，例如其所提供的關於宋代日記的專著出版統計、學位論文統計。

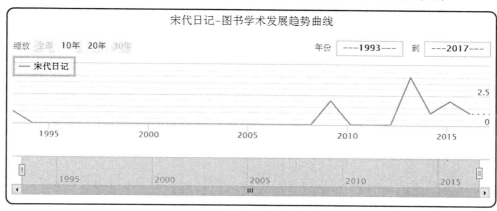

表 9 宋代日記・圖書學術發展 〔註18〕

表 9 可見近年內相關學術專著的發表情況。2009 年，《新校參天台五臺山記》由上海古籍出版社出版，包含部分宋代日記文獻的《唐宋元明清藏事史料彙編》也由學苑出版社出版。2013 年，《宋代日記叢編》一輯三冊由上海書店出版社出版。表 10 則呈示出近十年以來如雨後春筍般出現的碩士、博士學位論文，為相關研究提供了極大的便利。

〔註18〕該數據由超星發現平臺提供。

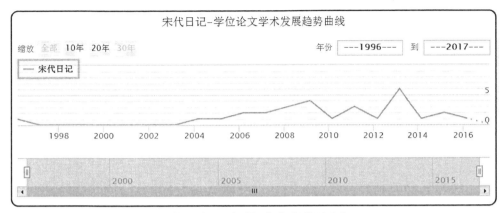

表 10　宋代日記‧學位論文學術發展〔註 19〕

　　大數據帶來宏觀視角，學者們得以借力對論題作綜覽全局式的觀察和統計。然而數據檢索自有其局限性與機械性，通過關鍵詞得出的檢索結果無法達到「人文的精準」，例如其中所包含的各類含有「日記」字眼、卻無「日記」含義的文獻；或是對相同文獻進行重複編次，導致數據列表出現冗餘，從而降低統計結果的精確度。〔註 20〕

　　這是技術的極限，卻是人文的契機。毫無疑問，如何在海量文獻中搜撿、扒梳出符合研究方向的群案，如何在個案分析中探求可靠的歷史細節並沃以學養，如何將一類問題代入不同的學科視角去建構更宏闊的人文生態，均賴更深層次的人力辨別以及學術關照。而這，正是當代學人應予以傾心傾力之處。

第二節　研究內容

一、日記的分類

　　1945 年，日本學者玉井幸助《日記文學概說》根據是否附有日記標記以及記錄內容，將日記分為二部三門六種二十類。〔註 21〕

〔註 19〕該數據由超星發現平臺提供。

〔註 20〕一站式搜索平臺通常以「全」為宗，會將不同數據庫中的同篇文章分別列出，這樣就導致相關論題的統計出現冗餘現象。

〔註 21〕參見玉井幸助《日記文學概說》，1945 年目黑書店初版，1982 年國書刊行會復刊，第 148～149 頁。轉引自褚永娟《中國古代日記在日本的變容——從日記到日記文學》，《山東社會科學》，2016 年第 2 期。

二十世紀，我國學者對日記的分類一般遵循「內容分類」法。陳左高《談宋代日記》將日記分為三類：紀遊類，紀傳類，史料類。（1962 年）母忠華認為日記當分為宦遊類日記、出使類日記、其他類日記，其中「其他類」包括日常生活、史事、逃亡三種內容。〔註22〕（2006 年）

本世紀，內容分類法依然施用：《歷代日記叢鈔》將日記分為政治類內容，學術類內容，日常生活類，山水遊記類。〔註23〕（2006 年）顧靜：分兩類：遊記類日記文，政事類日記文。〔註24〕（2010 年）顧弘義：出使行遊類日記，參政類日記，其他日記。〔註25〕（2014 年）此外，有出現了按文本利益取向分類者，如王鍾翰「為人者」，「為己者」，「兼而為人、為己」說。〔註26〕（2006 年）按篇幅分類者，如王雨容認為日記體遊記可以分為單篇和長篇：單篇者如《遊嵩山寄梅殿丞書》《南嶽遊山唱酬序》《遊東林山水記》《入越記》《金華遊錄》；長篇者如《于役志》《入蜀記》《攬轡錄》《驂鸞錄》《吳船錄》《歸廬陵日記》《泛舟遊山錄》《乾道壬辰南歸錄》。〔註27〕（2009 年）近年來，甚至出現了更為細化的分類，如褚永娟認為「既有附年月日日曆的官記、起居注、遊記、私記，也有淡化日記的札記、隨筆、家集等。」〔註28〕（2016 年）

二、日記名稱

2004 年 5 月，陳左高：「日記名稱起於宋代，這是隨著日記作者興起，作品漸趨成熟之時才出現的。」唐代日記「多標以異名，或曰錄，或曰志，或曰行紀，或曰日曆，均未用日記名稱。」〔註29〕宋代日記方「自覺地冠以「日記」「日錄」等字眼。」「日記全稱，二字連用，始見於宋代。」〔註30〕

〔註22〕母忠華《宋代日記研究》，四川大學碩士學位論文，2006 年。
〔註23〕《〈歷代日記叢鈔〉細目》，李德輝、俞冰等主編《歷代日記叢鈔》，學苑出版社 2006 年版。
〔註24〕顧靜《周必大日記文研究》，西北師範大學 2010 年碩士學位論文。
〔註25〕顧弘義、李文整理標校《宋代日記叢編》，上海書店出版社 2013 年版，第 6～11 頁。
〔註26〕王鍾翰《歷代日記叢鈔序》，李德輝、俞冰等主編《歷代日記叢鈔》，學苑出版社 2006 年版。
〔註27〕王雨容《宋代日記體遊記的文體特徵》，《貴州師範大學學報》，2009 年第 3 期。
〔註28〕褚永娟《中國古代日記在日本的變容——從日記到日記文學》，《山東社會科學》，2016 年第 2 期。
〔註29〕陳左高《中國日記史略》，中國書籍出版社 2016 年版，第 9 頁。
〔註30〕陳左高《中國日記史略》，中國書籍出版社 2016 年版，第 10 頁。

陳左高還提出了日記的「異名」說，認為中國古代日記的異名與「含義相關」，以「單字」為名者有錄、記、志、疏、〔註31〕卷〔註32〕；以雙字為名者有日譜〔註33〕、日談〔註34〕、日識（通志）〔註35〕、瑣識、計日〔註36〕。此外仍有將日記內容加以概括成名者，〔註37〕（如《使金錄》）及其他，如《宜州乙酉家乘》。〔註38〕

2014 年，顧弘義：宋代日記名稱「未能統一」，有日記、日錄、記、錄、志、家乘、筆錄、語錄、別錄等，或以內容、典故、時間地點、撰者名（姓名、字、官銜、爵位、諡號）等命名，「北宋日記多見以撰者取名」，南宋則不然。〔註39〕

2014 年，鄧建：「日記文體的命名，則由官修日曆衍生而來。」〔註40〕「宋人將此類撰述命名為日記，是取『隨日記所閱歷』〔註41〕之意。」「具體名稱之取捨，最初純屬偶然，後來方約定俗成，為世人所接受並普遍採用。」〔註42〕

2017 年，黃顯功：「日錄、日曆、日譜、日注、日談、日誌、計日、紀略、紀事、紀實、偶記、余記、述略，還有紀遊、紀程、行記、遊錄、行程記、紀程記、驛程記、旅行記、隨筆、雜錄、札記、侍行記、于役志、扈從記等」，「皆因作者身份不同致使所記內容和重點的差異而形成了各種異稱。」〔註43〕

〔註31〕例如明人王稚登日記《荊溪疏》。

〔註32〕例如近人潘飛聲日記《西海紀行卷》。

〔註33〕例如明人朱祖文日記《北行日譜》。

〔註34〕例如清代王芝日記《海客日談》。

〔註35〕例如清人姚覲元日記《咫瞻日識》。

〔註36〕例如清人丁士一日記《此行計日》。

〔註37〕例如明人瞿昌文日記《粵行紀事》。

〔註38〕陳左高《歷代日記叢談》，上海畫報出版社 2004 年版，第 232～233 頁。

〔註39〕顧弘義、李文整理標校《宋代日記叢編》，上海書店出版社 2013 年版，第 4～5 頁。

〔註40〕鄧建《從日曆到日記──對一種非典型文章的文體學考察》，《中山大學學報》（社會科學版），2014 年第 3 期。

〔註41〕永瑢等著《四庫全書總目》卷五八《吳船錄》提要，中華書局 1965 年版，第 529 頁。

〔註42〕鄧建《從日曆到日記──對一種非典型文章的文體學考察》，《中山大學學報》（社會科學版），2014 年第 3 期。

〔註43〕黃顯功《彙刊秘籍，嘉惠學林──〈上海圖書館藏稿抄本日記叢刊〉編選原則和內容特色》，《圖書館研究與工作》，2017 年第 5 期。

三、撰寫目的

北宋：歐陽修：「朝廷之遺事，史官之所不記，與士大夫笑談之餘，而叮
錄者錄之，以備閒餘之覽也。」〔註44〕王安石：「上言開陳事，退則錄以備自
省，他時去位，當繕錄以進。」「余謂上言：『與陛下開陳事，退則錄以備自省，
及他時去位，當繕錄以進』」。神宗提出：「卿今所言已多，朕恐有遺忘，試錄
今日所對以進。」「安石唯唯而退。迄不復錄所對以進。」〔註45〕

南宋：周輝：以先人晚苦重聽，如干蠱次序、旅泊淹速、親舊安否，書之
特詳，用代縷縷之問。〔註46〕張舜民：「其始，以備私居賓友燕言之助……亦
以備清閒之覽觀。」〔註47〕黃榦：「日知其所亡，月無忘其所能，此錄之所以
作也。」「繼之子孫，所宜永監，書之家廟，以示不忘。」〔註48〕

當代階段，學者基本認同日記的作用在於備忘和傳播。陳左高「具有備忘
作用」。〔註49〕（2004年）吳承學、劉湘蘭：「我們所見的古代日記，其寫作
目的大多數不是要藏諸名山，而是傳諸其人。作者志不在秘藏，而是要傳播。」
〔註50〕（2010年）劉中黎：「其根本目的亦不是審美，而是實用。」「基本功
能是簡單的記事備忘」。〔註51〕（2012年）顧弘義：「參政類日記不僅成為攻
訐政敵的利器，還是洗白自己的『備忘錄』。」〔註52〕（2014年）鄧建：「宋
人撰述日記的最初動機，有一些亦如官修日曆之備於史乘。」「把寫日記當成
了記事傳人的方式之一或一種自察自省的方式。」〔註53〕（2014年）谷曙光
「以備查閱不忘」。〔註54〕（2016年）

〔註44〕曾棗莊《宋代序跋全編》，齊魯書社2015年版，第179頁。
〔註45〕楊仲良《皇宋長編紀事本末》，卷五九《王安石事蹟（上）》熙寧元年四月，黑
　　　　龍江人民出版社2006年版，第1042～1044頁。
〔註46〕周輝《清波雜志》卷九。
〔註47〕李德輝《晉唐兩宋行記輯校》，遼海出版社2009年版，第214頁。
〔註48〕黃榦《勉齋集》卷三四《日記式》，上海古籍出版社，《文淵閣四庫全書》本。
〔註49〕陳左高《中國日記史略》，中國書籍出版社2016年版，第10頁。
〔註50〕吳承學、劉湘蘭《中國古代文體史話·雜記類文體》，《古典文學知識》，2010
　　　　年第2期。
〔註51〕劉中黎《遷移與轉化：從日記到小品文》，《重慶師範大學學報》，2012年第3
　　　　期。
〔註52〕顧弘義、李文整理標校《宋代日記叢編》，上海書店出版社2013年版，第9頁。
〔註53〕鄧建《從日曆到日記——對一種非典型文章的文體學考察》，《中山大學學報》
　　　　（社會科學版），2014年第3期。
〔註54〕谷曙光《貫通與駕馭：宋代文體學述論》，人民文學出版社2016年版，第71
　　　　頁。

四、日記的價值

1991 年，楊慶存：「可補史書之不足」，「又是研討山谷行實、思想和品格的不可忽視的重要依據」，「可與此期的詩文創作相發明」，「是不可多得的古代氣象學資料」，「對於考察古代人們的生活，或研討所屬部類的淵源流變，都不無參考價值」。〔註 55〕

2004 年，陳左高：「自然科學之特殊資料」，比如「替氣象研究者提供可靠論據」。「政治史之原始資料」，「堪能填補史事之空白點」，「經濟方面之多種史料」，「文藝析賞學術研究方面資料」，「各國交往史料」。〔註 56〕

2009 年，王雨容：「審美價值和實用價值」。〔註 57〕

2010 年，吳承學、劉湘蘭：「具有較高的文學、史學價值」。〔註 58〕

2014 年，顧弘義：史料價值：「日記撰者多為宰執等高官顯宦，對當時政務決斷起著關鍵作用，故影響極大，而具有甚高的史料價值。」例如「哲宗紹聖年間的《神宗實錄》即據以（王安石《熙寧日錄》）修纂，李燾修撰《續資治通鑑長編》也大量引錄，成為後世研究『熙寧變法』的重要依據。又如周必大《啟陵錄》記錄宋高宗去世喪葬過程尤為詳實，其研究價值尤後人所重視。」「《趙清獻御試日記》成為研究宋代科舉制度的重要資料」。〔註 59〕

文獻價值：宋代日記撰者多為名士，日記為「研究這些人的生活、履歷等留下了不可替代的珍貴資料」，歐陽修《于役志》「後人就屢曾據以考訂歐陽修的生平。」又例如周必大生辰：乃如《年譜》皆說六一先生是景德四年六月二十六日丙辰生。前日搜訪得《于役志》一卷，乃是自館閣貶夷陵時再行日記，止到公安。其間於六月二十一日說「予生日為壽」。尋取《真宗實錄》及《長編》再三契勘，果是丙辰乃六月二十一日，得戊申月節氣。然則諸家考證容或未詳。〔註 60〕明人楊士奇也考證道：按《于役志》：九月壬辰，安道貶筠州；

〔註 55〕 楊慶存《中國古代第一部私人日記——論黃庭堅〈宜州乙酉家乘〉》，《理論學刊》，1991 年第 6 期。

〔註 56〕 陳左高《歷代日記叢談》，上海畫報出版社 2004 年版，第 3 頁。

〔註 57〕 王雨容《宋代日記體遊記文體研究》，廣西師範大學碩士學位論文，2007 年。

〔註 58〕 吳承學、劉湘蘭《中國古代文體史話·雜記類文體》，《古典文學知識》，2010 年第 2 期。

〔註 59〕 顧弘義、李文整理標校《宋代日記叢編》，上海書店出版社 2013 年版，第 10 頁。

〔註 60〕 周必大《文忠集》卷一八八《孫彥揭謙益》，見《文淵閣四庫全書》上海古籍出版社。

甲午，師魯貶郢州；丁酉，余貶夷陵。《與高若訥書》云：「昨日安道貶官，師
魯待罪。」則余、尹被貶在公之先明甚。公諸子述《事蹟》及韓魏公作《墓誌》，
皆以為公之貶在余、尹之先。魏公偶出一時之悮，或但據其子所述書之。而為
子職者不密於考據如此，雖非大關涉，可以率略乎？〔註61〕

2014 年，鄧建：史學價值：「彌補官修史書『該一朝之事，總其大綱』
〔註62〕的缺失和尊賢隱諱、或所偏袒的弊病，為歷史事件、社會事態提供更為
具體的細節的和更為詳備的語境，起到補史之闕、糾史之偏的作用。」〔註63〕

2016 年，李貴：《北行日錄》「具有了 147 天完整的氣象記錄，可以首先
作為一手氣象觀測資料使用，對中國氣候環境史研究有重要價值。」〔註64〕

2017 年，黃顯功：「日記，既書寫了個人的經歷，也反映了社會的歷史蹤
跡，具有珍貴的史料價值。」〔註65〕

第三節　研究方法

一、比較法

（一）具體作品之間比較

《入蜀記》與《吳船錄》，是日記研究著述中常備拿來比較的一對作品。
二者均以日記體寫就，一入蜀一出蜀，皆取水路，行程多有重疊，出行季節亦
相仿，《四庫全書》亦將其連綴而置。

2005 年，蘇迅：分「因緣聚會屬邂逅」「李杜詩篇各稱引」「同在逆旅度
佳節」「入蜀出川同遊地」四章節，分析《入蜀記》《吳船錄》在作者生平、
寫作背景、引證偏好、敘述策略等方面的不同。其中「李杜詩篇各稱引」部
分指出「陸遊好太白詩，范成大好少陵詩。」《入蜀記》「稱引李詩不下二十

〔註61〕楊士奇《東里文集》卷十《題歐陽文忠公事蹟》，見《文淵閣四庫全書》，上海
　　　　古籍出版社本。
〔註62〕永瑢等著《四庫全書總目》卷五四《北樓日記》提要，中華書局 1965 年版，
　　　　第 486 頁。
〔註63〕鄧建《從日曆到日記——對一種非典型文章的文體學考察》，《中山大學學報
　　　　（社會科學版）》，2014 年第 3 期。
〔註64〕李貴《〈北行日錄〉的文體、空間與記憶》，《文學遺產》，2016 年第 4 期。
〔註65〕黃顯功《彙刊秘籍，嘉惠學林——〈上海圖書館藏稿抄本日記叢刊〉編選原則
　　　　和內容特色》，《圖書館研究與工作》，2017 年第 5 期。

五六次，即劉禹錫、王安石、蘇東坡、梅堯臣諸人詩句也比比皆是，而引杜甫詩不過五六處。」《吳船錄》「就相反，明顯偏好杜詩。」〔註66〕

2006年，母忠華：以《入蜀記》《吳船錄》的對比完成對「南宋宦遊日記」的研究，指出「陸游側重於抒發愛國情感，范成大更擅長景物的描寫。」「《入蜀記》始終心繫戰事、心繫國運，偏重人文景觀，且往往以史論出之」，「《吳船錄》則更多自然景觀的描寫，使人感受到祖國山川的美，得到藝術上的享受。」且二者在寫景方面「互補、互證」。〔註67〕

2007年，王雨容：通過二者比較來說明「個人風格與體性差別」。〔註68〕

（二）不同文體之間比較

2012年，王皓：將日記體行記與紀程體行記進行比較，發現二者在記錄範圍的選擇、內容的安排方面都略有不同。前者比後者的記錄範圍更廣，內容更詳，且比後者內容安排更為緊湊。〔註69〕

2012年，劉珺珺：通過與地志、其他行記的比較，發現石湖三錄「記志交融」「詩記分離」的文體狀態。〔註70〕

2014年，鄧建：通過日記與日曆間的比較，發現「作者身份、行為性質、立場視角、寫作姿態、體性風貌等都發生了遷移和轉變」，認為日記是取日曆之形狀而變換其實，是對「完全自由體性的追求」促使日記與日曆分道揚鑣，自成一體。〔註71〕

二、史料佐證

2014年，鄧建：通過史證材料的搜集，考察中唐至宋末的官方日曆編修狀況，舉例證明早期日記與官修日曆在內容、體例方面的血緣關係，如最早以「日記」命名的《御試備官日記》「所記乃官方科舉事物」，「《溫公日記》最初即為編纂《資治通鑑後紀》而作」，進而得出結論：「私人修史之風的盛行、官

〔註66〕蘇迅《文字因緣非偶然——從陸游的〈入蜀記〉到范成大〈吳船錄〉》，《江南論壇》，2005年第5期。

〔註67〕母忠華《宋代日記研究》，四川大學碩士學位論文，2006年。

〔註68〕王雨容《宋代日記體遊記文體研究》，廣西師範大學碩士學位論文，2007年。

〔註69〕王皓《宋代外交行記與語錄研究》，四川師範大學博士學位論文，2012年。

〔註70〕劉珺珺《范成大紀行三錄文體論》，《文學遺產》，2012年第6期。

〔註71〕鄧建《從日曆到日記——對一種非典型文章的文體學考察》，《中山大學學報》（社會科學版），2014年第3期。

修日曆的影響……共同促成了日記在宋代的興盛與命名……而不是在其他任何時代。」〔註72〕

三、數理統計

2012 年，劉珺珺：通過與地志、其他行記的比較，發現石湖三錄「記志交融」「詩記分離」的文體狀態。又通過數據採集，統計了三錄中類型化的內容元素，發現各類內容所佔比重均相當穩定，從而得出其文體「雅潔有法」的結論。〔註73〕

四、文本細讀

2012 年，劉珺珺：通過文本細讀，抽繹出石湖三錄在「地理、民俗方面的求實誌異，簡化對個人交遊活動的敘述，弱化情感抒發，淡化由徵引前任詩文而來的『人文性』」等具體而細化的文體特徵。〔註74〕

2016 年，李貴：通過對文體特徵的分析與引申，例如「第三人稱客觀敘述」，「絲毫不流露私人情感」（父親壽辰事隻字不提），「大量考證性文字」（南京城的歷史沿革），「用歷史記憶對照淪陷現實」，認知樓鑰「寫史存史」的意識，最後得出結論「借助日記體形式的出使行記，樓鑰保存了行程實錄，其個人記憶得以永存。……個人記憶轉化成南宋人的集體記憶。……成為中國人的歷史記憶。」〔註75〕

五、理論架構

2007 年，王雨容：將郭英德的四個文體層次「體裁、語體、體式、體性」作為論文的理論架構，分而述之。通過分析日記體遊記產生的背景，指出其與筆記小品之間的內在聯繫。其中「體制」章節中指出「先是出現日曆到宋代的日記文學，再出現日記體遊記」的發展軌跡。〔註76〕

2016 年，李貴：從文本空間等級的角度進行研討，認為樓鑰「建構了家園、本國、故國和敵國這四個空間形態，形成等級體系，反映出個體的立場、

〔註72〕鄧建《從日曆到日記──對一種非典型文章的文體學考察》，《中山大學學報》（社會科學版），2014 年第 3 期。
〔註73〕劉珺珺《范成大紀行三錄文體論》，《文學遺產》，2012 年第 6 期。
〔註74〕劉珺珺《范成大紀行三錄文體論》，《文學遺產》，2012 年第 6 期。
〔註75〕李貴《〈北行日錄〉的文體、空間與記憶》，《文學遺產》，2016 年第 4 期。
〔註76〕王雨容《宋代日記體遊記文體研究》，廣西師範大學碩士學位論文，2007 年。

知識和信念。」〔註 77〕

第四節　研究重心的地理遷移

綜覽宋代日記研究百年歷程，研究高發區域兩經轉易，自上海遷移至北京，再由北京發散到全國。歷時三段，1936 年至 1949 年的現代階段，1949 年至 2006 年的當代階段，2007 年至 2017 年的近十年階段，分而述之。

（一）現代階段（1936 年～1949 年）：宋代日記研究的地理重心在上海

研究高發時間集中在上世紀三十年代：上海商務印書館刊發了《御試備官日記及其他三種》和《古今名人日記選》。上海南強書局出版了阿英的《語體日記文做法》，阿英在上海期間還著有《日記文學叢談》，用「文言」和「語體」兩種概念，將古典日記與現代日記區分開來，呈現出相當先進的文體意識。〔註 78〕

至 1947 年前後，被稱為「中國日記研究史第一人」、時執教於國立復旦大學（復旦大學前身）的陳左高，開始在《永安月刊》上發表日記研究的相關文章，如《日記的濫觴》等。《永安月刊》由上海永安公司出版，創刊於「孤島」時期的上海，終刊於 1949 年 5 月，是一本面向上海市場的純文學類刊物，編刊形式亦頗迎合上海市民趣味，如標誌性的名媛封面。其後，陳左高又接連在《申報》《大公報》上發表過數十篇關於日記的評述文章。（詳見其作《我和日記研究》）

（二）當代階段（1949 年～2006 年）：宋代日記研究的地理重心逐漸轉移至北京

建國後很長一段時間內，上海承續先前基礎，陸續出版了多部有關宋代日記的輯錄專著、研究專著。1982 年，上海古籍出版社出版了陳左高《古代日記選注》。1990 年，上海翻譯出版公司出版了陳左高《中國日記史略》。1991 年 11 月 15 日，上海《語文學習》發表了陳左高《中國日記源流概述（上）——宋元日記》。2004 年 5 月，上海畫報出版社刊發了陳左高《歷代日記叢談》，是書為中國日記研究史上里程碑式的巨作，著錄公元 808 年至 1911 年間的各

〔註 77〕李貴《〈北行日錄〉的文體、空間與記憶》，《文學遺產》，2016 年第 4 期。
〔註 78〕程韶榮《中國日記研究百年》，《人文匯要》，2000 年第 2 期。

類日記，約逾七百種，九十餘萬字，其中宋代日記 27 部。同年 12 月，學林出版社出版的《中國遊記文學史》中，設專門章節討論宋代的日記體遊記。

陳左高在《歷代日記叢談·導言》中這樣描述日記輯錄過程：「四十年來，承潘景鄭、顧廷龍前輩不斷見借各種手稿鈔本，又得趙景深、袁道沖、陳仲明、王貴忱、湯志鈞等先生慨借珍藏。其間又荷前上海合眾圖書館、前上海市歷史文獻圖書館、上海圖書館、華東師範大學圖書館借閱所藏，提供方便，飲水思源，能不感紉。」〔註79〕

文中提及的搜撿古籍的處所，均在上海市內，如前上海合眾圖書館、前上海市歷史文獻圖書館、上海圖書館、華東師範大學圖書館；所感謝的幾位先生，不是滬上學術大家，便是與滬上學術圈有著密切的聯繫：

潘景鄭（1907～2003）自抗戰時期起便移居上海，與妹夫顧廷龍（1904～1998）居住在上海市西康路一幢樓房的上下層，1939 年二人聯合創辦上海合眾圖書館（1955 年更名為上海市歷史文獻圖書館，1958 年再次更名為上海圖書館），終身致力於古籍版本的鑒定和研究，晚年還將家族珍藏「寶山樓」藏書的部分書籍捐贈給上海圖書館。趙景深（1902～1985）自 1930 年起任職於上海復旦大學，直至逝世，後家人將其兩萬餘冊藏書悉數捐贈給復旦大學。袁道沖祖居上海松江，1914 年任職於上海《時事新報》，〔註80〕後從政多地，抗戰勝利後復歸上海，與潘、鄭兩位先生以及陳左高等多有交遊，解放後定居松江。王貴忱，精通古文獻版本研究，其書得潘景鄭題序，被潘稱為「魁奇之士」。湯志鈞 1947 年畢業於復旦大學，1956 年後，依次任職於中國科學院上海歷史研究所、上海社會科學院歷史研究所。

在上海保持研究傳統的同期，北京逐漸後來居上，成為新的研究中心。轉折點出現在 1978 年，一直以來囿於滬上的陳左高，開始在中華書局出版的《文史》《學林漫步》上發表文章。而後，中華書局又出版了《范成大筆記六種》（「唐宋史料筆記叢刊」系列）。〔註81〕1992 年，中國青年出版社《歷代遊記選》中，選錄多部日記作品。1995 年，《中國社會科學》發表了楊慶存《宋代散文體裁式樣的開拓與創新》，述及宋代日記。

〔註79〕陳左高《歷代日記叢談》，上海畫報出版社 2004 年版，第 4 頁。

〔註80〕中國國家博物館編，勞祖德整理《鄭孝胥日記》，「過孟尊孫小坐，尊孫云：『報館事太繁，將邀袁道沖來助。』」（1914 年 2 月 23 日記事）中華書局 1993 年版。

〔註81〕范成大著，孔凡禮點校《范成大筆記六種》，中華書局 2002 年版。

進入二十一世紀，宋代日記研究的陣地上，迎來了滬、京學術力量的首次結合。由上海師範大學朱易安、中華書局傅璇琮等人聯合著錄的《全宋筆記》第一編、第二編分別於 2003 年、2006 年出版。該書是繼《全宋詩》《全宋文》之後第三部宋代文獻大型總集，以「全」為宗，所錄作品大多是首次經校勘，凝結著滬、京兩地多位學者的大量心血，不僅保證了選本的精當審慎，更保證了點校之高質高量。

奠定並既成北京中心位置的事件，是 2006 年《歷代日記叢鈔》的成書與出版。該書由李德輝、俞冰主編，北京學苑出版社出版。括書 201 冊，輯錄、整理宋、元、明、清及民國所撰各類日記五百多種，含宋代日記 6 種。北京的學者團隊夜以繼日、搜撿扒梳，對上萬卷國家圖書館（前北京圖書館）館藏文獻一一研究考證、剖析題跋，〔註82〕極大限度地保持了文獻原貌，獲譽「我國圖書館界集中整理出版館藏日記文獻的示範項目。」〔註83〕

（三）近十年（2007 年～2017 年）：宋代日記研究的地理重心由北京發散至全國，呈遍地開花之勢，研究重點轉向文體

此階段，滬、京兩地依然保持著原有研究勢頭。2008 年，京、滬合力的《全宋筆記》第三編出版。之後，該系列餘編的點校與整理則由上海師範大學古籍研究所承擔，含有宋代日記作品的第五編、第六編和第八編，於 2012 年至 2017 年內陸續出版。2014 年，上海書店出版社刊行《宋代日記叢編》，顧弘義、李文整理標校，是目前出版的輯錄宋代日記最為全面的版本。

北京憑藉著得天獨厚的人文蘊藏，近十年間亦從未間斷相關研究。2011 年，人民文學出版社出版了楊慶存的《宋代散文研究》，中設專門章節論述日記文體的基本特徵。《文學遺產》自 2012 年後，陸續刊登了劉珺珺《范成大紀行三錄文體論》、李貴《樓鑰〈北行日錄〉的文體、空間與記憶》、李德輝《論宋代行記的新特點》、成瑋《百代之中：宋代行記的文體自覺與定型》，儘管四篇文章均由行記角度展開論述，然內中徵引並分析了大量宋代日記，客觀上促宋代日記文體研究更上層樓，尤在 2016 年第四期雜誌上，連登李貴、李德輝、成瑋等三人文章，針對「文體」研究的學術風向已若然成型。同年 1 月，早前在上海出版的《中國日記史略》由中國書籍出版社再版。4 月，人民文學出版

〔註82〕參見李德龍、俞冰主編《歷代日記叢鈔·序》，學苑出版社 2006 年版。
〔註83〕黃顯功《彙刊秘籍，嘉惠學林——〈上海圖書館藏稿抄本日記叢刊〉編選原則和內容特色》，《圖書館研究與工作》，2017 年第 5 期。

社出版了谷曙光的《貫通與駕馭：宋代文體學述論》，將日記視為「新創孳乳文體」。6月，中華書局出版《曾公遺錄》。

這個十年，京、滬之外，宋代日記研究在全國呈井噴之勢增長。出現了多部以之為主題的碩士、博士學位論文：2006年，母忠華《宋代日記研究》，四川大學碩士學位論文。2007年，王雨容《宋代日記體遊記文體研究》，廣西師範大學碩士學位論文。2010年，顧靜《周必大日記文研究》，西北師範大學碩士學位論文。2012年，王皓《宋代外交行記與語錄研究》，四川師範大學博士學位論文。

相關的期刊論文，亦出現在貴州、重慶、山東等多地。2009年，王雨容《宋代日記體遊記的文體特徵》，《貴州師範大學學報》。2012年，劉中黎《遷移與轉化：從日記到小品文——試析蘇軾日記〈記承天寺夜遊〉的文體跨界寫作》，《重慶師範大學學報》。2016年，褚永娟《中國古代日記在日本的變容——從日記到日記文學》，《山東社會科學》。

輯錄點校方面，2015年四川大學出版社出版了《王安石日錄輯校》，是輯校頗為完善的單本日記。

十年間各地對宋代日記的研究與著述，逐漸將焦點轉移至文體研究，成果較為突出的作品則出現廣州。2010年，吳承學、劉湘蘭著《中國古代文體史話·雜記類文體》，述清了日記體作品的定義、發軔、撰寫目的以及文體特徵，其結論得多方學者引注。2014年，《中山大學學報》發表了鄧建的《從日曆到日記——對一種非典型文章的文體學考察》，通過考察中唐至宋末的官方日曆編修狀況，以例證明早期日記與官修日曆在內容、體例方面的血緣關係，進而述明日記的文體特徵不夠純粹，文體形態具有非典型性，兼論近現代以來，日記在保持傳統形制時悄然轉型、文學屬性得到強化的狀態。

日記研究的取向，因地而異。上海憑藉歷史、經濟方面的優勢，一直以來注重文獻的搜集、輯錄，乃至成為一種風格鮮明的傳統，目前市面流通的較為完善、全面的宋代日記選本或叢集，諸如《全宋筆記》《宋代日記叢編》等，皆誕生於此地。北京則以其文教的底蘊，孕育了大量研究類著述，以《文學遺產》《中國社會科學》和中華書局、人民文學出版社為代表的各方學術力量，集結於此，共創了兼容並包、涉獵廣泛、洞見深刻的研究生態。

滬、京等地日記研究的承載單位，主要是大學和圖書館。以上海為例，早期陳左高以大學教職身份，奔走於滬上各大圖書館間，搜撿、整理了大量日記

文獻，至今仍在嘉惠後人；建國後，大型文獻叢集的編纂則幾乎全部依託大學完成，比如上海師範大學古籍所承編的《全宋筆記》；而近年來，上海圖書館依舊持續收藏日記稿本，幾代館員刻意搜尋、積極徵引，遂成特色專藏，還不斷將其公之於世。〔註84〕例如館藏元代《郭畀手寫日記》由古典文學出版社影印出版。之後，館藏日記陸續問世，方式有：一為標點整理後由出版社出版，或在上海圖書館主編的《歷史文獻》年刊上發表；〔註85〕二是影印出版；〔註86〕三是原件影印與排印相結合出版；〔註87〕四是合璧出版；〔註88〕五是建庫上網。〔註89〕並且還在 2014 年舉辦了「心曲傳真——上海圖書館藏稿本日記精品展」，展示稿本日記 60 種，並出版專題圖錄。〔註90〕2015 年，完整收藏了晚清四大日記之一的《翁同龢日記》，是中華古籍海外回歸的重大成果之一。〔註91〕2017 年則出版了《上海圖書館藏稿抄本日記叢刊》。〔註92〕

綜上，宋代日記研究的重心區域從上海、北京發展至全國。上海從 1936 年至今，始終保持日記輯錄、研究的熱度；北京則從建國後起逐漸成為研究高

〔註84〕 黃顯功《彙刊秘籍，嘉惠學林——〈上海圖書館藏稿抄本日記叢刊〉編選原則和內容特色》，《圖書館研究與工作》，2017 年第 5 期。

〔註85〕 如《王韜日記（增訂本）》（中華書局 2015 年版），其中包括上海圖書館藏《蘅華館日記》稿本、刊於《新聲雜誌》的日記以及臺灣所藏日記稿本；王清穆的《知恥齋日記（續）》（《歷史文獻（第 13 輯）》，2009 年 6 月）。

〔註86〕 如《翁同龢日記》線裝影印共 7 函 47 冊（上海遠東出版社 2016 年版）。

〔註87〕 如鄭觀應的《長江日記》稿本書影與標點文字互見（上海古籍出版社整理）。

〔註88〕 如劉承幹的《求恕齋日記》，上海圖書館藏稿本 51 冊，復旦大學圖書館藏 4 冊，由國家圖書館出版社合為一編出版。事見黃顯功《彙刊秘籍，嘉惠學林——〈上海圖書館藏稿抄本日記叢刊〉編選原則和內容特色》，《圖書館研究與工作》，2017 年第 5 期。

〔註89〕 如在上海圖書館的古籍稿抄本數據庫和盛宣懷檔案數據庫中，給予了稿抄本日記較全面的展示。見黃顯功《彙刊秘籍，嘉惠學林——〈上海圖書館藏稿抄本日記叢刊〉編選原則和內容特色》，《圖書館研究與工作》，2017 年第 5 期。

〔註90〕 事見黃顯功《彙刊秘籍，嘉惠學林——〈上海圖書館藏稿抄本日記叢刊〉編選原則和內容特色》，《圖書館研究與工作》，2017 年第 5 期。

〔註91〕 2015 年，上海圖書館工作人員專程赴美，從翁同龢五世孫翁萬戈處獲贈《翁同龢日記》稿本 47 冊。2016 年在天津得到翁氏後裔翁銘慶捐贈翁同龢早年日記稿本《己酉南歸應試日記》《庚戌恭赴西陵日記》，並將二者合而為一。事見黃顯功《彙刊秘籍，嘉惠學林——〈上海圖書館藏稿抄本日記叢刊〉編選原則和內容特色》，《圖書館研究與工作》，2017 年第 5 期。

〔註92〕 先由上海科學技術文獻出版社承接，後由國家圖書館出版社具體主持，歷時 5 年方竣工。轉引自黃顯功《彙刊秘籍，嘉惠學林——〈上海圖書館藏稿抄本日記叢刊〉編選原則和內容特色》，《圖書館研究與工作》，2017 年第 5 期。

發的核心區域；近十年間，文體研究蔚然成勢，研究區域遍布全國。自上世紀三十年代至今，宋代日記研究的區域分布歷經了一條從集中到分散的發展路徑，早中期的研究區域依託於發達城市，重心區域集中在上海、北京，造成了個別區域優勢「獨大」的狀況；現今的區域分布則更為均衡，在全國範圍內結構出「點線成網」的分布態勢，反映了八十年來，在經濟與文化雙重發展的社會背景之下，學術資源分布更為平衡、信息溝通更為高速高效的學術發展現狀。

第五節　國外研究情況

中國古代日記不僅是國內學術的焦點，長久以來也頗受得國外學者青睞，各國方家，多有著述。陳左高在《古今日記在國外》中，將這種來自海外漢學的關注、交流描繪為「嚶鳴會文」。〔註 93〕

一、海外漢學的研究狀況

1783 年（日本天明三年），日本博厚堂、杏林軒、瑤芳堂便聯合出版《入蜀記》，其本乃是重刊自清乾隆本。〔註 94〕

1794 年（日本寬政六年），日本京都北村四郎兵衛、北村太介等人出版《吳船錄》。〔註 95〕

清末，海外漢學家岡千仞、竹添光鴻以及林樂知、福開森等均有訪華日記，除以漢文寫就外，體例、內容等亦多仿自中國日記。如竹添光鴻的《棧雲峽雨日記》，記 1876 年 5 月 2 日至 8 月 21 日間在華遊覽事。文既，得俞曲園、李鴻章、鍾文烝作敘，頗受讚賞。〔註 96〕

1881 年（日本明治十四年），日本著名漢學家大規誠之（一作大槻誠之）為南宋陸游《入蜀記》做注釋，東京衛田彌兵衛、宮崎儀三郎、博文堂、三行社等出版，〔註 97〕1893 年（日本明治二十六年），東京松山堂再版刊行（何不

〔註 93〕陳左高《歷代日記叢談》，上海畫報出版社 2004 年版，第 233 頁。

〔註 94〕沈津、卞東波編著《日本漢籍圖錄》，廣西師範大學出版社 2014 年版，第 988 頁。

〔註 95〕沈津、卞東波編著《日本漢籍圖錄》，廣西師範大學出版社 2014 年版，第 995 頁。

〔註 96〕陳左高《古今日記在國外》，《歷代日記叢談》，上海畫報出版社 2004 版，第 233 頁。

〔註 97〕沈津、卞東波編著《日本漢籍圖錄》，廣西師範大學出版社 2014 年版，第 990 頁。

成舍藏本），分二冊。〔註98〕

　　1945 年，日本漢學家玉井幸助，致力於中國古代日記研究，著《日記文學概說》一書。〔註99〕內中統計了 550 種中國古代日記，並進行了精細分類，根據是否有時間標記以及記錄內容，將這些日記分為二部三門六種二十類。〔註100〕

　　陳左高語「記得 1946 年初，有一位列格勒大學教授來我國訪問，經某大學之紹介，與之交談宋代日記若干問題。」〔註101〕

　　張春樹，美國密歇根大學教授。研究陸游《入蜀記》多年，並全部譯成英文出版。〔註102〕

　　何瞻博士（James M. Hargett），美國科羅拉多大學教授。撰《宋代遊記文學》（英文版），文中多引述陸放翁《入蜀記》、范成大《攬轡錄》《驂鸞錄》《吳船錄》、歐陽修《于役志》、樓鑰《北行日錄》、程卓《使金錄》等宋代日記，且將《石湖三錄》全部譯成英文。〔註103〕1985 年 5 月 14 日至 17 日，由北京大學、杭州大學聯合主辦的中國宋史國際學術討論會在杭州舉行，會議收錄並宣讀了他的論文《范成大與其紀行日錄》。1986 年 6 月，該論文發表於《杭州大學學報》，將范成大日錄的語言風格歸納為四種：一、議論，二、典故，三、幽默，四、急轉的聯想（flashback）。〔註104〕

　　1996 年，森田兼吉著《日記文學の成立と展開》，在參照中國研究著述的基礎上，重新勘定了日記的源流、概念等問題，並展開相關研究。〔註105〕

〔註98〕　陳左高《古今日記在國外》，《歷代日記叢談》，上海畫報出版社 2004 年版，第 233 頁。

〔註99〕　陳左高《古今日記在國外》，《歷代日記叢談》，上海畫報出版社 2004 年版，第 233 頁。

〔註100〕　褚永娟《中國古代日記在日本的變容——從日記到日記文學》，《山東社會科學》，2016 年第 2 期。

〔註101〕　陳左高《古今日記在國外》，《歷代日記叢談》，上海畫報出版社 2004 年版，第 233 頁。

〔註102〕　陳左高《古今日記在國外》，《歷代日記叢談》，上海畫報出版社 2004 年版，第 233 頁。

〔註103〕　陳左高《古今日記在國外》，《歷代日記叢談》，上海畫報出版社 2004 年版，第 233 頁。

〔註104〕　〔美〕美何瞻（James M. Hargett）《范成大與其紀遊日錄》，《杭州大學學報》，1986 年第 2 期。

〔註105〕　〔日〕森田兼吉《日記文學の成立と展開》，笠間書院 1996 年版。參見褚永娟《中國古代日記在日本的變容——從日記到日記文學》，《山東社會科學》，2016 年。

二、海外漢學研究中的「誤讀」現象

　　何瞻〔註106〕在《范成大與其紀遊日錄》中將范成大的語言風格歸納為四種，在論述風格之一「議論」時，將《吳船錄》中的一些辨誤之筆，如「杜子美詩：『南京犀浦道，四月熟黃梅。湛湛長江去，冥冥細雨來。』蜀無梅雨，子美梅熟時，經行偶值雨耳。恐後人便指為梅雨。故辯之。」〔註107〕評價為「消極的議論」、「可能意味著其個人思緒的局限所在」，體現出較為明顯的文化隔閡。傳統視域中，對既往文獻「錙銖必較」式的研讀、辨析與論述，是知識主義瀰漫的社會氛圍下，宋人治學的典型風氣。這種細節的考證、知識點的勘誤，恰恰表明了宋人的理趣、情懷與智識，通常被稱之為「人文」，並無「消極」（negative）意味。

　　而在論述風格之三「幽默」時，作者又用「反論」（paradox）觀點解釋了石湖三錄的語言形態，認為作者的形容方式「多半顯示比較嚴格的態度」，而部分內容如有關「好事者」的記錄則能體現其幽默的個性特徵，並且具有「減少其文字中常出現的消極評論的效力」之平衡作用。事實上，諸如「試取數百顆（荔枝），貯以大合，密封之。走介入成都以遺高、朱二使者。亦兩夕到。二君回書云，風露之氣如新。記之以告好事者」〔註108〕之類的記錄，是日記書寫者交遊習慣、文化情趣的體現，與那些辨探、考證類的文字一樣，皆是作者主觀觀照下的興趣所至，在傳統認知中，二者並非相互對立、矛盾交混（paradox），而是並行不悖、相得益彰。

　　又如玉井幸助〔註109〕在考察日記起源時，〔註110〕將王充「夫文儒之力過於儒生。況文吏乎？能舉賢薦士，世謂之多力也。然能舉賢薦士，上書日記也，能上書日記者，文儒也」〔註111〕中的「日記」視為文獻源頭，並解釋說「或許王充認為孔子作為學者整理編纂散亂無統的古書，當為學者之範，故將學者

〔註106〕 〔美〕何瞻（James M. Hargett），博士，科羅拉多大學教授。
〔註107〕 范成大《吳船錄》，見顧宏義、李文整理標校《宋代日記叢編》，上海書店出版社 2013 年版，第 837 頁。
〔註108〕 范成大《吳船錄》，見顧宏義、李文整理標校《宋代日記叢編》，上海書店出版社 2013 年版，第 842 頁。
〔註109〕 日本漢學家，著有《日記文學概說》一書。
〔註110〕 參見褚永娟《中國古代日記在日本的變容——從日記到日記文學》，《山東社會科學》，2016 年。
〔註111〕 王充《論衡》卷一三《效力》，上海：上海古籍出版社，1990 年，第 129 頁。

為了學問而收集、抄錄資料並記感述稱作日記。」〔註 112〕這種觀點在一段時期內得到日記本學界的認同。但我國學者劉盼遂認為「日記」之「日」為「占」之形誤。〔註 113〕黃暉則認為此段文獻中的「日記」無義，「日」應為「白」之形誤，並舉證稱「『下記』『奏記』『白記』，漢人常語也」。〔註 114〕目前國內通行的注釋版本也大多趨從這一觀點，認為「日」為「白」的誤寫，如「白記指奏記，給君主或長官打報告」。〔註 115〕來自中國本土的研究結果以詳實的考證校正了異域誤讀，並在日本漢學界引起關注與認同，例如森田兼吉便在《日記文學の成立と展開》中承認：「日記」為「占記」之誤。〔註 116〕

異域視角向本土學人展示了陌生化的研究過程，得出不同以往的全新觀點。實際上，「誤讀」反映的是外來文化系統對本土文化系統的審視和認知。如何認知及利用這種「誤讀」，來反觀、反思並促進當下的研究，是一種必須——藉他者的目光，本土學人可以從旁的角度重新審察自體文化，加以比對和探究，甚至能「順藤摸瓜」，細化、加深、更新對他體文化的識認，加速不同文化系統間的溝通與交流。

第六節　當前研究中存在的問題

一、以宋代日記為獨立研究對象的論述尚不多見

如下表所示，在中國知網檢索「日記」，與之對應的相關詞中，有關「魯迅」「《狂人日記》」「魯迅小說」等現代日記研究奪佔了頭籌。有關古代日記的文章數量甚至排在了「內部控制」「水利工程」等理工科文章之後，更遑論古代日記目下的宋代日記研究。這也直接導致近年來宋代日記的媒體關注度幾乎為零。〔註 117〕

〔註 112〕〔日〕玉井幸助《日記文學概說》，國書刊行會 1982 年版，第 10 頁。轉引自褚永娟《中國古代日記在日本的變容——從日記到日記文學》，《山東社會科學》，2016 年。

〔註 113〕劉盼遂《論衡集解》，中華書局 1957 年版。

〔註 114〕黃暉《論衡注釋》，中華書局 1990 年版，第 581 頁。

〔註 115〕北京大學歷史系著《論衡注釋》，中華書局 1979 年版，第 739 頁。

〔註 116〕〔日〕森田兼吉《日記文學の成立と展開》，笠間書院 1996 年版，第 43 頁。轉引自褚永娟《中國古代日記在日本的變容——從日記到日記文學》，《山東社會科學》，2016 年。

〔註 117〕數據結論由中國知網（CNKI）及超星發現平臺提供。

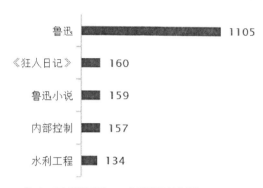

表 2 日記研究・相關詞統計〔註 118〕

　　而在以涉及宋代日記的研究中，它們多被作為引證材料，用以提供佐證或建構背景。例如《北行日錄》147 天完整的氣象記錄，可被作為一手氣象觀測資料使用。〔註 119〕《北行日錄》《攬轡錄》中記錄的使金路線及相關內容則可提供北宋末年開封城市布局的相關資料。〔註 120〕

二、以宋代日記為研究對象的文獻中，焦點多在內容評述，而少涉及文體研究

　　如下圖所示，在中國知網檢索「宋代日記」，與之對應的相關詞中，「文體」位列最末。下載量與轉引量較高的文獻，往往針對日記內容做相關探討，文體研究尚為稀見。

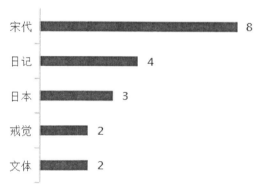

表 3 宋代日記研究・相關詞統計〔註 121〕

〔註 118〕 該數據由中國知網（CNKI）平臺提供。
〔註 119〕 李貴《〈北行日錄〉的文體、空間與記憶》，《文學遺產》，2016 年第 4 期。
〔註 120〕 張勁《樓鑰、范成大使金過開封城內路線考證──兼論北宋末年開封城內公苑分布》，《中國歷史地理論叢》，2004 年 11 月 30 日。
〔註 121〕 該數據由中國知網（CNKI）平臺提供。

三、宋代日記的文體概念並未得到清晰地界定和普及

文化、學術領域內，宋代日記多以行記、筆記、雜記等身份進入研究視域，導致宋代日記文體研究的進益，往往混雜發生於其他記體文的文體研究之中。最典型的例子為《文學遺產》2016 年第四期所遴選的三篇文章，李貴《樓鑰〈北行日錄〉的文體、空間與記憶》、李德輝《論宋代行記的新特點》、成瑋《百代之中：宋代行記的文體自覺與定型》均以行記研究的角度徵引並分析了大量宋代日記。

其餘研究中則常出現如下狀況：首先，已出版的宋代日記部分被歸在「筆記」目下，如「唐宋史料筆記叢刊」和「全宋筆記」系列中收錄的宋代日記。其次、《北行日錄》《使金錄》《入蜀記》等著名作品多半被認定為「宋人出使類筆記」「外交行記」「遊記」，鮮見直接以「宋代日記」來指代的情況。再次，日記有時與「紀程」「筆記」等一道，被當做相關作品的述作方式，並不被界定為獨立的文體。

四、對宋代日記文體的研究，存在以下三個常見的問題

（一）「混淆古今」——將古代日記與近、現代日記混為一談

論及文體，不免比較，或在不同文體之間，或在國內外相同文體之間。一旦涉及對比，日記往往被會當成一個籠統的概念，列舉的佐證中便會出現古代日記與近、現代日記混為一體的狀況。而實際上，這是兩種大不相同的概念。古代日記自唐發軔、宋定型，逐步由公事寫作過渡到私家寫作，內容囊括君臣奏對、出使紀聞、山程水驛、日常見聞乃至門庭瑣屑，這些記錄並不具備私密性質，反而往往置於家廟、傳諸名山甚至刊刻入集，做著傳播的預設。而近、現代日記則是西學東漸風潮下，「舊瓶換新酒」的成果，它承襲日記原有的排日記事體例，卻將纂述內容轉換為「純粹、隱秘的私人著述」，〔註122〕是「給自己看的」〔註123〕，且「日日要防傳抄」，誠然已是自我傾訴式的私密表達。至於所用語言、著述焦點以及行文版式等等，亦均大相徑庭。

因此，近、現代日記這種完全面向自我的寫作，已與古代日記「志在自省」「以備遺忘」「騁才治學」的作文方式截然不同。早在上世紀三十年代，阿英便以「語體」「文言」兩個概念將現代日記與古典日記區分開來，此舉奠定了

〔註122〕錢念孫《論日記和日記體文學》，《學術界》，2002 年第 3 期。
〔註123〕周作人《日記與尺牘》，《周作人散文選》，上海文藝出版社 1925 年版。

現代日記在新文學中的文體地位，〔註 124〕卻也在在相當一段時期，弱化了古典日記的存在感。當代，上述區分理念沒有得到進一步的繼承與發展，實為憾事。原因在於文體概念釐定之前，沒有做好細化和分期，導致日記的文體特徵出現前後矛盾、含混雜亂的狀態。釐清文體發展的階段，細化每一階段的獨立特徵，值得相關研究者花費精力。

（二）「大而化之」——將宋代日記泯沒於日記的整體研究之中，忽略了其作為斷代日記的獨立特色

部分學者認為中國日記是「非公共性寫作」，存世文獻狀態「刊本少，稿本多」。這種基於整體研究而得出的結論毋庸置疑，然而當我們把目光聚焦在宋代，會發現日記作品的書寫、存世狀態與此截然相反：早期的宋代日記絕大部分是「公共性寫作」，而兩宋日記存世者恰恰是「刊本多、稿本少」。

日記自中唐肇始，經宋、元、明、清、晚近及現當代，蔚為大觀。其中尤以清代日記為大宗，與之相較，宋代日記的數量與篇幅未及十一。因此，相關結論在數據支持的基礎上得來，並無不妥。然學界又已認可，宋代日記是日記文體定型並成熟的代表，「逮宋始有真正的日記文體」，〔註 125〕「日記之體，興盛於宋」〔註 126〕等等，故其斷代特點、文體意義應當具備獨立探討的價值。

（三）「見木不見林」——部分文體研究僅就日記本身的特點進行歸納、總結，並未將其置於整個散文文體發育的大背景下進行考察

部分針對日記作品的研究，僅著眼於文獻本身，對文體特徵的歸納，往往滯留在「敘事為主」「流連風景」「真情實感」「涉筆雜蕪」「虛實相生」等隸屬於古代散文的共性特質上，未能進一步深入，抽繹出日記文體的個性特質。部分研究做了進一步探索，將日記與筆記、行記、遊記等進行比較，但著眼點多在雙方共性之上，少見細節區分。因此，一方面需要外擴並清晰日記文體研究的散文背景，既要將其置入散文整體之中探視，又要凸顯其共性之外的個性；另一方面，也需要加深不同體例之間的區分與界定，明晰日記文體的專有特徵，方可促宋代日記的文體研究臻於完善。

〔註 124〕程韶榮《中國日記研究百年》，《人文匯要》，2000 年第 2 期。
〔註 125〕楊慶存《宋代散文體裁樣式的開拓與創新》，《中國社會科學》，1996 年第 6 期。
〔註 126〕《從日曆到日記——對一種非典型文章的文體學考察》，《中山大學學報》（社會科學版），2014 年第 3 期。

五、目前尚無全面、系統的校注叢集出版

目前，市面可見的輯校、注釋版本都是針對單部作品而言，如《王安石日錄輯校》，和「唐宋史料筆記叢刊」「全宋筆記」系列下的部分作品，尚無校注精當、詳審的叢集出版。宋代日記典故密集，其觀讀、研究的價值皆有待深掘，故亟需注釋完善的輯錄專著出世。

六、目前尚無針對文體的研究專著面世

已有專著多著眼於對日記發展脈絡的梳理，以及對歷代日記作品內容的評介，如陳左高《歷代日記叢談》《中國日記史略》等；稀見對文體問題的專門論述，部分專著僅在個別章節中論及日記文體，如楊慶存《宋代散文研究》第十二章第六節、谷曙光《貫通與駕馭——宋代文體學述論》第一章第四節。

七、目前尚無針對宋代日記的學術會議，相關主題的學術會議論文亦不多見

表 11　宋代日記・會議論文學術發展趨勢〔註 127〕

如上表所示，與宋代日記相關的會議論文僅在 2003 年至 2005 年間零星出現。近年以來，有關清代及近代日記研究的學術會議開始出現，2018 年 8 月，由南京大學文學院主辦、鳳凰出版社協辦的「微觀史、中心與邊緣：日記與近代文史之學的拓展」工作坊在南京大學召開，會議圍繞「日記研究的方法與理論」「日記與微觀史」「日記的史料價值與文體特徵」等相關專題展開討論，有來自中國社會科學院、中華書局、北京大學、南京大學、國家圖書館等四十餘位學者參會並提交了相關主題的論文。

〔註 127〕該數據由超星發現平臺提供。

八、目前對相關海外研究著述的翻譯出版，尚不足夠

海外漢學界對中國宋代日記（包含在古代日記中）有不少相關著述，例如日本玉井幸助的《日記文學概說》，內中涉及大量中國古代日記研究，該書 1945年由日本目黑書店出版，1982 年日本國書刊會復刊，〔註 128〕多有被國內學人引證舉例，但至今仍未有中文版本。

九、更多的宋代日記體作品尚未得到充分的發現與發掘

當前的狀況是，存世日記「得到整理刊布者只占很小一部分，與龐大的寫作群體相比具有很大反差，以致大量日記稿本在流傳中或散失，或匿藏，幸而得以傳世者實在是少之又少。」〔註 129〕

好在近年來，不斷有學人躬耕於此，新文獻亦被陸續整理、發布，「虞坤林《二十世紀日記知見錄》收錄近現代人物日記 1200 種。……臺灣文海出版社的《近代中國史料叢刊》正續輯，吳相湘主編的《中國史學叢書》初、續、三編和《清代稿本百種彙刊》中均有日記收入。專門的日記叢書主要有中華書局的《中國近代人物日記叢書》《中國近代日記稿本叢刊》……其他還有上海書店出版社的《近現代名人日記叢刊》、河北教育出版社的《近世學人日記叢書》、江蘇古籍出版社的《民國名人日記叢書》、山西教育出版社的《中國現代作家日記叢刊》等。」〔註 130〕

近、現代日記文獻已然得到一定程度的重視和保護，古代日記的搜求與發布，卻仍然是一道充滿未知、需要上下求索的旅程。相信，仍有未曾發掘的宋代日記置於館藏，或流於民間，等待面世。當代學人唯有在廓清體例的前提下，更大範圍地搜撿古籍，方能勘定更多的日記作品。同時期待更多出土文獻的面世，補益日記家族。

〔註 128〕褚永娟《中國古代日記在日本的變容——從日記到日記文學》，《山東社會科學》，2016 年第 2 期。

〔註 129〕黃顯功《彙刊秘籍，嘉惠學林——〈上海圖書館藏稿抄本日記叢刊〉編選原則和內容特色》，《圖書館研究與工作》，2017 年第 5 期。

〔註 130〕黃顯功《彙刊秘籍，嘉惠學林——〈上海圖書館藏稿抄本日記叢刊〉編選原則和內容特色》，《圖書館研究與工作》，2017 年第 5 期。

第七節　宋代日記選本及研究專著的現當代出版

一、日記選本的現當代出版

1936 年（中華民國二十五年），王雲五主編《御試備官日記及其他三種》，豎版繁體排印，上海商務印書館刊印發行。其中囊括了《御試備官日記》（學海類編本）、《宜州乙酉家乘》（知不足齋從書本）、《澗泉日記》（聚珍版叢書本）和《客杭日記》（知不足齋叢書本）等 4 部日記，是書為《叢書集成》系列的初編。

1938 年 5 月，汪馥泉選注《古今名人日記選》，上海商務印書館發行。

1982 年，陳左高《古代日記選注》，上海古籍出版社出版。收錄從宋代至清代的日記凡 24 種，中含宋代日記 5 種，分別為《使高麗錄》《親征錄》《北行日錄》《入蜀記》《吳船錄》，篇末均設有「作者簡介」和內容「說明」，作為普及性讀物，注釋較詳。

1992 年 2 月，林邦均選注《歷代遊記選》，中國青年出版社。內中《峨眉山行記》《灌縣記遊》《嘉州攬勝》《巫峽》等篇章均係從范成大日記《吳船錄》中抽出。

2002 年 9 月 1 日，范成大《范成大筆記六種》，中華書局出版，繁體豎版。內含日記三種《攬轡錄》《驂鸞錄》《吳船錄》，是書屬「歷代史料筆記叢刊」名下「唐宋史料筆記叢刊」系列。雖被歸為筆記，然其日記之體亦得承正：「其中四種〔註131〕……是作者於南宋前導六年出使金國及乾道八年赴廣西南路桂林、就知靜江負仕途中的考察日記。」〔註132〕

2003 年 10 月 1 日，朱易安、傅璇琮等編《全宋筆記（第一編）》，大象出版社出版。是編含日記兩種，《御試備官日記》（第六冊）和《孫威敏征南錄》（第八冊）。《全宋筆記》是繼《全宋詩》《全宋文》之後第三部大型總集，計劃分為十編，至 2017 年已出版八編。是書在界定「筆記」概念的基礎上，以「全」為宗輯錄宋人筆記，書中所錄作品大多是首次經校勘、標點，而幕後團隊（孔繁禮、鄧廣銘、張希清、虞雲國、黃純豔等）不僅保證了選本的精當審慎，更保證了點校之高質高量。

〔註131〕指《攬轡錄》《驂鸞錄》《吳船錄》和《桂海虞衡志》，其餘二筆記為《菊譜》《梅譜》。
〔註132〕范成大著，孔凡禮校《范成大筆記六種》，中華書局 2002 年版。

2004 年 1 月，陳文新譯注《日記四種》，武漢崇文書局出版。收錄日記 4 種，選錄標準為「載道言志」，且具備「天然的風致，真實的情感」，均「不是寫在飛黃騰達的歲月」。〔註133〕內含宋代日記 2 種，《宜州家乘》和《入蜀記》。每段段末均有白話譯文，頁下注釋。

2006 年 1 月，朱易安、傅璇琮等編《全宋筆記（第二編）》，大象出版社出版。是編含日記 3 種，《北行日錄》（第四冊）、《使金錄》（第五冊）、《澗泉日記》（第九冊）。

2006 年，李德輝、俞冰主編《歷代日記叢鈔》，豎版影印，北京學苑出版社出版。該系列括書 201 冊，輯錄、整理宋、元、明、清及民國所撰各類日記五百多種，文獻資料均出自「國家圖書館（前北京圖書館）所藏歷代刻本、民國時期的排印本和部分稿本，是我國圖書館界集中整理出版館藏日記文獻的示範項目。」〔註134〕其中宋代日記 6 種，分別為《澗泉日記》（清武英殿聚珍版本）、《侍講日記》（民國十六年鉛印本）、《御試備官日記》（民國九年活字本影印）、《歸廬陵日記》（清道光咸豐道光刻本）、《驂鸞錄》《民國三年石印本》和《暇日記》（清順治三年刻本）。因是影印版，故最大限度地保持了各刻本、印本、寫本的原貌。

2008 年 1 月 1 日，朱易安、傅璇琮等編《全宋筆記（第三編）》，大象出版社出版。是編含日記 6 種，《遊城南記》（第一冊）、《建炎筆錄》（第六冊）、《西征道里記》（第七冊）、《宣和奉使高麗圖經》（第八冊）、《北狩見聞錄》（第十冊）。

2012 年 1 月 1 日，上海師範大學古籍整理研究所編《全宋筆記（第五編）》，大象出版社出版。是編含日記 6 種，《攬轡錄》（第七冊）、《驂鸞錄》（第七冊）、《吳船錄》（第七冊）、《入蜀記》（第八冊）、《乾道庚寅奏事錄》（第八冊）、《北轅錄》（第九冊）。

2013 年 3 月 1 日，上海師範大學古籍整理研究所編《全宋筆記（第六編）》，大象出版社出版。是編含日記三種，《北行日錄》（第四冊）、《使金錄》（第五冊）、《澗泉日記》（第九冊）。

〔註133〕陳文新譯注《日記四種》，崇文書局 2004 年版，第 3 頁。
〔註134〕黃顯功《彙刊秘籍，嘉惠學林──〈上海圖書館藏稿抄本日記叢刊〉編選原則和內容特色》，《圖書館研究與工作》，2017 年第 5 期。

2014 年 1 月，顧弘義、李文整理，標校《宋代日記叢編》，上海書店出版社刊行，該叢書分為三冊，輯宋代日記 55 種，另附佚本 8 種，以作者生卒年先後為序排列。每部日記前均設有作者生平、命篇緣由、內容、撰寫背景、傳世版本等情況的簡述，篇末則酌附相關佚文、序跋、題記等。另，此書未收錄由宋入元之人在元時所作日記，故方鳳（生於理宗朝元祐元年）的《金華洞天行紀》被編錄於同系列的《金元日記叢編》。叢書共七十八萬餘字，是目前出版的、輯錄宋代日記最為全面的版本。

2015 年 12 月，孔學輯校《王安石日錄輯校》，四川大學出版社出版。除日錄輯校外，該書還包括三個附錄：《宋忠肅陳了齋四明尊堯集》（陳瓘），《龜山集・神宗日錄辨》（楊時），以及後人對《王安石日錄》《四明尊堯集》的評述輯佚。通篇四十五萬餘字，著錄詳實，點校精善，是目前可見的、對於該部日記最完善的輯校版本。

2016 年 6 月 1 日，《曾公遺錄》，中華書局出版，繁體豎排版。是書與《范成大筆記六種》同屬「歷代史料筆記叢刊」名下「唐宋史料筆記叢刊」系列，儘管被歸在「筆記」類下，其「日記」體的性質並未被否定：「宋代宰相曾布所撰《日錄》，已無傳世完本，《曾公遺錄》是其殘本。」〔註 135〕

2017 年 7 月 31 日，上海師範大學古籍整理研究所編《全宋筆記（第八編）》，大象出版社出版。是編含日記 8 種，《金華遊錄》（第四冊）、《溫公日錄》（第十冊）、《溫公手錄》（第十冊）、《林文節元祐日記》（第十冊）、《林文節紹聖日記》（第十冊）、《郴行錄》（第十冊）、《曾公遺事》（第十冊）、《使遼語錄》（第十冊）。

二、研究專著的現當代出版

1937 年，阿英《語體日記文做法》，上海南強書局出版，署名錢謙吾。儘管這是一部關於現、當代日記寫作理論的指導書籍，然而其中大量徵引古代日記作品，提供了諸多頗具價值的日記學資料。《日記文學叢談》（語體卷、文言卷），把古典日記與先代日記區分開來，確立了現代日記作為新文學文體之一的地位。〔註 136〕

1990 年，陳左高《中國日記史略》，上海翻譯出版公司出版。

〔註 135〕曾布《曾公遺錄》，中華書局 2016 年版，第 1 頁。
〔註 136〕程韶榮《中國日記研究百年》，《人文匯要》，2000 年第 2 期。

1997 年，王水照《宋代文學通論》，河南大學出版社（開封），言《宜州乙酉家乘》「先書時日，次記陰晴，後寫事實，始終如一，固定不變」，「這種體式，成為後世日記的通式」。

2004 年 5 月，陳左高《歷代日記叢談》，上海畫報出版社刊發。是書集作者四十餘年心血，從其寓目的千種日記中遴選其半，著錄公元 808 年至 1911 年間的各類日記，約逾七百種，可謂巨著。其中宋代日記 27 部，以著時先後為序排列，未著日記內容，然作者生平、作品評介、搜求考訂等信息均以詳述，足見陳氏功力。為日記研究不可多得之良證。

2004 年 12 月，梅新林主編《中國遊記文學史》，（上海）學林出版社出版。中有三節內容討論宋代的日記體遊記，有《入蜀記》《吳船錄》及其他。

2011 年 3 月，楊慶存《宋代散文研究》，北京人民文學出版社出版。第十二章《宋代散文題材樣式的開拓與創新》第六節《宋文體式創新的時代基因與宋代文人的體裁意識》中，認為「逮宋始有真正的日記文體」，〔註137〕並以《御試備官日記》《宜州乙酉家乘》為例，簡要介述日記文體的基本特徵。

2016 年 1 月，陳左高《中國日記史略》（為 1990 年《中國日記史略》的再版），北京中國書籍出版社。該書以日記萌芽、興起、衰落、發展、繁興、鼎盛的演變過程，選取自唐代起至辛亥革命之內的具有代表性的日記文獻加以介述，並談及日記起源、名稱由來及史料價值。內涉宋代日記 33 種，分北宋、南宋兩節一一論述。是書脈絡清晰，語言精練，考證詳慎，部分內容出其早年所作之《歷代日記叢談》。

2016 年 4 月，谷曙光《貫通與駕馭：宋代文體學述論》，北京人民文學出版社出版。第一章《宋代：文備眾體的時代》中，將日記與筆記、詩話、時文並舉，統視為「新創孳乳文體」。該書認為，儘管日記在明末賀復徵《文章辨體彙選》中方被單列為一種獨立文體，然「宋人對日記一體有清晰的認知和分析」，且「日記定型於宋的一個重要標誌，是宋人總結出了日記寫作的慣常格式，即『日記式』。」〔註138〕

2021 年 5 月，張劍《多元視角下的日記研究》，〔註139〕鳳凰出版社出版。

〔註137〕 楊慶存《宋代散文研究》，人民文學出版社 2011 年版，第 284 頁。
〔註138〕 谷曙光《貫通與駕馭：宋代文體學述論》，人民文學出版社 2016 年版，第 71 頁。
〔註139〕 張劍《多元視角下的日記研究》，鳳凰出版社，2021 年。

該書為論文集，共收錄 17 篇有關日記研究的文章，文章均來自於編著者在北京大學開設選修課的課程作業，作者為北大、北師大等高校的在校博士生和碩士生。該書包括《張舜民〈郴行錄〉之文學研究》《閱讀史視域下胡適的文學眼光、觀念心態與文學革命『前史』——作為「思想草稿」的〈胡適留學日記〉》等，通過對歷代日記文本的研究，多視角揭示社會、歷史、政治、文化等的變遷，思維多元，結集別具一格。

2021 年 10 月，劉中黎《中國日記文學理論研究》由中國社會科學出版社出版。該書運用當代人本主義哲學、文藝學對話理論和言語生命動力學母語寫作理論等學術思想，對中國日記進行系統審視和理論分析。共分為六章，梳理了從唐宋到新中國時期的日記文學觀。

附　表

附表一：元代目錄學著作中職官日記的存目情況

宋史・藝文志	《趙康靖日錄》《司馬光日錄》《熙寧奏對》《鍾王日錄》《甲戌使遼錄》《攬轡錄》《驂鸞錄》

附表二：明代目錄學著作中職官日記的存目情況

文獻通考・經籍考	史部傳記類：《溫公日記》《王氏日錄》《曾相手記》《紹聖甲戌日錄》《元符庚辰日錄》《北狩聞見錄》《西征道里記》《攬轡錄》《館伴日錄》《劉氏西行錄》《北行日錄》《乾道奉使錄》《乘軺錄》《趙康靖日記》 雜史類：《重明節館伴日錄》 集部別集類：《周益公集》中所含《奉詔錄》《親征錄》《龍飛錄》《思陵錄》凡十一卷

附表三：宋代目錄學著作中職官日記的存目情況

郡齋讀書志	雜史類：《曾相手記》 地理類：《浮休居士使遼錄》 傳記類：《鍾山日錄》
遂初堂書目	本朝雜史：《趙康靖日錄》《王文公日錄》《王文公日錄遺稿》《呂吉甫日錄》《鍾山日錄》《隴右日錄》《北狩見聞錄》 本朝故事：《隴右錄》 地理類：《張浮休使遼錄》

直齋書錄解題	傳記類：《乘軺錄》《熙寧日錄》《劉氏西行錄》《館伴日錄》《攬轡錄》《北行日錄》《乾道奉使錄》《溫公日記》《趙康靖日記》《紹聖甲戌日錄》《元符庚辰日錄》
	史附類：《使金錄》
	雜史類：《己酉航海記》

附表四：《欽定四庫全書總目提要》中職官日記的存目情況

史部	傳記類：《西征道里記》
	雜史類：《紹興甲寅通和錄》《親征錄》《重明節館伴語錄》《使金錄》《己酉航海記》
集部	《建炎筆錄》《丙辰筆錄》《丁巳筆錄》

附表五：《欽定四庫全書》中職官日記存目情況

史部（6種）	地理類：《甲戌使遼錄》
	雜史類：《己酉航海記》《祈請使行程記》《北狩見聞錄》
子部（3種）	《北轅錄》
集部（22種）	《于役志》《使遼語錄》《郴行錄》《西征道里記》《建炎筆錄》《丙辰筆錄》《丁巳筆錄》《親征錄》《龍飛錄》《歸廬陵日記》《奏事錄》《南歸錄》《思陵錄》《北行日錄》《彭龜年日記》《進講日記》